Marketing Comprehensive Practice in Virtual Business Social Environment

VBSE 营销综合实训

殷智红 主编

图书在版编目(CIP)数据

VBSE 营销综合实训/殷智红主编.—北京:北京大学出版社,2018.7

ISBN 978-7-301-29670-7

Ⅰ.①V… Ⅱ.①殷… Ⅲ.①企业管理—市场营销学—应用软件 Ⅳ.①F274-39

中国版本图书馆 CIP 数据核字(2018)第 126874 号

书　　名	VBSE 营销综合实训 VBSE YINGXIAO ZONGHE SHIXUN
著作责任者	殷智红　主编
责任编辑	任京雪　刘　京
标准书号	ISBN 978-7-301-29670-7
出版发行	北京大学出版社
地　　址	北京市海淀区成府路 205 号　100871
网　　址	http://www.pup.cn
微信公众号	北京大学出版社　　北京大学经管书苑
电子信箱	em@pup.cn
新浪微博	@北京大学出版社　@北京大学出版社经管图书
电　　话	邮购部 62752015　发行部 62750672　编辑部 62752926
印 刷 者	河北滦县鑫华书刊印刷厂
经 销 者	新华书店
	787 毫米×1092 毫米　16 开本　18.5 印张　394 千字
	2018 年 7 月第 1 版　2018 年 7 月第 1 次印刷
定　　价	38.00 元

目录
CONTENTS

任务一　VBSE营销综合实训设计理念

1.1　设计理念

- 营造一种氛围——全真的职场氛围。
- 建立一种关系——师生良性互动关系。
- 达到一种目的——自主学习、合作学习、团队合作意识和精神。

1.2　设计思路

本课程的设计思路是以真实的实践内容为设计基础，以VBSE（虚拟商业社会环境）营销平台为教学平台，以模拟工作任务为教学载体，见图1-1。

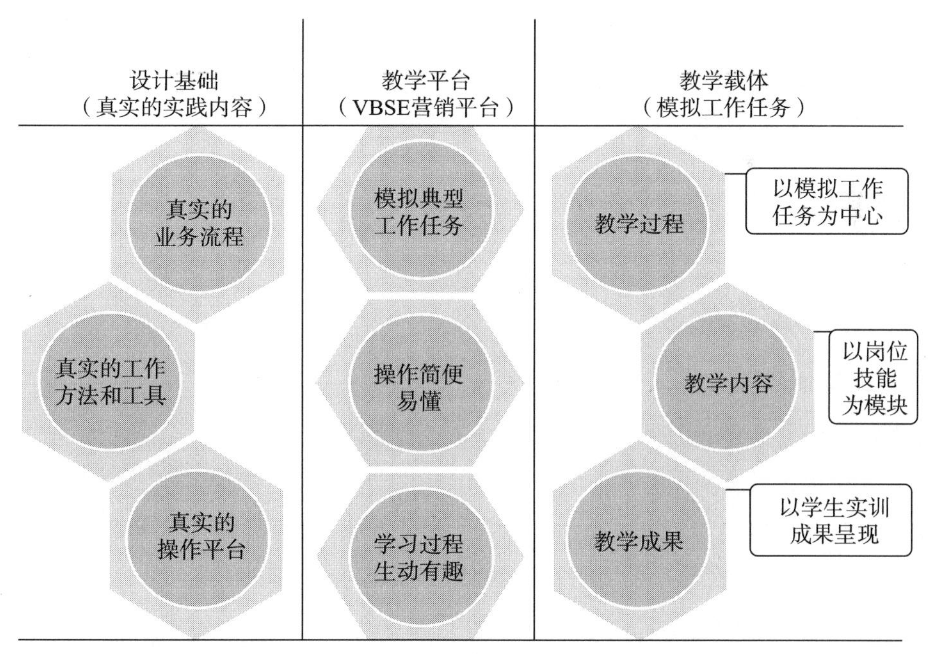

图1-1　课程设计思路

真实的实践内容包括真实的业务流程、真实的工作方法和工具、真实的操作平台。

VBSE营销平台是模拟典型工作任务，操作简便易懂，学习过程生动有趣。

模拟工作任务是教学过程以模拟工作任务为中心，教学内容以岗位技能为模块，教学成果以学生实训成果呈现。

1.3 课程目标

本课程重点培养学生的典型任务解决能力、职业迁移能力、职业素质素养。

1. 知识目标

- 认知销售为企业的价值创造过程；
- 理解企业实际业务流程和岗位的业务策略；
- 掌握销售沟通、策略制定的方法和工具；
- 掌握“招投标”工作流程和方法。

2. 能力目标

- 计划、组织能力；
- 信息整理分析与应用能力；
- 营销策划能力；
- 沟通谈判能力；
- 方案制作能力。

3. 素质目标

- 企业营销管理的全局观；
- 团队合作精神；
- 风险与责任意识；
- 双赢理念、诚信观念等综合素质。

任务二 VBSE 营销综合实训系统架构

2.1 课程定位

1. 复杂销售

课程定位于复杂销售，即大客户销售、大项目、大订单。

(1) 复杂销售的含义

复杂销售，即 B2B(Business-to-Business 企业对企业)销售。因为涉及角色多，销售周期长以及决策流程复杂，使复杂销售具有独特的魅力。

同时，当今经济环境风起云涌，市场竞争日益激烈，营销环境越来越复杂，特别是大客户营销，产品本身差异越来越小，买方客户越来越成熟，客户需求越来越复杂化和个性化，客户内部管理制度和采购流程越来越标准复杂，传统的营销方式和关系营销手段已很难适应如此复杂的环境，如何靠专业化销售赢得客户的长期战略合作，成为摆在高级营销人员和营销管理者面前的困惑和挑战。同时，他们都认为自己的销售队伍表现不佳，招聘不到表现俱佳的销售人员。

（2）复杂销售的重要性

几乎所有的销售模式和方法都是从销售低值产品和一个电话就可以搞定的小订单的简单销售中开发出来的。E.K.Strong 在 20 世纪 20 年代进行了一项关于小订单销售的先驱性研究，他在其中引入了许多新的销售观念，例如特征和收益、收场白技巧、异议处理技巧、开放型问题和封闭型问题等。多年来，这些观念被复制、采纳、重新提炼，而这一切都是假设它们应该适用于任何规模的订单销售。甚至有销售专家在给规模大一点的订单提供建议时，也只是在那些老的销售模式上略加翻新而已。这太遗憾了，因为传统的销售战略不能在飞速发展且环境日趋复杂的现代大订单中发挥太多的作用。事实是许多在小订单销售中帮助你的东西，随着订单规模不断扩大，反而会对你的成功造成伤害。

复杂销售需要一系列推陈出新、与众不同的技巧，本课程是面向培养复杂销售人才的实战对抗演练课程，服务于立志成为顶尖销售人才的人员，他们把销售看作一种高水准的职业。

（3）课程基础

课程基于以上背景以及全球 TOP 20 权威营销研究机构的理论研究成果、世界 500 强企业的营销能力模型、用友集团二十五余年与近三万家客户的销售实例和人才培养经验，提炼全球顶尖销售的成功行为标准，研发而成。图 1-2 是从用友集团 200 万家客户销售实践中提炼的销售方法论。

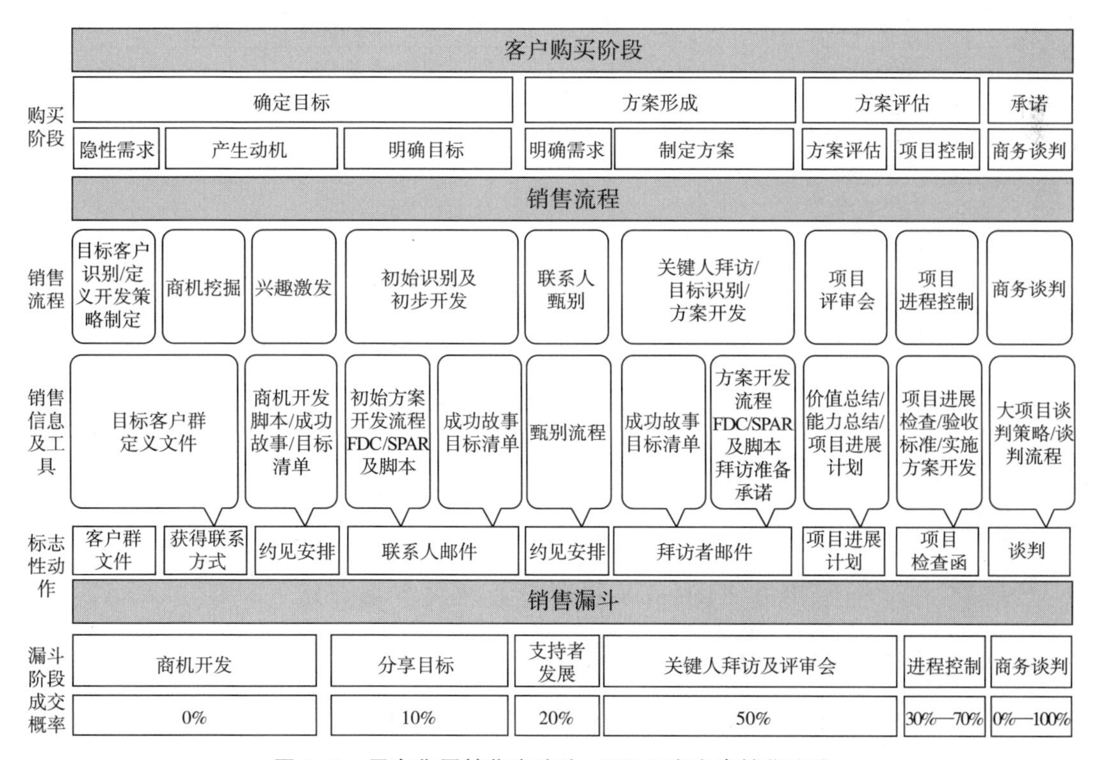

图 1-2　用友集团销售方法论：200 万家客户销售实践

2. 甲乙双方介绍

(1) 甲方

名称:宝乐童车制造有限公司(以下简称"宝乐童车公司")。

概况:现拥有自主研发设计的童车品牌两个:"宝贝"牌婴儿推车、"天使"牌儿童电动车。总计 20 大类 60 款车型,年销售量 25 万台,年销售收入 30 亿元,利润 3 亿元。

目标:董事长提出要求引入信息化管理手段,充分有效利用先进的生产线产能,降低生产经营成本,提高人均单产,提高销售收入和利润率,并在未来三年实现年销售量 50 万台、销售收入 50 亿元、利润 10 亿元的目标。

任务:引入 ERP 财务与供应链管理系统,解决企业现存管理问题,以实现战略目标。

(2) 乙方

名称:宏创科技有限公司、佳信科技有限公司、聚灵科技有限公司。

概况:用友软件的三个代理经销商,各自有独立的营销团队和实施团队。

背景:获知宝乐童车公司具有 ERP 项目的潜在需求,期望赢得项目合同。

要求:在实训过程中,三家乙方公司进行对抗性竞争,与宝乐童车公司 ERP 项目组沟通,最终只有一家能够赢得合同。

(3) 甲乙双方角色设计

甲乙双方角色设计见表 1-1。

表 1-1　甲乙双方角色设计

序号	甲方角色	人数	组数	序号	乙方角色	人数	组数
1	总经理	1	1	1	营销总监	1	3—5
2	采购经理	1	1	2	销售经理	1	3—5
3	销售经理	1	1	3	客户经理	1	3—5
4	生产经理	1	1	4	售前经理	1	3—5
5	企管经理	1	1	5	财务顾问	1	3—5
6	财务经理	1	1	6	供应链顾问	1	3—5
7	信息经理	1	1				
总人数		7		总人数		18—30	

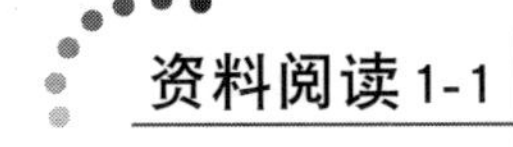

资料阅读 1-1

用友 ERP-U8 制造行业解决方案介绍

一、制造行业背景及解决方案概述

中国加入 WTO(世界贸易组织)后,以其市场和资源优势逐渐成为全球制造中心,制造企业在全球经济一体化大环境下随着国家产业结构调整,积极参与国际分工,扩大市

场容量,提升管理水平,大大加快了行业发展步伐。与此同时,企业也面临随之而来的风险与挑战:

第一,全球经济一体化(全球制造、全球采购、全球市场营销)使得行业竞争态势发生了根本变化。

第二,产品的个性化特色显著,品种剧增。过多的库存量将导致生产和物流成本升高,利润空间进一步缩小。

第三,交货准时性要求增高,交货周期缩短,订单变更次数增多。

第四,制造行业供应链复杂程度高,外部供应链的协同和内部供应链的集成水平要求均较高。

第五,国内制造行业多属传统行业,在技术、管理、市场运作水平上存在明显的不平衡,行业分布的地域性特点较显著,但行业地域分布中具备完整产业链的产业群落尚不普遍,这将导致企业间物流成本增加,企业利润水平将受到一定的影响。

二、行业特点、管理问题和管理应用分析

1. 行业特点

制造行业根据其生产过程的特点可分为两大类:离散制造行业和流程制造行业。

(1)离散制造行业

典型的离散制造业主要从事单件、小批量生产,适合面向订单的生产组织方式。代表行业是机械加工、电子元器件制造、汽车、服装、家具、五金、医疗设备、玩具等。

离散制造行业的特点具体如下:

第一,离散制造行业生产周期较长,产品结构复杂,工艺路线和设备配置非常灵活,临时插单现象较多,零部件种类繁多。

第二,面向订单的离散制造行业的生产设备布置通常不是按照产品而是按照工艺进行布置的。

第三,所用的原材料和外购件具有确定的规格,产品结构可以用树的概念进行描述,最终产品是由固定个数的零件或部件组成的,形成了非常明确和固定的数量关系。

第四,产品的质量和生产率在很大程度上依赖于工人的技术水平,自动化主要在单元级,例如数控机床、柔性制造系统等。

第五,通过加工或装配过程实现产品增值,整个过程的不同阶段产生若干独立完整的部件、组件和产品。

第六,因产品的种类变化多,非标产品多,要求设备和操作人员必须有足够灵活的适应能力。

第七,通常情况下,由于生产过程可分离,订单的响应周期较长,辅助时间较多。

(2)流程制造行业

典型的流程制造行业分为:重复生产的行业,主要有家电产品、各种电器等,常常表现为流水线的方式;连续生产的行业,主要有化工、食品、饮料、制药、烟草等,常常通过管道进行各工序之间的传递。

流程制造行业的特点具体如下：

第一，设备产能固定，计划的制订相对简单，常以日产量的方式下达，计划也相对稳定。

第二，对配方管理如安全性、保密性等的要求很高，但不像离散制造业有准确的 BOM（物料清单）。

第三，工艺固定，按工艺路线安排工作中心。工作中心专门生产有限的相似的产品，工具和设备为专门的产品而设计，专业化特色较显著。

第四，生产过程的关键控制点是物料的数量、质量和工艺参数。人员技术水平的影响不大，生产过程的控制自动化程度较高，因为工作流程是自动的，生产管理的复杂程度相对较低，但对设备管理维护的要求较高。

第五，生产过程中常常出现联产品、副产品、等级品。

第六，物料从一个工作地转移到另一个工作地主要使用机器传动，有少量在制品库存。

2. 管理问题

从企业内部供应链运作和行业特征来看，制造行业的核心问题集中体现在以下几个方面：

（1）计划管理

外部环境使得需求经常处在变化和波动之中，制造系统中人、机、料、法、环每个因素的变动都可能对生产计划的执行产生影响。因此，对资源进行配置、对业务进行预测的计划的制订就显得较为复杂。

（2）成本管理

制造行业工序繁多，半成品、成品、在制品成本的核算、预测、控制涉及大量的资料，这些成本信息的时效性、准确性对企业财务核算和经营决策至关重要，目前多数制造企业的成本管理尚处在较粗放的阶段。

（3）库存管理

生产计划的不确定性及对库存物料的实时情况把握的缺乏，往往造成库存物料停滞和生产所需物料缺货、不配套现象并存。

（4）物料供应

对制造行业来讲，采购成本占整个产品成本的比重很大，因此加强物料采购计划和资金预测管理，使采购过程透明化，从而有效地规避采购风险对企业来讲非常重要，也是企业采购管理中较薄弱的环节。

（5）销售管理

销售管理的作用是不断缩短订单响应的时间，降低企业的运作成本，准时交付，提高客户满意度。制造行业在销售管理中最突出的问题是：客户信息散乱，预测准确率低，价格管理混乱和信用风险管理薄弱。

(6) 缺乏有用、可用的信息,难以进行科学的决策

企业内部信息的集成应用程度低,分散在各个部门,收集维护工作量大,难以共享,而且大量重复,很难实现对生产制造、物流管理及企业资金、成本信息和各种计划执行情况的及时查询,无法为企业决策者提供有效的支持。

3. 管理应用分析

U850 供应链产品的制造行业解决方案,能够帮助企业与其上游供货商、下游渠道建立战略合作的伙伴关系,为制造企业带来如下价值:

(1) 增加收入

- 快速响应客户需求,提高客户满意度;
- 生产过程优化,提高生产效率;
- 加快资金周转速度,提高资金使用效益;
- 加强渠道的忠诚度。

(2) 降低成本

- 提高库存周转率,降低库存成本;
- 准确订货,降低采购成本;
- 降低营销费用;
- 保证生产质量,降低生产成本;
- 提高库存管理水平,避免不必要的损失;
- 降低配送发运成本;
- 提高工作效率。

(3) 科学决策

- 提供合理有用的信息,方便决策;
- 全程的计划管理,提高运作效率;
- 多层次的协同机制,及时适应市场变化。

(4) 提升管理水平

- 企业制度与系统有机结合,规范工作流程,规范管理;
- 有效的风险控制机制,帮助企业规避经营风险。

三、行业和企业解决的问题,对关键绩效指标带来的价值提升

- 建立业务联动、运作高效的运作机制,加快对客户的反应速度,提高客户满意度;
- 管理者通过系统实现对整个业务运作状况的监控,使得整个业务协调、有序进行;
- 建立完善的计划管理体系,提高计划管理水平,实现按计划采购、按计划生产,降低资金占用;
- 建立供货商评价体系和配额管理,合理选择供货商,规避采购风险,提高供应准确性;
- 强化成本管理,显著降低采购、生产制造成本;
- 提高库存管理的准确性,加快库存周转速度;

- 及时掌控库存状态,避免不必要的过期损失;
- 实现存货的 ABC 管理,抓住重点,有的放矢;
- 随时掌控销售部门、销售业务员的业绩,根据市场的变化适时调整策略,从而保证企业销售目标的达成;
- 保证销售政策的严格执行,包括价格体系、信用政策、划区销售等;
- 支持多种销售模式,并且可以对异地分支机构的销售业务、远程仓库进行管理;
- 及时反馈各种例外信息,及时发现业务的瓶颈并予以解决;
- 提高信息的准确性,及时科学决策;
- 适应企业的发展需要,提供灵活的业务流程处理,并且能够实现有效的管理控制。

四、解决方案的管理思想

用友 ERP-U8 提出的制造行业解决方案,在建立符合制造行业管理需求的供应链信息系统,实现内部业务流程一体化运作的基础上,逐步扩展至供应链的上下游,与上下游伙伴协同运作,帮助企业整合上下游资源,统筹信息、货物与资金管理,提高了整个供应链的竞争力。同时,系统具有灵活性、先进性、开放性、可扩展性、经济性、安全性、方便性等特性。

五、解决方案的特点

1. 面向企业全面管理的产品设计

用友 ERP-U8 财务 & 购销存套件,面向企业高层、中层、基层管理人员及各级操作人员等不同层次的人员,针对企业财务、采购、销售、库存等各个方面的管理需要而设计。

2. 严格的预算控制

用友 ERP-U8 财务系统作为 ERP 系统的一部分,提供了各种财务预算的编制、控制和查询分析功能,企业能够据此动态掌握预算执行情况,实现预算管理的事中控制。系统提供了精细预算和粗放预算两种预算管理方式,企业可以根据各单位的财务管理需要自由选择;同时,提供了严密的制单控制、资金赤字控制、支票控制、外币折算误差控制等控制管理功能。

3. 完善的物流系统

用友 ERP-U8 物流系统的主要功能在于增加预测的准确性,减少库存,提高发货供货能力;减少工作流程周期,提高生产率,降低供应链成本;减少总体采购成本,缩短生产周期,加快市场响应速度。同时,ERP-U8 物流系统与财务系统无缝连接,能够帮助企业全面掌握财务、业务信息,为企业快速、持续发展提供信息支持。

4. 专家级的财务报表分析

用友 ERP-U8 系统多角度的数据透视和挖掘,灵活的分析模式选择,支持预算和决算两套财务报表的比较分析,能够自动生成企业全面的财务报表分析报告,包括集团企业的经济效益分布情况分析报告和各成员企业对集团企业贡献分布情况报告等,并能够提供国内外最新的企业绩效评价体系:功效系数法评价体系和企业创值评价体系。

5. 实用的远程管理

用友 ERP-U8 系统能够满足集团总部及时了解各分支机构的采购、销售、库存及应收应付账款状况的需求，提供集团总部和分支机构之间的数据导出、导入功能；通过浏览器，实现完全的远程操作，支持远程办公，较好地解决了集团总部和分支机构之间或企业总部与远程仓库之间的数据传递问题，为管理者提供了及时掌握企业、各子公司业务全貌的信息处理平台。

六、产品功能模块

1. 管理驾驶舱

管理驾驶舱(见图 1-3)为企业决策层提供决策支持。

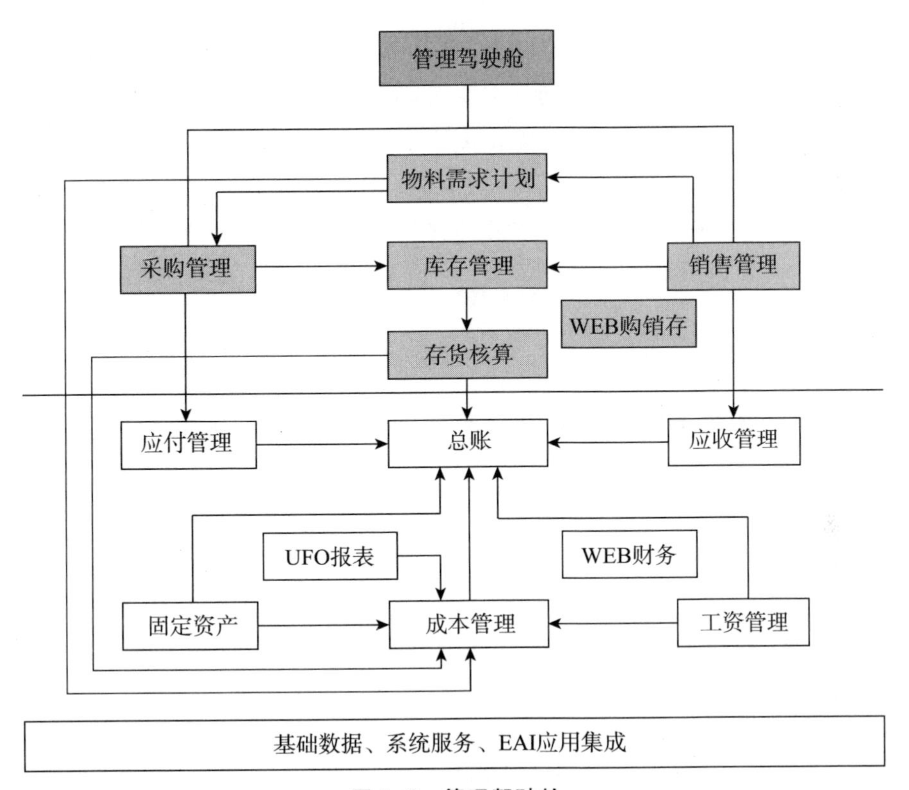

图 1-3　管理驾驶舱

2. 供应链管理

供应链管理包括以下系统：物料需求计划、采购管理、销售管理、库存管理、存货核算、WEB 购销存。

3. 财务管理

财务管理包括以下系统：总账、应收管理、应付管理、成本管理、固定资产、工资管理、UFO 报表、WEB 财务。

它们共同构成了完整的制造企业解决方案。

七、制造行业典型用户案例——广州五十铃客车有限公司

财务业务一体化，消除信息孤岛

广州五十铃客车有限公司（以下简称“五十铃”）是由广州汽车集团有限公司、日本五十铃自动车株式会社和五十铃（中国）投资公司投资的中外合资企业。实现财务业务一体化是五十铃进行信息化建设的初衷，也是信息化建设中最关键的问题。用友软件公司根据其需求，结合用友 ERP-U8 财务和物流解决方案的优点，制定出了实现其信息管理的整体方案。五十铃通过建立管理信息系统，消除了信息孤岛，真正实现了财务业务一体化；公司对固定资产及现金收支采用项目形式进行管理，加强了对成本费用的控制和分析；个人往来管理保证了所有与资金有关的项目责任落实到人，加速了资金的运转，保证了资金的安全性；采购部门根据采购计划进行采购，保证了库存成本最小化；库存管理系统从物流的角度加强对存货的管理，存货核算系统则是从资金流的角度加强对存货的成本管理效果。成本核算和管理为销售定价和损益计量提供了准确、及时的依据。总之，五十铃管理信息系统自投入使用以来取得了可喜的绩效，提高了公司的竞争力和盈利水平。

资料阅读 1-2

ERP-U8 财务供应链系统各模块业务功能简介

一、总账系统

1. 总账系统简述

总账系统主要提供凭证处理、账簿查询打印、期末结账等基本核算功能，并提供个人、部门、客户、供应商、项目、产品等专项核算和考核功能，支持决策者在业务处理的过程中，随时查询包含未记账凭证的所有账表，充分满足了管理者对信息及时性的要求。

总账系统属于财务管理系统的一部分，而财务管理系统与其他系统是并行关系。账务管理系统既可独立运行，也可同其他系统协同运转（见图 1-4）。

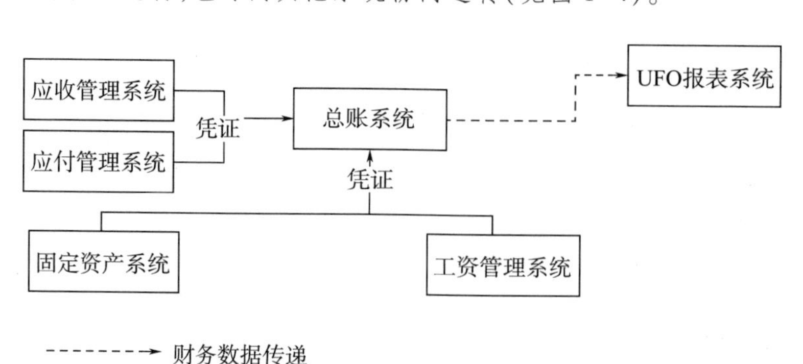

图 1-4　财务管理系统与其他系统关系

● 与应收、应付管理系统、固定资产系统、工资管理系统关系：接收其他系统生成的凭证。

● 与UFO报表系统的关系：提供财务数据生成财务报表及其他财务分析表。

2. 总账系统应用目标

● 角色分工：按企业管理要求分角色进行会计核算工作。

● 管理控制：通过凭证管理对日常企业管理要求的费用、资金等进行严密控制。

● 溯源追踪：企业管理者可随时对企业经营情况进行查询，并对关键业务进行追踪分析，提供账、证、表、单的相互联查、溯源功能。

● 集成出纳：为企业的出纳人员提供一个集成的工作平台完成日常的出纳工作。

● 现金分析：帮助管理人员对企业的经济业务进行现金流量分析。

● 理财管理：帮助企业进行理财管理，如对企业内部员工的个人借款进行管理，对企业的往来款项进行管理等。

● 项目管理：为企业提供以项目为管理要求的管理平台。

● 数据挖掘：提供以关键字的内容的数据挖掘分析。

二、报表系统

1. 报表系统简述

UFO报表是报表事务处理的工具，与总账等各系统之间有完善的接口，是真正的三维立体表，提供了丰富的实用功能，完全实现了三维立体表的四维处理能力。主要功能有：文件管理功能、格式管理功能、数据处理功能、图形功能、打印功能和二次开发功能，它既可以通过取数公式从数据库中挖掘数据，也可以定义表页与表页以及不同表格之间的数据勾稽运算，制作图文混排的报表，强大的二次开发功能则使其又不失为一个精炼的MIS（管理信息系统）开发应用平台。UFO报表内置工业、商业、行政事业单位等21个行业的常用会计报表。

2. 报表系统应用目标

● 自动出表：自动出具各种财务报表和业务报表，提供丰富的各种财务业务函数。

● 接口丰富：UFO报表的文件可以转换为Access文件、MS-Excel文件、Lotus1-2-3文件、文本文件、Dbase文件、Html文件。上述格式的文件也可转换为UFO报表文件。

● 分析强大：提供很强的图形分析功能，可以很方便地进行图形数据组织，制作包括直方图、立体图、圆饼图、折线图等在内的10种图式的分析图表。

● 二次开发：提供批命令和自定义菜单，自动记录命令窗中输入的多个命令，可以将有规律性的操作过程编制成批命令文件，在短时间内开发出本企业的专用系统。

● 行业模板：提供21个行业的标准财务报表模板，包括最新的现金流量表，可以轻松地生成复杂报表；提供自定义模板的新功能，可以根据本单位的实际需要定制模板。

● 联查明细账：提供在报表上联查明细账功能，用户可以通过此功能查询与报表数据相关账务系统中的明细账来进行数据的查询分析。

三、固定资产系统

1. 固定资产系统简述

固定资产系统适用于各类企业和行政事业单位，主要提供资产管理、折旧计算、统计分析等功能。其中，资产管理主要包括原始设备的管理、新增资产的管理、资产减少的处理、资产变动的管理等，并提供资产评估及固定资产减值准备功能，支持折旧方法的变更；折旧计算可按月自动计提折旧，生成折旧分配凭证，同时输出有关的报表和账簿。固定资产系统可用于进行固定资产总值、累计折旧数据的动态管理，协助设备管理部门做好固定资产实体的各项指标的管理、分析工作。

2. 固定资产系统应用目标

● 自定义折旧：用户自定义折旧方法。

● 资产评估：提供对固定资产的评估功能，包括对原值、累计折旧、使用年限、净残值率、折旧方法的评估等。

● 资产图片：提供固定资产卡片联查图片功能，在固定资产卡片中能够联查扫描或数码相机生成的资产图片，以便管理得更具体、更直观。

● 多部门管理：固定资产多部门使用、分摊的处理功能，即一个资产选择多个使用部门，并且当资产为多部门使用时，累计折旧可以在多部门间按设置的比例分摊。

● 资产预警：提供固定资产到期提示表，用于显示当前期间使用年限已经到期以及即将到期的固定资产信息。

四、应付管理系统

1. 应付管理系统简述

应付管理系统，通过发票、其他应付单、付款单等单据的录入，对企业的往来账款进行综合管理，及时、准确地提供供应商的往来账款余额资料，提供各种分析报表，帮助企业合理地进行资金的调配，提高资金的利用效率。

2. 应付管理系统应用目标

● 资金预算：提供应付账龄分析、欠款分析等统计分析，提供资金流出预算功能。

● 远程应用：提供付款单远程应用功能，提供总公司和分销处之间数据的导入、导出及其服务功能，为企业提供完整的远程数据通信方案。

● 角色应用：系统以功能权限控制、数据权限控制来提高系统应用的准确性和安全性。

● 票据追踪：提供票据的跟踪管理，可以随时对票据的计息、结算等操作进行监控。

● 自动预警：提供各种预警，帮助企业及时了解应付款以及企业信用情况。

● 多种分析：提供全面的账龄分析功能，支持多种分析模式，帮助企业强化对应付款的管理和控制。

五、采购管理系统

1. 采购管理系统简述

采购管理是用友 ERP-U8 供应链的重要产品,采购管理系统帮助企业对采购业务的全部流程进行管理,提供请购、订货、到货、入库、开票、采购结算的完整采购流程,企业可根据实际情况进行采购流程的定制。

2. 采购管理系统应用目标

● 灵活的流程选择,定制化的企业采购方案:根据企业的实际业务应用,在备品备件的采购流程中,备品备件的紧急采购计划应用采购请购单、采购订单,结合本系统对采购流程进行配置。

● 高标准的管理需求,规范、高效的采购模式:以采购订单为中心的备品备件采购管理是标准、规范的备品备件采购管理模式,采购订单是整个备品备件采购业务的核心,整个业务流程的执行都会写到采购订单上,通过采购订单可以跟踪采购的整个业务流程。对于标准、规范的备品备件采购管理,企业可以设置必有订单业务模式。

● 完善的采购内控体系,体现集权与分权的均衡,具体如下:

第一,权限控制:用户可以对操作员的权限进行管理,包括功能权限、数据权限、金额权限,在采购管理系统中,用户可对当前系统是否进行有关档案的数据权限控制进行设置,包括存货、部门、操作员、供应商、业务员,同时可设置检查金额审核权限;设置用户、用户组对应档案、单据的数据权限,以及查询权限、录入权限。另外需要注意的是,由企业提供具体的操作员权限设置要求。

第二,采购价格:提供两种取价方式(供应商存货对照表、最新采购价格),对超高进价进行控制。

第三,流程控制:根据业务管理的需要,可控制普通备品备件采购等类型业务的订单。

第四,超订单控制:根据业务管理的需要,可控制是否允许超订单收货、入库、开票。企业可自行选择。

第五,单据模板设计:对于已经设计好的单据模板,限制用户可以使用哪些模板进行实际业务数据的录入、查询和打印。

第六,系统选项:也称系统参数、业务处理控制参数,是指在企业业务处理过程中所使用的各种控制参数,其设置将决定用户使用系统的业务流程、业务模式、数据流向。

● 强化对供应商的管理:供应商管理是企业供应链管理中的一个重要部分,采用科学的机制对供应商进行合理的评估为采购供货商的选择提供定量化的指标,能够帮助企业选择适宜的供应商,督促供应商的持续改进,从而建立伙伴关系。包括供应商存货对照表和供应商价格对比分析。

● 完善的采购价格管理体系:制定和管理企业采购物品的价格体系,对采购价格的执行范围、方式进行规范和限制。通过对采购市场价格的跟踪、历史数据的分析和预测功能,进行采购询价、比价、价格合理性分析和判断等,帮助企业实现科学准确的低成本采购。以系统内已存在的供应商及维护供应商存货对照表为前提。

● 采购的成本控制和分析:如利用采购成本分析可以保证确定更好的预测、现场控制、供应商的信赖度以及减少安全库存和库存投资。通过将物料分级,采购经理就能为每一级的物料品种制定不同的策略,实施不同的控制。

● 个性化实用统计报表,具体如下:

第一,增强采购订单执行情况统计表:订单执行统计表既可以查询符合条件的订单记录的执行情况,也以查询某张订单或某采购员的订单执行情况,还可以查询某供应商的订单执行情况等。

第二,增强未完成业务明细表:将货到票未到统计表、票到货未到统计表放在一起作为未完成业务明细表。

第三,供应商跟催表;暂估明细表。

第四,自定义报表:实现自定义账表的取数功能,可对系统账表进行再加工,重新设定取数、增减列、进行针对本表已有数据定义公式进行的计算等。

六、库存管理系统

1. 库存管理系统简述

库存管理是用友 ERP-U8 供应链的重要产品,能够满足采购入库、销售出库、产成品入库、材料出库、其他出入库、盘点管理等业务需要,提供仓库货位管理、批次管理、保质期管理、出库跟踪入库管理、可用量管理、序列号管理等全面的业务应用。

2. 库存管理系统应用目标

在处理日常业务的基础上,提供对库存的监督控制功能。体现在可用量控制考虑了时间差。具体包括:参照生单,零出库控制,超单据出入库,限额领料,配比出库,最高最低库存预警与控制,安全库存预警,周期盘点,库存 ABC 管理,保质期与失效预警,超储与短缺分析,停滞积压分析(可以根据周转率分析出积压品、停滞品、非停滞积压品等),库龄分析。

七、存货核算系统

1. 存货核算系统概述

存货核算是从资金的角度来管理存货的出入库业务,主要用于核算企业的入库成本、出库成本、结余成本。存货核算系统能够正确计算存货购入成本,促使企业努力降低存货成本;反映和监督存货的收发、领退和保管情况;反映和监督存货资金的占用情况,促进企业提高资金的使用效果。存货核算系统具体见图 1-5。

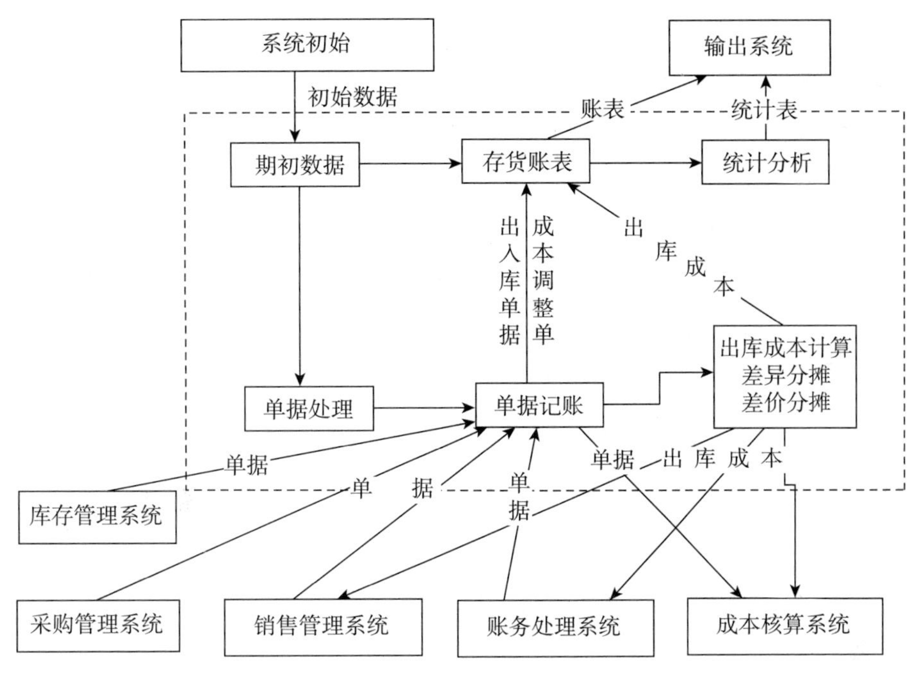

图 1-5 存货核算系统

● 本系统生成的各种单据、凭证,可用于账务处理系统生成总账。

● 本系统生成的各种单据及账簿,可用于成本核算系统进行存货成本核算;成本核算系统所计算出的存货成本,可作为本系统的产成品入库单价。

● 本系统可对采购管理系统生成的采购入库单、受托代销入库单进行记账核算,对采购结算单、受托代销结算单进行暂估报销处理。

● 本系统可对销售管理系统生成的销售出库单进行记账核算。

● 本系统可对库存管理系统生成的各种单据进行记账核算。

2. 存货核算系统应用目标

● 提供按部门、按仓库、按存货核算功能;

● 为不同的业务类型提供成本核算功能;

● 可以进行出入库成本调整,处理各种异常;

● 方便的计划价(售价)调整功能;

● 自动形成完整的存货账簿;

● 符合业务规则的凭证自动生成;

● 功能强大的查询统计功能。

3. 可以处理的部分业务说明

● 采购业务成本核算,包括三种情况:货票同行、暂估业务、采购在途(采购发票已到但货未到的,不是厂家已发货正在运输中的)。

● 销售业务成本核算。

● 材料出库业务及假退料业务核算。

- 产成品入库业务核算。
- 其他业务核算，包括调拨业务核算，组装、拆卸、形态转换业务核算。
- 盘点业务核算，包括存货盘盈、盘亏和毁损。

八、资金管理系统

1. 资金管理系统概述

为了适应社会经济的快速发展，在日趋激烈的市场竞争中得以生存，越来越多的企业开始关注资金管理问题。如何预知企业未来的资金流向和流量，以保证资金的合理流动，使有限的资金得以充分利用；如何使资金有计划的收支，保障企业生产经营顺利进行；如何加强企业内部资金管理，合理考核各部门或业务员的资金占用情况，已成为企业亟待解决的问题。

2. 资金管理系统应用目标

- 资金预测：通过使用资金预测功能，用户可以随时掌握企业未来的资金流向、流量和盈缺情况；同时，资金管理系统还能够提供资金风险预警功能，以帮助企业防范支付危机。
- 资金计划：实现对资金计划的编制、审批、追加以及执行情况分析等全过程管理，为保障企业生产经营顺利进行奠定坚实的基础。
- 筹投资管理：通过使用筹投资管理功能，企业可以进行筹投资规划和筹投资管理。
- 内部资金管理：实现对企业内部存取款以及借还款业务的管理，同时还提供计息处理功能，用以计算资金收益（成本），作为各部门或业务员的一项考核依据。

九、预算管理系统

1. 预算管理系统概述

全面预算管理是指从企业的整体出发，通过科学预测，以货币或数量的预算形式明确企业预定期间的经营成果、财务状况及达成手段，从而对企业及各业务部门的经济活动进行调整与控制，实现企业全面管理的重要工具。

预算管理系统就是针对企业进行全面预算管理的要求而开发的管理软件。

预算管理系统在应用过程中实现了对企业预算假设建立、预算体系搭建、预算编制、预算调整、预算控制、预算分析全过程的管理，并与 ERP-U8 业务系统和公共平台（如审批流）紧密结合，为企业的事前计划、事中控制、事后分析提供了有效的工具和必要的手段，充分体现了预算管理在财务管理中的核心作用。

2. 预算管理系统应用模式

预算管理系统应用模式可以选择单一企业应用模式或集团企业应用模式。

（1）单一企业应用模式

适用于单一企业自身的预算管理，可以选择以整体为单位或以部门为单位进行预算管理。在这种应用模式下，既可以单独使用预算管理系统，也可以与 ERP-U8 其他系统结合使用,利用 UFO 报表系统取数函数获得数据。

(2) 集团企业应用模式

适用于集团企业整体进行的预算管理,既可以将子公司设为集团企业的部门直接进行管理;也可以由集团企业统一制定预算内容下发给各子公司,以各子公司为单位编制预算,各子公司在接收了预算体系后,还可自己使用下发体系未引用过的预算项目制定预算内容。在集团企业应用模式下,集团企业不仅要制定预算内容,也要进行预算编制,应将编制预算的集团企业与制定预算内容的集团企业分开处理,将编制预算的集团企业单独设置为集团企业的一个子公司进行管理。

3. 预算管理系统应用目标

预算管理系统在 ERP-U8 系统中实现了以下功能:

- 预算目标管理;
- 预算版本管理;
- 预算假设建立;
- 预算体系搭建;
- 预算编制;
- 预算调整;
- 预算控制;
- 预算分析;
- 集团预算体系的设计、下发;
- 下属单位编制、上报预算;
- 集团对下属单位预算审批、下发;
- 下属单位发出预算调整请求、上报;
- 集团对预算调整请求进行审批、下发;
- 下属单位上报预算执行情况;
- 集团对下属单位预算执行情况进行汇总、分析。

十、网上报销系统

1. 网上报销系统概述

网上报销系统适用于各类企业、行政事业单位对内部部门、员工的借款、还款等信用的管理以及各种费用的报销等。网上报销系统可以与预算系统集成使用,通过预算系统的费用预算来控制本系统的借款和费用报销业务;可以与总账系统集成使用,将借款、报销单据生成凭证传递到总账系统中;可以与网上银行系统集成使用,将本系统的付款单据传递到网上银行,通过网上银行直接支付。

2. 网上报销系统主要业务流程

网上报销主要业务流程见图 1-6。

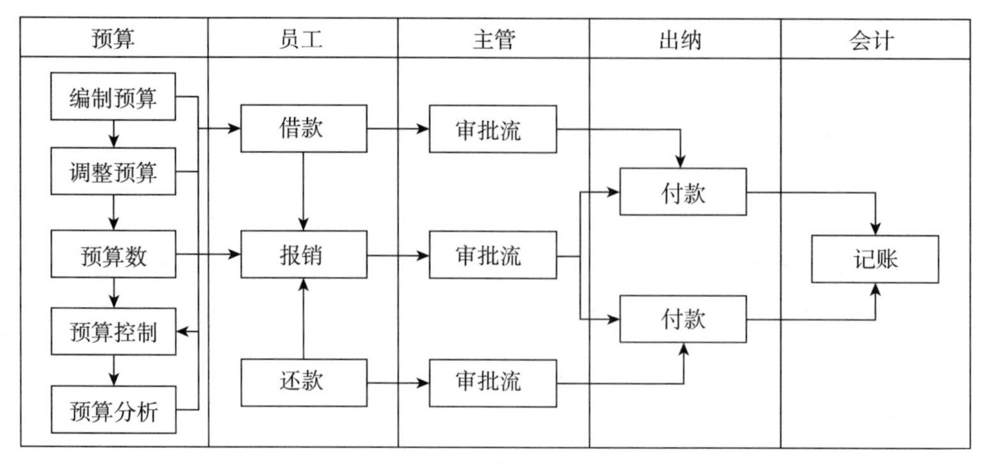

图 1-6　网上报销主要业务流程

企业常常将网上报销系统与预算管理系统联用,以达到发生费用时进行预算控制的目的。

3. 与预算管理系统联用的相关联的功能点

(1) 预算管理系统需要进行的操作

- 在控制选项功能中将本账套的报销系统启用预算控制。
- 预算管理系统中发布网上报销业务发生需要受控的预算。
- 在控制规则中选择适用的预算控制方式。

(2) 网上报销系统需要进行的操作

- 在选项中:

第一,选择借款是否进行预算控制,如果借款与报销需要同时控制则选"是",如果仅报销需要控制则选"否"。

第二,在选项中确定预算项目是否必输入。

第三,确定是否严格按部门口径选择预算项目。

第四,执行预算的时点选择,分别对进入审批流与不进入审批流的单据选择执行预算的时点。

- 借款:借款时会扣减对应预算数。
- 报销:

第一,支出报销单:发生支出项目扣减预算数,发生收入项目增加预算数;无收支项目时扣减预算数。

第二,收入报销单:发生收入项目扣减预算数,发生支出项目增加预算数;无收支项目时扣减预算数。

- 核销借款:无论是收入报销单还是支出报销单,核销借款时均扣减预算数。
- 在按表体的预算项目向预算传递数据时,如果一张单据上有一条预算项目未通过预算,则整张单据都不能通过预算。

(3) 审批意见

预算管理系统可按预算项目回写审批意见,网上报销系统可以在单据中显示预算管理系统审批操作的审批人、审批日期以及审批意见。

(4) 预算执行

如果针对网上报销系统的借款单或报销单启用了审批流,需要在非终审级别的其他级别执行预算,则在审批流程中进行设置。

2.2 课程内容

本课根据世界级营销研究机构和世界500强企业的营销能力模型,将复杂大项目销售人才的培养路径拆分成8个任务大类、24个典型任务、32个情境、48个知识点。

本课程内容见表1-2。

表1-2 课程内容

任务大类	典型任务	情境	知识点
1. 职业认知	1. 组建团队	1. 组建团队	
	2. 认知所在公司	2. 认知所在公司	1. 用友集团介绍
	3. 认知所在行业	3. 认知所在行业	2. ERP 行业介绍
	4. 认知营销与销售	4. 认知营销与销售	3. 营销与销售
		5. 认知 B2B 复杂销售	4. B2B 复杂销售
	5. 认知销售职业	6. 认知销售职业	5. 销售职业
			6. 销售必备素质
2. 认知客户	6. 认知客户	7. 认知客户企业	7. 认知客户企业
		8. 认知客户关键岗位	8. 认知客户关键岗位
3. 认知产品	7. 认知产品	9. 认知产品(财务管理系统)	9. 认知产品(财务管理系统)
		10. 认知产品(供应链管理系统)	10. 认知产品(供应链管理系统)
4. 准备销售	8. 商机挖掘和分析	11-甲. 拟定绩效目标	11. 商机挖掘
		11-乙. 商机挖掘和分析	
	9. 拜访准备	12-甲. 分析差距和需求	12. 客户概念
		12-乙. 客户潜在需求分析	13. 激发客户兴趣
			14. 客户需求
		13-甲. 采购沟通准备	15. 行动承诺
		13-乙. 拜访准备	16. 客户预约
			17. 基本商务礼仪

（续表）

任务大类	典型任务	情境	知识点
5. 销售沟通	10. 了解顾客概念	14-甲. 明确问题和需求	18. 提问技巧
		14-乙. 了解客户概念	19. 倾听技巧
		15-甲. 拟定采购计划	20. 单一销售目标
		15-乙. 识别目标与角色	21. 项目阶段
			22. 采购角色
	11. 呈现优势	16-甲. 考察供应商优势	23. 独特差异优势
		16-乙. 呈现优势	24. 应用场景呈现
			25. 合作经营流程
		17-甲. 制定采购决策流程	26. 客户态度
		17-乙. 分析流程与态度	27. 采购决策模型
			28. 竞争分析
	12. 获得承诺	18-甲. 解决顾虑	29. 获得客户承诺
		18-乙. 获得承诺	30. 处理客户顾虑
		19-甲. 制定采购策略与计划	31. 关键人应对策略
		19-乙. 制定销售策略与计划	32. 资源发展与应用
			33. 竞争策略
	13. 拜访总结与评估	20-甲. 项目风险分析	34. 拜访评估
		20-乙. 销售机会评估	
	14. 关键人拜访	21-甲. 评估供应商	35. 高层拜访
		21-乙. 关键人拜访	
6. 方案制作与呈现	15. 需求汇总与分析	22-甲. 目标和需求梳理	
		22-乙. 客户目标和需求梳理	
	16. 解决方案撰写	23-甲. 供应商关键指标对比	36. 销售解决方案
		23-乙. 解决方案撰写	
	17. 方案呈现准备	24-甲. 拟定方案评审策略	37. 演讲呈现技巧
		24-乙. 拟定方案呈现策略	
	18. 解决方案呈现	25-甲. 方案评审	
		25-乙. 方案呈现	
7. 招标和投标	19. 制定标准参数	26-甲. 制定招标参数	38. 招投标流程
		26-乙. 制定投标参数	39. 招标文件准备
			40. 投标文件准备
	20. 发标与应标	27-甲. 发标	41. 招标过程管理
		27-乙. 应标	42. 投标过程控制
			43. 报价策略
	21. 评标与投标	28-甲. 评标	
		28-乙. 投标	

（续表）

任务大类	典型任务	情境	知识点
8. 商务谈判与成交	22. 谈判准备	29-甲. 采购谈判准备	44. 谈判准备
		29-乙. 销售谈判准备	
		30-甲. 拟定采购谈判策略	45. 价格谈判
		30-乙. 拟定销售谈判策略	46. 成交技巧
	23. 商务谈判	31-甲. 采购商务谈判	
		31-乙. 销售商务谈判	
	24. 完成交易	32-甲. 公布结果	47. 销售总结
		32-乙. 完成交易	48. 客户服务与价值兑现

2.3 单元设计

教学单元设计思路如图 1-7。

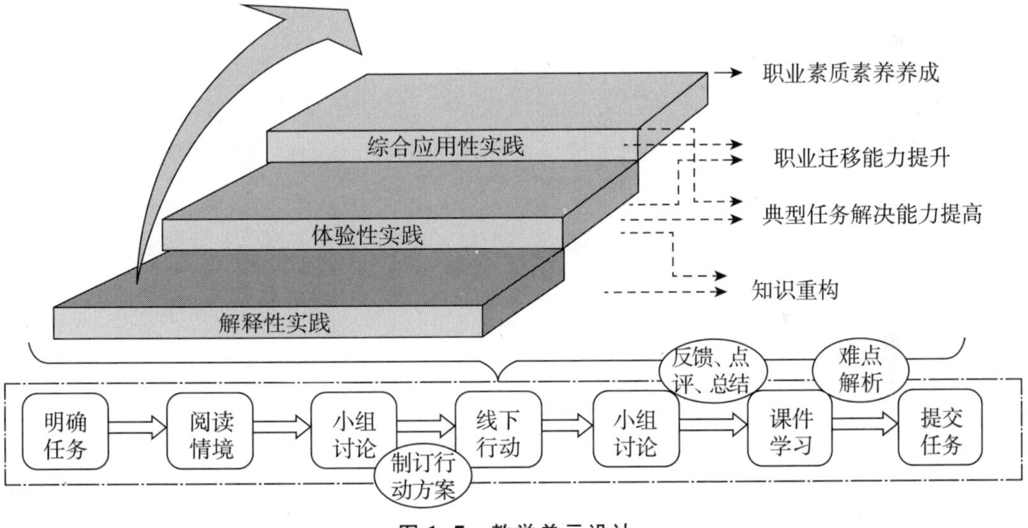

图 1-7 教学单元设计

1. 教学步骤

- 明确任务；
- 阅读情境；
- 小组讨论：制订行动方案；
- 线下行动；
- 小组讨论：教师和学生共同进行反馈、点评、总结；
- 课件学习：难点解析；
- 提交任务。

2. 内在逻辑

通过解释性实践、体验性实践和综合应用性实践，使学生重构知识、提高典型任务解决能力、提升职业迁移能力、养成职业素质素养。

任务三 VBSE 营销综合实训教学实施与评价

3.1 课程形式

本课程以销售案例实战对抗，贯通甲方企业采购和乙方供应商销售全流程，学生将分别担任甲乙双方各种采购、销售角色，包括甲方企业的总经理、采购经理、信息经理、销售经理、生产经理、财务经理、企管经理等，乙方企业的营销总监、销售经理、客户经理、售前经理、咨询顾问等，并且由多家乙方企业同时参与单一项目采购，在相互竞争的关系中，完成向甲方企业项目的销售过程。

本课程综合集成销售工具、销售技巧、产品知识及行业知识，帮助销售人员在销售机会来临时，识别潜在客户的业务问题；然后综合运用对客户的了解和对自身能力的了解，引导客户分析问题、得出结论，协助客户找到真正的解决方案。

本课程贯穿销售的完整流程和任务，融流程、知识、技巧、策略于一体，基于各相关工具，以小组为团队共同完成特定任务，从而帮助您：

- 理解甲方企业采购流程和乙方企业销售流程，感知销售典型工作任务；
- 认知销售为甲乙双方企业创造价值的逻辑和方法，体验销售的乐趣、价值与魅力，激发对销售的兴趣和热情；
- 运用销售计划、拜访沟通、策略制定、解决方案等方法工具，体验销售对基本技能和素质的要求。

3.2 教学方法与手段

教学方法与手段具体见图 1-8。

本课程采用基于工作过程的“教、学、做”一体化教学方法。基于 VBSE 营销综合实训平台，采用项目分析法、示范教学法、课题讲授、小组讨论法、情境模拟法、角色扮演等方法进行课堂教学。

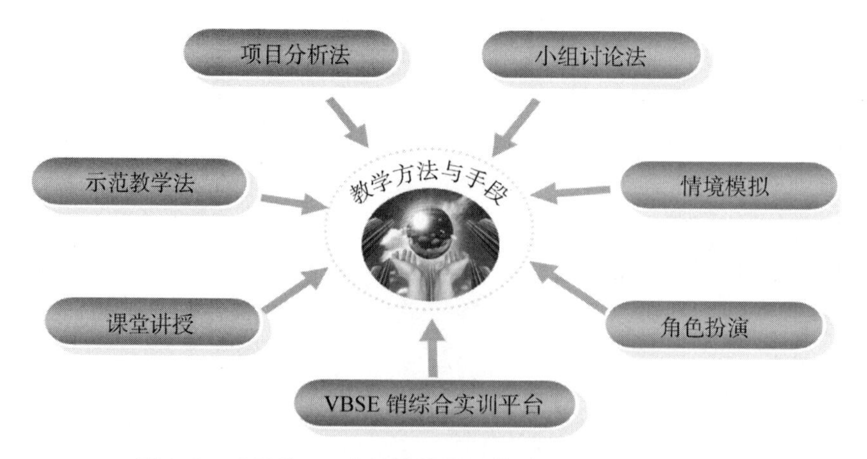

图 1-8 采用基于工作过程的“教、学、做”一体化教学方法

3.3　考核方式

本课程考核方式见表 1-3。

表 1-3　课程考核方式

考核内容	考核要素	考核要求及标准	成绩比例
过程考核 （素质素养）	出勤	按时上课　10%	30%
	参与表现	积极参与项目活动　10%	
	团队精神	善于与他人合作　10%	
项目考核 （任务解决能力、 职业迁移能力）	任务完成	任务目标明确　10% 信息分析全面　15% 分工协作合理　10% 按时提交任务　5%	70%
	销售方案	方案结构完整、内容合理、表述清晰　20% PPT 制作精美、简洁　5% 演讲人语言表达能力　5%	

任务四　甲乙方团队组建

4.1　甲乙方团队组织结构

甲方 1 组，乙方 3-5 组。

1. 甲方团队组织结构（7 人）

甲方团队组织结构具体见表 1-4。

表 1-4　甲方团队组织结构

一级	二级	三级
总经理	企管经理	信息经理
	财务经理	
	采购经理	
	生产经理	
	销售经理	

2. 乙方团队组织结构（7 人）

乙方团队组织结构具体见表 1-5。

表 1-5　乙方团队组织结构

一级	二级	三级
营销总监（必选）	销售经理（必选）	客户经理（必选）
	售前经理（必选）	
	财务顾问（可选）	
	供应链顾问（可选）	
	咨询实施顾问（可选）	

注：若是 5 人组，则必选咨询实施顾问；若是 6 人组，则必选财务顾问和供应链顾问。

4.2　组建过程

组建过程具体见表 1-6。

表 1-6　组建过程

序号	学习步骤
1	公选组长
2	角色分工
3	团队设计

1. 公选组长

甲乙团队组长岗位和主要职责及任职要求见表 1-7。

表 1-7　甲乙团队组长岗位和主要职责及任职要求

岗位	主要职责及任职要求
总经理（甲方）	**主要职责：** 1. 全面主持公司日常生产经营及行政管理工作，实施董事会决议，分解年度指标和经营计划，并将实施情况向董事会报告； 2. 负责其他中高层管理人员的聘任、培训、管理、考核工作； 3. 主持召开经理办公会，协调各部门工作，布置计划实施，发挥各职能部门的作用，针对工作执行过程中的问题提出有效的纠正措施，确保年度经营目标顺利实现； 4. 组织制定和健全公司各项规章制度，积极进行各项改革，推行岗位责任制，不断提高公司管理水平； 5. 主持制定公司年度预决算，审批公司重大经费的开支和分配方案； 6. 审批各职能部门呈报的各类文件、报表。
	任职要求： 1. 具备良好的敬业精神和职业道德操守及很强的感召力和凝聚力； 2. 具备较强的判断、决策、计划、创新与执行能力； 3. 具备良好的沟通、协调、组织和团队建设能力。

（续表）

岗位	主要职责及任职要求
营销总监（乙方）	**主要职责：** 1. 参与制定公司的销售战略、具体销售计划和进行销售预测； 2. 组织与管理销售团队，完成企业产品销售目标； 3. 控制销售预算、销售费用、销售范围与销售目标的平衡发展； 4. 招募、培训、激励、考核下属员工，以及协助下属员工完成下达的任务指标。
	任职要求： 1. 具备目标绩效管理、过程控制、发展合作、冲突管理等方面的知识与实践技巧； 2. 具备很强的演讲、沟通、团队管理、系统思维、分析决策、战略思维、驾驭全局、资源整合的能力； 3. 能够巧妙地采用多种方式影响他人； 4. 在仔细权衡代价和收益的基础上做出某种决策，为了使公司获得较大利益，甘愿承担风险； 5. 工作中能够不断鞭策大家，确保他人理解并接受领导的使命、目标、政策和工作安排，保证任务的顺利完成。

讨论结果：______________________________

____

____

2. 角色分工

（1）甲方分工

甲方岗位和主要职责及任职要求见表1-8。

表1-8 甲方岗位和主要职责及任职要求

甲方岗位	主要职责及任职要求
企管经理	**主要职责：** 1. 在总经理的领导下，协助督办各部门分战略规划的制定和执行情况，并定时向总经理提交报告； 2. 负责公司级各项规章制度的执行、业务流程管理标准化的制定与推行，部门级由部门主管拟定，企管部审核，总经理批准后执行，企管部负责执行过程的督察考核； 3. 协助总经理负责公司对内外关系接待，文件汇总、审核、报批； 4. 负责其他公司各项管理工作的监察和督办工作。
	任职要求： 1. 具备极强的全局把控能力和实际操作能力，有很强的规划、组织、推动、实施、监控及协调沟通能力； 2. 面对非常棘手的问题，能够恰当地运用已有的概念、方法、技术等多种手段，分析问题产生的原因，找出最有效的解决办法，在仔细权衡代价和收益的基础上做出某种决策，为了使公司获得较大利益而愿意承担风险； 3. 牢固掌握目标控制、时间分配、人员分配等，以公平的态度运用自身权利，并能采取有效的策略，提高整个团队的士气和工作效率，同时可以不断鞭策员工，确保员工能够理解并接受领导的使命、目标、政策和工作安排，保证任务的顺利完成。

（续表）

<table>
<tr><th>甲方岗位</th><th>主要职责及任职要求</th></tr>
<tr><td rowspan="2">信息经理</td><td>主要职责：
1. 负责信息战略、年度计划的制订和贯彻落实，协调各业务部门工作，确保信息化建设有序进行；
2. 负责信息化规划的制定；
3. 负责年度计划的制订和贯彻落实，定期向公司领导汇报信息建设状况；
4. 负责 IT 预算的编制与执行；
5. 负责收集信息新技术，并致力于与业务的应用融合；
6. 负责应用系统的开发与维护。</td></tr>
<tr><td>任职要求：
1. 对信息化管理软件（ERP）有认知，并作为项目经理组织项目实施；
2. 了解信息网络、软硬件技术；
3. 具备良好的沟通协调能力及高度的敬业和团队合作精神。</td></tr>
<tr><td>采购经理</td><td>主要职责：
1. 负责采购工作，包括询价、比价、签订采购合同、质量验收；
2. 调查、分析和评估采购计划，配合和确保生产部门计划所需的生产资料及时到位，确定需要和采购时机；
3. 完善公司采购制度，制定并优化采购流程，控制采购质量与成本；
4. 对采购人员和供应商进行评估、认证、管理及考核；
5. 对供货及时性和供应商流失负责。
任职要求：
1. 具备良好的部门内和跨部门的组织及协调能力，具备良好的谈判、人际沟通能力，团队协作能力强；
2. 具备较强的职业道德素质。</td></tr>
<tr><td rowspan="2">生产经理</td><td>主要职责：
1. 协助总经理抓好公司的生产管理工作和如期保质保量交货，制订新产品开发计划，改善生产工艺，合理调度生产设备，提高生产进度和产品质量；
2. 参与公司高层管理工作会议，对公司重大事项提出具体的批示意见，对公司生产过程中发生的一切重大事项向总经理反应并提出意见，对一般性制度化的问题及时做出处理，并对内部控制管理、企业形象管理、公司制度建设、企业文化建设、管理模式完善、产品品牌打造等方面提出合理化方案和建设性意见；
3. 做好各职能部门之间的业务沟通工作，并协调好他们之间的工作联系和相互关系；
4. 在总经理授权时，代表公司参加相关的社会各项公关活动和重要谈判，以及处理外部与公司有关的各种事宜；
5. 完成总经理交办的其他各项工作任务。</td></tr>
<tr><td>任职要求：
1. 具备较强的管理控制和指挥驾驭能力，能够在总经理不在时，管理好生产技术工作；
2. 对问题考虑周密、反应敏捷，能够及时发现基层工作中存在的倾向性问题，并及时给予解决；
3. 有较强的工作事业心和责任感，勇于开拓进取，并且能够身体力行地带动下属人员共同努力完成各项工作任务；
4. 对工作有自信心，处事果断，时间观念强，办事有序不乱，工作不拖拉，讲究效率；
5. 心理素质好，遇事冷静理智，能够控制自己的情绪冲动，很好地处理工作中的各类突发事件；
6. 品德修养好，能克己奉公、工作不徇私情、不贪私利，为人耿直宽厚，在员工中有较高的威望。</td></tr>
</table>

（续表）

甲方岗位	主要职责及任职要求
财务经理	**主要职责：** 1. 根据公司运作投资计划、工程进度和物资采购计划，负责制订公司流动资金计划，经执行总经理批准后执行，严格控制计划外资金的使用； 2. 严格执行资金付款的工作程序和管理规定，杜绝不合理费用的支出，对超计划、超定额的支出必须请示执行总经理； 3. 协助执行总经理核查公司流动资金的占用情况，对不合理的流动资金占用提出改进意见和提高流动资金的周转率； 4. 负责及时、正确、完整地编制每月、季、年度报告，做好决策和效益分析，合理调度资金，负责财务报表的时间性、准确性； 5. 做好资金流动情况保密工作，根据实际发生的经济业务事项组织财务部进行财务核算，实行财务监督。
	任职要求： 1. 具备优秀的职业判断能力和丰富的财会项目分析处理经验，以及处理突发事件的能力； 2. 具有良好的职业道德和敬业精神； 3. 具备良好的沟通能力、管理能力、组织协调能力和学习能力。
销售经理	**主要职责：** 1. 配合公司制订年度市场运营计划并编制预算，监督运营过程并及时评估和调整； 2. 负责建立、培训、管理公司销售队伍，规范运作流程，收集和分析市场情况，制定公司销售政策和策略； 3. 负责制定和完善营销管理制度，并逐步建立健全适应市场发展的完整的营销管理体系； 4. 负责与部门协调沟通相关事宜； 5. 负责沟通维护客户关系，深度挖掘客户资源。
	任职要求： 1. 具备较强的市场分析、营销、推广能力，以及丰富的营销网络及销售成本控管经验； 2. 具有丰富的客户资源和客户关系，业绩优秀； 3. 具备良好的人际沟通、谈判能力，以及分析和解决问题的能力； 4. 工作严谨，坦诚正直，工作计划性强并具有战略前瞻性思维； 5. 具有较强的事业心，具备一定的领导能力。

（2）乙方分工

乙方岗位和主要职责及任职要求见表 1-9。

表 1-9　乙方岗位和主要职责及任职要求

乙方岗位	主要职责及任职要求
销售经理	**主要职责**： 1. 组织编制年度、季度、月度销售计划及销售费用预算，并监督其实施； 2. 组织对公司产品和竞争对手产品在市场上销售情况的调查，分析调查结果，综合客户反馈意见，撰写市场调查报告； 3. 编制与销售直接相关的广告宣传计划； 4. 组织下属人员做好销售合同的签订、履行和管理工作，监督销售人员做好应收账款的催收工作； 5. 制定本部门相关的管理制度并监督检查下属人员的执行情况； 6. 组织对客户提供售后服务，与技术部门加强联络以取得必要的技术支持； 7. 对下属人员进行业务指导和工作考核； 8. 组织建立销售情况统计台账，定期报送财务统计部。
	任职要求： 1. 具备较强的市场分析、营销、推广能力，以及丰富的营销网络及销售成本控管经验； 2. 具有丰富的客户资源和客户关系，业绩优秀； 3. 具备良好的人际沟通、谈判能力，以及分析和解决问题的能力； 4. 工作严谨，坦诚正直，工作计划性强并具有战略前瞻性思维； 5. 具有较强的事业心，具备一定的领导能力。
客户经理	**主要职责**： 1. 必须按时、按质、按量完成公司下达的各项业务指标，获得预先设定的销售业绩； 2. 负责市场调研和市场分析，通过做好市场调研，既可以了解客户需求的变化，进行市场预测，把握市场机会，又可以有效地觉察各种市场威胁或危机，从而规避风险； 3. 负责月度、季度、年度销售的预测以及销售目标的制定及分解，制定销售策略，能够根据不断变化的客户需求做出相应的政策调整，从而不断地挖掘客户潜力，扩大本公司产品在市场上的份额； 4. 负责销售渠道、客户以及应收账款的管理，并认真执行公司的各项规章制度。
	任职要求： 1. 具有目标绩效管理、过程控制、发展合作、冲突管理等方面的知识与实践技巧； 2. 具备很强的演讲、沟通、团队管理、系统思维和分析决策能力，以及很强的分析判断、决策、战略思维、驾驭全局和资源整合能力。
售前经理	**主要职责**： 1. 深刻挖掘用户需求，进行售前的技术咨询、交流，撰写技术标书，演示讲解投标方案； 2. 负责对合作伙伴和最终用户进行产品（业务）的培训； 3. 负责公司产品技术说明书的撰写编制； 4. 负责产品的售前技术支持、项目测试； 5. 为客户提供技术和产品的解决方案，参与招投标； 6. 配合代理商（集成商）参与项目投标前后的支持和服务工作。

（续表）

乙方岗位	主要职责及任职要求
售前经理	**任职要求：** 1. 熟悉售前工作流程，能探知用户需求，具备良好的建议书、解决方案写作技能； 2. 具备出色的表达沟通能力和售前讲解能力及项目管理经验，思维敏捷，能灵活应变； 3. 具备很强的表达、咨询、系统思维、沟通和理解能力； 4. 具备良好的敬业、职业、团队精神和个人品质； 5. 对方案撰写的表述、层次结构、模板以及工具运用，有驾驭能力。
财务顾问	**岗位职责：** 1. 参与售前，尽职财务领域的调研，配合销售人员与甲方财务负责人沟通； 2. 撰写甲方的财务系统实施方案； 3. 参与招投标方案研讨。
	任职要求： 1. 具备良好的沟通协调能力和文档编写能力； 2. 品行端正，具有良好的职业操守。
供应链顾问	**主要职责：** 1. 负责公司供应链售前及实施； 2. 负责公司供应链专业方案的提炼与总结； 3. 负责担任 ERP 实施项目经理。
	任职要求： 1. 了解 ERP 物资库存、采购模块实施经验，可以担任项目经理； 2. 对公司生产、采购、销售有了解； 3. 沟通及表达能力强； 4. 具有较好的学习新产品的能力，愿意学习新产品，掌握新行业。
咨询实施顾问	**主要职责：** 1. 负责公司 ERP 软件产品的售前咨询，配合客户需求，为软件的录入和实施提供技术支持，分析客户实际需求，并进行客户方案总设计，协助销售制定报价及合同； 2. 负责对客户进行 ERP 软件产品的技术培训，编写系统化的培训方案； 3. 制订项目实施计划并严格执行；跟踪产品销售（项目）实施过程中不同客户的个性化需求，并及时给出相应的解决方案； 4. 负责并实施售后服务运作流程，控制售后服务预算； 5. 与公司开发部保持紧密的联系，保证项目成功实施。
	任职要求： 1. 具有良好的工作记录习惯，善于学习总结，严谨踏实，责任心强，条理清楚； 2. 具备良好的团队合作精神和沟通协调能力； 3. 能够接受经常出差的工作要求。

组内成员分工：____________________________________

____

____

3. 团队设计

请组长组织小组成员在讨论中确定小组名称、队徽、小组的目标(任务)、小组的学习口号、团队和成员的优势。

小组名称和队徽:______________________________

小组的目标(任务):______________________________

____

____

小组的学习口号(要求积极、健康、体现小组精神):

____

____

团队和成员的优势:

____

____

____

____

任务五 前置任务

5.1 认识销售

1. 销售的含义

销售是指以销售、租赁或其他任何方式向第三方提供产品和(或)服务的行为,包括为促进该行为进行的有关辅助活动,例如广告、促销、展览、服务等活动。

2. 销售的特征

销售既可以是一项报酬率非常高的艰难工作,也可以是一项报酬率非常低的轻松工作。销售,说大不大,说小不小。小可做一针一线,大可做跨国集团。但究其本质,都是相似的。你的行动决定了你的报酬。你既可以成为一个高收入的辛勤工作者,也可以成为一个低收入的轻松工作者。这一切完全取决于你对销售工作是怎样看,怎样想,怎样做的。

3. 销售步骤

- 机会的辨识(Opportunity Identification),包括市场调查、市场分析、生产决策、市场定位等;
- 新产品开发(New Product Development),包括新产品研发、新产品生产等;
- 对客户的吸引(Customer Attraction),包括营销策划、品牌推广、市场宣传、产品展示、洽谈签约等;
- 订单执行(Order Fulfillment),包括产品供应、发货运输、货款结算等;

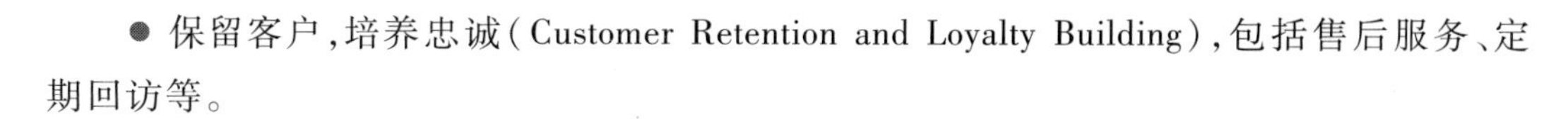

● 保留客户，培养忠诚（Customer Retention and Loyalty Building），包括售后服务、定期回访等。

4. 销售策略

● 收集正确的情报，建立有效的销售流程需要收集关于目标客户的正确情报；

● 利用自动化，一旦销售过程全面展开，就可以依赖市场营销自动化工具定期接触目标客户，并且利用它们在应该跟进的时候提醒销售人员；

● 扩大规模；

● 提供可见性，销售漏斗对现金流以及公司的未来至关重要；

● 实施问责制，提升并且理解销售最重要的一步就是执行定期的问责。

5. 销售技巧

（1）构建买方与卖方的关系

销售人员需要对客户做出真实的决定，并对做出决定之后的客户的购买流程有一个更好的理解。然后，销售人员需要将其销售流程和客户的购买流程相匹配。做到这一点后，当他们就最可行的解决方案达成一致时，销售人员就开始和客户密切接触。

（2）规划推销电话

如今的大多数公司缺乏一个定义明确的销售过程，很少有能让客户提供强有力承诺的有文件记载的销售实践。销售人员没有正确地规划推销电话。例如，每个电话都应该以客户同意去做或获得将销售过程向前推进的事情的某种承诺为结束。

（3）提出正确的问题

大多数销售人员没有提出正确的问题，即使他们在拨打推销电话之前就事先准备好了问题，甚至大多数人没有事先准备。

（4）具备商业头脑

如果你要帮助客户变得更加成功，你需要了解企业通常如何运行，客户所在的行业如何运作，客户如何实现其市场目标，以及公司的产品如何才能帮助它们更好地服务于它们自己的客户。没有业务技巧，你就永远不具备销售所需要的信誉。

（5）积极倾听

销售专业人士常会因一直对自己及其产品喋喋不休，而错过了重要的线索和信息。更为重要的是让客户说话。是的，你应该引导谈话，然后倾听和正确地消化吸收；你应该了解客户真正需要什么，以使你能够正确定位你的产品。

（6）提出有意义的解决方案

大部分销售人员声称这是他们最擅长的技能。事实上，经理倾向于雇用“能说会道”之人。在现实中，当谈到做演示时，质量远比数量重要。当销售人员针对先前商定的需求，将重点放在呈现具体的解决方案上时，他们很少失败。

（7）获得承诺

如果你真正思考这一点，聘用销售人员的唯一目的就是获得客户的承诺。然而，当问及这一问题时，大多数销售人员承认这是其最薄弱的技能。研究表明，将近 2/3 的销售人员在推销电话中未能要求承诺。任何有效的销售培训计划必须对这个问题有可靠的解决方案。

(8) 管理你的情绪

销售人员向自身解释其成功和失败的原因的方式至关重要。你应该形成一种风格,将逆境看作暂时和独立的,建立心理抗冲击力、情感韧性和耐性,以便从挫折中振作起来,并在适当的时候积极主动。

5.2 认识销售精英

随着客户的不断变化,销售团队的销售艺术与技巧也随之演进。众所周知,现在的客户越来越“精明”了。销售人员要想与他们建立关系,推销产品的功能与优点,并且进一步商讨解决方案已不再是件轻而易举的事了。现在的客户在做出每一个购买决定时都万分谨慎,他们要确信所购买的产品能够促进公司达成预期目标。

由于游戏规则发生了变化,各个公司纷纷想要探寻其中的玄机。一些顶级销售团队找到了销售的未来成功之道。他们总结出了销售人员应具备的一些特质,企业在挑选、指导和培养销售人员时可以参考一下。世界一流的销售人员都具备六大特质。其中三大特质侧重于外部因素,也就是聚焦在销售人员的客户身上;另外三大特质则侧重于内部因素,即销售人员自身及所在的公司。

六大特质中的每一项都涉及顶级销售人员具备的心态和采取的行动。教练的角色是帮助销售人员获得这种心态,并提出正确的问题,以采取正确的行动。

特质一:了解客户的业务

一流的销售人员懂得驱动客户业务发展的关键所在。他们了解客户在全球、市场和执行中面临的种种挑战。他们永远与影响客户成功的各种趋势保持一致步伐。

这些销售人员懂得从股票分析师的角度对客户业务进行分析。他们知道哪些东西不仅对客户来说很重要,而且对客户的客户来说也同样重要。通过融合对客户业务的深刻体会,一流的销售人员可以为客户带来多种不同的价值。

诺基亚公司销售及市场营销高级副总裁格雷格·肖特尔(Greg Shortell)曾这样说过:“现在的销售人员必须和客户一样,具备其产品和解决方案所针对的环境下的所有知识。他们需要具备了解并能够准确介绍技术发展路线图的能力,需要具备能够向客户叙说哪些是驱动其业务发展的关键因素的能力,需要具备帮助客户满足这些需求的能力,以及需要具备进行业务谈判、预测现金流及借助 ROI(投资回报率)之类的报表进行财务分析的能力。”

顶级的销售精英能够做到:

● 利用年度报表、行业财务比率、新闻报道、新闻发布会、股市分析报告和公司提供给分析师的各种报告,来探究客户的战略核心。

● 通过大量阅读各种商业出版物和商业杂志来调研行业发展趋势。

● 研究客户的价值链。充分了解客户的供应商、各种能够创造商业价值的活动、库存和分销流程,以及销售战略。

● 参观客户的工厂,直接了解客户的运营模式。

● 掌握客户的购买周期。客户的采购决策因何而做出?它们如何对备选方案进行收集和评估?决定权掌握在谁手上?谁负责采购项目?它们评估成功的标准是什么?

特质二:对客户的经营成果满怀热情

今天,一流的销售人员会本能地认为,销售其实就是帮助客户实现业务增长。对客户的经营成果满怀热情的销售人员凭直觉就能意识到这一点。这些销售人员拥有一颗炽热的心。他们真诚地希望客户成功,而客户也能感受到他们的这种心情。

优秀的销售人员能够清楚地表达其产品将如何帮助客户创造竞争优势。他们能够为客户带来无形的收益并帮助其显著地节省成本。他们通过量化收益(这有助于帮助客户减少预算上的约束),进而指出客户面临的问题,减少对方对变革的抗拒。总之,他们能够将客户的目光吸引到成效上来,而并非一味地关注成本。

他们通过这种方法为客户创造价值。他们在与客户谈话时会尽量绕开价钱这个问题,最后也就不需要为客户打折。由于这些销售人员把重点放在了提高客户的业务成果上,也就可以适度避免过多地关注于自己所面对的竞争对手。

顶级的销售精英能够做到:

● 评论客户的目标业务成果和所面临的业务挑战。

● 清楚客户评估成功的标准。

● 打造一个长长的增值业务名单(产品、服务等)。

● 介绍各个业务如何为客户创造价值。

● 站在客户的角度,为其描述这些业务的价值。

● 展示公司实力如何影响客户的成功。

● 表现出对客户成功的浓厚兴趣。

特质三:在客户公司建立关系网

一流的销售人员会与每一个大客户建立牢固的关系。他们不会仅依赖某一个可靠的接口人,而是会向各个层级以及各个部门的人员(从经理到小时工)进行推销。这些高效的人才非常具有生意头脑,他们在与不同客户公司内的不同人物洽谈业务时都显得非常自信。

他们通过与多个接口人打交道,全面了解客户对从单个产品到高度战略化解决方案的兴趣和需求。然后,他们会向不同级别的不同人员了解信息,以便更好地了解客户的全盘采购计划。通过这样做,他们不仅可以掌握客户公司所有职能部门的共同需求,还可以了解不同接口人所在部门的特殊担忧。他们还懂得通过与多个接口人沟通来确定各种潜在威胁。

世界上最优秀的销售人员都知道,在客户公司找到支持者,是促进业务开发的重要途径之一。顶级的销售人员借助他们的内部支持者,来精心策划在客户公司内部的营销网络。这些优秀的销售人员知道永远不能把一切都看成是当然,他们会改变意志不坚定者的立场,中立并同化敌对思想。优秀的销售人员明白在搭建业务关系时,诚信至关重要。他们意识到,诚信是建立在言行一致的基础之上的,于是他们始终如一地遵守向客户许下的承诺,以便赢得客户的信任。

这要求销售人员做到“如实推销产品,不能有任何虚夸”,一位 CIO(首席信息官)如是说。“不要试图通过你们的产品来打动我,我需要你们为我解决业务挑战。”一家保险公司的高管也是这样说的。

顶级的销售精英能够做到:

● 充分利用客户公司各个职能与层级的人员。

● 想办法与关键人物建立关系。致力于成为客户的战略思想合作伙伴,为他们出谋划策。

● 为客户公司的关键人物提供信息,满足他们的需求,以促使其成为内部支持者。

● 与周围的人保持沟通,从闲谈中获取有用信息。

● 将成功归功于内部支持者。

● 遵守承诺,有言必有行。

特质四:全方位发展个人才干

为了有效地实现个人能力的全方位发展,一流的销售人员会对自身公司的各项业务进行全面了解。他们会不断地拓展个人的产品知识,并从大量客户的成功案例中学以致用。通过了解公司各方面的实力,他们能够掌握每种产品的毛利大概是多少。他们会坚持不懈地学习,不仅仅是在工作后的第一年中。随着能力的提高,他们会逐渐明白每个产品、每项服务和每项业务将如何为客户创造价值。

在不断加深个人产品知识的同时,这些销售人员还会了解如何在公司内部找到主题专家,与他们进行各种高技术含量的对话。一流的销售人员会在公司内部与其他同事建立有益的工作关系,并且明白在销售周期的初始阶段,获取各种见解和专门知识是有百益而无一害的事情。

顶级的销售精英能够做到:

● 对所掌握的产品知识的用途和需求进行自我评估。制订并实施个人学习计划。抓住培训机会,与主题专家一起共事,参加产品展示等。

● 探索新技术将如何促进公司实力的增强。

● 掌握如何在产品及服务的功效与为客户创造价值之间搭建桥梁。

● 了解自身公司及竞争对手公司的定价策略。

● 找到主题专家,从那里直接获得知识,并通过其协助抓住销售机遇,增强业务反应能力。

● 从其他销售人员那里了解其客户通过使用公司不同产品和服务获取价值的信息,从中吸取经验。

特质五:擅长战略销售

一流的销售人员懂得进行战略销售。他们了解客户的目标,也明确自身公司的目标。他们对整块蛋糕的大小了如指掌,即客户的采购总计划中与公司产品重叠的地方。

他们不会过度关注竞争,但一定会密切留意竞争对手的行动。

这些销售人员开发了各种简单成文的客户战术,其中记录了主要目标和销售成功所需采取的关键战术。他们懂得在采取特定行动之前,全面考虑所有其他备选方案。他们知道如何围绕客户的购买周期来打造自己的销售战略,以免过度专注于个人的销售圈。

他们根据自己之前订下的目标跟进自己的绩效表现,与经理、同事和其他销售相关人员对成功和失败进行分析。通过不断学习,他们能够快速地发现机遇,转变思想,定期更新销售战略。

在利用营销自动化系统作为战略规划工具方面,一流的销售人员驾轻就熟,他们不仅会利用会议计划辅助工具或数据库资源,而且知道哪些信息真正有用,以及如何获取这些信息。他们积极探索各种途径,以满足客户的需求并为之增值。他们懂得最大限度地利用一切可用的资源。

联合包裹的戴尔·海耶斯(Dale Hayes)曾这样说过:“我们的销售人员必须懂得利用系统来实时收集、分析信息,并与客户和同事共享信息。”

顶级的销售精英能够做到:

- 优先考虑最能为公司带来价值的客户。
- 针对高优先级客户制订客户战略计划。
- 与经理和其他人员分享自己的计划并获取反馈。
- 根据需要调整计划以确保成功。
- 时刻考虑如何发展长期客户关系。

特质六:将自己视为变革的推动者

一流的销售人员明白他们可以通过帮助客户实现变革来创造价值。他们知道通过做出改变,客户将能够更好地实现其目标并战胜挑战。他们将提供变革所需要的产品和服务。他们通过利用所销售的产品和服务,帮助客户加速见效时间。要想让客户做出改变,你必须想办法改变其观念和决策过程。

一流的销售人员还明白,实现变革取决于两种关键类型的沟通:展示和洽谈。他们知道,有效的变革需要交互沟通和双方协商。他们不会将客户逼上绝境,让客户别无选择。相反,他们会以咨询家的身份出现,帮助客户从多个方案中进行挑选。他们时刻保持积极、乐观的心态,对自己、产品和公司都有极大的信心,并将之视为实现客户业务成果改善方案的一部分。

艾利丹尼森公司的瑞克·切萨姆(Rick Cheatham)说过:“在现代社会,坦诚和礼貌非常重要。当你以诚恳的态度与客户打交道时,效果是截然不同的。你越是坦诚,客户也就越能敞开心扉。如果你把自己藏得很深,那么客户也不会与你靠得太近。”

顶级的销售精英能够做到:

- 了解客户将实施的主要组织变革。
- 了解客户的兴趣所在。
- 通过关键提问探寻其他解决方案。

- 通过组织会议促进交互讨论。
- 精心准备客户会议。
- 及时跟进。

资料阅读 1-3

现代制造行业为什么要上企业信息化(ERP)系统

在全球经济高通胀、资本市场波澜不定、贸易市场壁垒抬升、海外军团咄咄逼人，国内人民币升值、新税收政策调整、新劳动法出台等诸多压力下，中国制造企业正面临巨大的挑战，全球化制造环境对中国企业的响应速度、产品与服务质量提出了日益严苛的要求。中国企业在成本管理与控制方面技术手段依然匮乏；普遍面临成长中的策略执行有效性差与流程效率低下的管理困境。众多企业正在苦苦寻找世界先进管理模式在中国经营环境中成功实践的良方，一些企业依然无法在复杂多变的经营环境下进行科学与快速的决策。

而 ERP 系统是企业摆脱管理困境的利器，它可以帮助企业：

- 提升信息化时代系统管控的能力；
- 提升管理者与员工使用信息化管理工具的能力；
- 提升管理者与员工有效运用行业信息化管理知识的能力。

在深入研究机械设备制造行业生产经营特点，及其对信息化管理需求的基础上，用友集团推出了用友 ERP-U8 机械设备制造行业解决方案，以帮助我国传统机械设备制造企业从生产计划、原材料采购、零部件加工和产品总装、料品出入库到订单交货出厂等过程实现库存无积压、生产无缺料、保证质量、准时交货的目标，从而大大提高企业资金、设备、设施的资源利用率，降低或消灭企业各业务管理环节的无效支出，使企业在激烈的市场竞争中立于不败之地。

用友 ERP-U8 机械设备制造行业解决方案主要针对机械设备制造行业的生产管理特点，制定了以客户需求为导向，以生产制造管理为核心，注重按需、敏捷、准时、质量、成本等关键管理控制因素的总体框架。

用友 ERP-U8 机械设备制造行业解决方案能够帮助机械设备制造企业建立起有效、灵活的由主生产计划、物料需求计划和车间作业计划所组成的计划管理体系，优化排产排程，重视委外管理，合理控制库存，最大限度地缩短产品生产周期、采购周期，严格控制交货期，快速响应客户需求，提高售后服务水平，及时准确地采集、分析和控制成本要素，全面掌握企业资金流向，从而真正实现物流、资金流、信息流的实时、集成、同步控制，保证企业管理“增值”的实现。

项目二　认知职业

认知职业

- 从学生到社会人、职场人的转型；
- 了解营销职业的工作和任务；
- 学习职业知识与技能，培养职业化素养；
- 塑造专业化生存能力；
- 职业定位与发展规划。

在销售实践中的应用

本实训项目属于 B2B 销售演练，首先从职业认知开始。B2B 销售特征对销售人员的要求包括多人多部门多轮次竞争性评估环境，不畏竞争、坚韧进取，团队配合、分析客户需求、合作经营、制定销售策略及行动计划。

学习目标

具体见表 2-1。

表 2-1　学习目标

<table>
<tr><th rowspan="2" colspan="2">任务大类“认知职业”的学习目标</th><th colspan="2">典型任务</th><th rowspan="2">时间(分钟)</th></tr>
<tr><th>任务号</th><th>任务名称</th></tr>
<tr><td rowspan="5" colspan="2">1. 识别高绩效团队的特征、营销与销售的关系，以及复杂销售。
2. 应用对营销职业的认识拟订职业生涯定位与发展规划。
3. 理解所在公司和行业知识对销售人员在实践中的重要性，掌握学习公司和行业知识的方法。</td><td>一</td><td>团队组建</td><td>80</td></tr>
<tr><td>二</td><td>认知所在公司</td><td>55</td></tr>
<tr><td>三</td><td>认知所在行业</td><td>55</td></tr>
<tr><td>四</td><td>认知营销</td><td>50</td></tr>
<tr><td>五</td><td>认知销售职业</td><td>68</td></tr>
<tr><td>情境编号</td><td colspan="3">情境任务</td><td>时间(分钟)</td></tr>
<tr><td>1</td><td colspan="3">团队组建</td><td>80</td></tr>
<tr><td>2</td><td colspan="3">认知所在公司</td><td>55</td></tr>
<tr><td>3</td><td colspan="3">认知所在行业</td><td>55</td></tr>
<tr><td>4</td><td colspan="3">认知营销与销售</td><td>50</td></tr>
<tr><td>5</td><td colspan="3">认知 B2B 复杂销售</td><td>50</td></tr>
<tr><td>6</td><td colspan="3">认知销售职业</td><td>68</td></tr>
<tr><td>知识点</td><td colspan="4">1.认知所在公司和行业；2.认知营销与销售的概念和内涵，认知 B2B 大客户复杂销售；3.认知销售职业。</td></tr>
</table>

任务一 组建团队

情境说明

实训过程分一个甲方、三个乙方对抗，各小组团队按照岗位职责分工协作。

管理问题

- 通过设立共同的目标，合理设计团队结构，合理配置小组成员承担适当的角色，制定明确的阶段目标，营造共同奋斗的氛围。
- 制定岗位职责，各司其职，并协调合作。

在销售实践中的应用

企业的营销活动常以团队合作的组织形式去承担和完成营销与销售任务。

- 集团企业有各自独立的事业部营销团队。
- 有时会为特定的大客户项目成立专门的营销团队。

学习过程

学习目标：识别并阐述高绩效团队的特征，应用组建团队的流程和方法，组建团队（见表 2-2）。

表 2-2 学习过程

序号	学习步骤	时间（分钟）
1	公选组长	5
2	角色分工	5
3	团队设计	20
4	团队呈现（领取公司资质及个人证件）	20
教师点评与总结		5
5	系统操作培训	10
6	角色上岗	15
时间合计		80

1.1 梳理高绩效团队的特征

1. 高绩效团队的基本特征

- 具有共同的目标；
- 合理的团队设计；
- 合理的团队建构；

● 具有明确的阶段目标；

● 具有共同奋斗的高昂士气。

2. 高绩效团队构建的思考

(1) 团队协作精神

● 成功的团队没有失败的个人,失败的团队没有成功的个人；

● 避免个人英雄主义；

● 团队成员避免“等、靠、要、耗”等一些惰性行为。

(2) 团队领导特质决定团队成败

● 合理建构团队:选用培育留住人才,不妒忌贤能；

● 具有组织能力、决策力,敢于担当……

(3) 日常团队建设活动

日常团队建设活动是团队精神的润滑剂。

1.2 梳理组建团队的流程和方法

实训过程中,分为四组,其中一个团队为甲方,作为大客户;另外三个团队为乙方,作为销售方,同时面对同一个大客户(即甲方团队),三个乙方团队之间为竞争关系。在分组确定团队成员的基础上,组建过程如下:

1. 公选组长

每组所有团队成员都参与选举,共同选出组长,即团队核心领导。

2. 角色分工

关键角色如下:总裁、财务副总裁、运营副总裁、营销副总裁、人力总监、技术总监。

其中,总裁设1人,对于财务副总裁、运营副总裁、营销副总裁、人力总监、技术总监,每个角色岗位可以分设1人或多人,可以根据队员总人数,进行合理分配。

3. 团队设计

明确团队理念和团队精神,设立共同的目标,制定岗位职责。

关于岗位职责内容,可以参考如下:

(1) 总裁的岗位职责

● 对整个公司的运转进行负责。

● 协调各个副总裁和各个部门的工作。

● 对各个副总裁进行绩效评估。

● 制定整个公司的战略,让公司所有部门都能够围绕公司的战略目标协同运转。

(2) 财务副总裁的岗位职责

检查公司的业务、财务状况,查阅财务报表和其他财务资料。监控公司预算执行和财务支出状况,有效管理公司费用支出。具体如下:

● 严格制定并遵守国家财经法规、公司财务管理制度和公司相关制度,执行公司各项管理条例,保障公司合法经营。

● 利用财务核算与会计管理原理为公司决策提供依据，协助总经理制定公司战略，主持公司财务战略规划的制定。

● 建立完善的财务部门，建立科学、系统、符合公司实际情况的财务预算、核算体系和财务监控体系，进行有效的内部控制。

● 提出对公司财务人员工作任免、调动、晋升（任免、调动、晋升报总经理批准后进行）建议，对部署工作进行业绩考核、处罚等。

● 制订公司年、季度成本、利润、资金、费用等财务指标计划，定期检查计划执行情况；制订公司资金运营计划，监督资金管理报告以及落实预决算方案。

● 筹集公司运营所需资金，保证公司战略发展的资金需求，审批公司重大资金流向。

● 对公司投资项目所需的资金筹措方式进行成本计算，并提供最为经济的融资、筹资方案。

● 主持对重大投资项目和经营活动的风险评估、指导、跟踪及财务风险控制。

● 协调公司同银行、工商、税务等部门的关系，维护公司利益。

● 参与公司的重要事项分析决策，为公司生产经营、业务发展及对外投资等事项提供财务方面的分析和决策依据。

● 定期召开财务人员会议，组织学习财务知识，解决财务核算中存在的问题，提高财务人员的工作水平，同时加强对其职业道德和廉政方面的培训。

● 根据各部门利润计划、挂钩指标绩效和财务制度管理规定，监督各部门降低消耗、节约开支、增加收入，提高经济效益。

● 协调处理财务部门与其他各部门的工作关系，定期向总经理汇报所分管的工作，并完成其交办的其他工作。

（3）运营副总裁的岗位职责

● 负责抓好公司经营规章制度和细则制定工作，系统规划年度工作计划，制定标准化、规范化的工作流程，经总经理批准后监督执行。

● 负责为重大决策事项提供数据支持和专项研究报告，定期为公司提供企业经营状况分析和前景预测报告。

● 管理协调市场部和技术部的工作，确保公司经营系统整体功能的发挥，对重大问题上报总经理裁决。

● 负责组织制定公司经济责任制考核制度和考核工作实施细则，按月考核评分并及时公布。

● 主持制定公司经营系统总体设计方案，在批准后负责组织全公司经营投资预算方案的实施。

● 密切关注国际国内信息产业的动向和趋势，评估重大信息技术的影响，为公司引进先进信息技术提出意见和建议。

● 负责审查部门提交的各种工作汇报，评估工作效率并对存在的问题加以处理，定期听取直接下级述职，并做出工作评定。

● 负责指导、管理、监督各部门下属人员的业务工作，改善工作质量和服务态度，做好下属人员的绩效考核和奖励惩罚。

● 负责组织完善各部门制定的与其专业管理相关的各项管理制度。

● 负责组织对公司人员的业务培训。

● 完成总经理临时交办的工作。

(4) 营销副总裁的岗位职责

● 负责公司总体销售情况的规划、管理、监督和协调工作。

● 负责分配和调控销售、市场、项目、客户服务部门的资源，制定各个部门的指标和计划，公司的销售策略和年、季、月的销售目标，调配企业在市场推广中的各种资源，监控管理项目服务的流程和效果，考核和培训部门的人力资源，最大化客户满意度，以及监控各个部门的成本费用。

(5) 人力总监的岗位职责

● 组织制定人力资源战略、中长期发展规划和年度工作计划，并组织落实。

● 建立健全人力资源管理体系和流程，促进人才管理的科学性和有效性。

● 指导开展人才招聘工作，确保人才供给满足公司发展要求。

● 建立并不断完善绩效管理体系，组织绩效评价工作有效开展。

● 完善优化培训体系，不断提高员工的素质能力，为员工的职业发展提供通道。

● 组织制定外部竞争性与内部公平性兼备的薪酬、福利和激励政策，以吸引及留用人才。

● 组织制订关键人才发展计划和继任者计划，并推动计划的实施，建立人才梯队，为公司当期、长期的发展保留、提供和储备人才。

● 进行领导人员管理，审核领导人员选拔任免标准，并组织对其进行年度及任期考核。

● 统筹规划企业文化建设，协调劳资关系，营造和谐的劳动关系氛围。

● 统筹规划部门内部各项工作，建设部门工作团队，指导下属人员工作，通过培训、绩效、薪酬等管理，提高下属人员的业务能力。

(6) 技术总监的岗位职责

● 负责整个公司技术研发的监督、控制与协调。

● 负责技术部门人力资源的管理与分配，以及公司产品的可持续发展。

● 负责技术部门的人员绩效考核，技术培训规划、计划执行的考核，技术发展步骤的整体监控，以及各个技术部研发协调进展的监控。

要求：各小组团队按照岗位职责分工协作。

4. 团队呈现

阐述团队理念和团队精神，团队所设立的共同目标，团队的组织结构和人员配置状况，呈现各岗位职责。

以上所有呈现内容经指导教师考核合格后，完成团队组建，领取公司资质及个人证件。

1.3 教师点评与总结要点

检核团队组建的要素：

● 共同目标，即目标是否明确，目标是否量化，目标是否有挑战性；

● 团队设计，即团队设计是否满足能力与目标的一致性，是否根据目标选配不同素质特征、能力的成员进行组合；

● 团队建构，即每一个成员是否都能恰如其分地在岗位上发挥自己的作用；

● 有明确的阶段目标；

● 共同奋斗的高士气。

任务二 认知所在公司

情境说明

“知己知彼者，百战不殆。”首先要做好“知己”。此阶段任务如下：

● 了解公司的历史、目前主营业务、目标客户群、典型样本客户、目前和未来发展战略目标及营销策略，提炼公司的文化、核心竞争力、产品价值等；

● 了解关键业务流程，便于内部沟通和调动资源，发挥团队力量；

● 在销售过程中能为客户介绍业务、呈现独特优势、解难答疑。

管理问题

● 在规定的时间内列出本公司的主营业务、目标客户群、典型样本客户、目前和未来发展战略目标及营销策略，提炼公司的文化、核心竞争力、产品价值等信息；

● 在规定的时间内写出关键业务流程；

● 为模拟客户介绍本公司的业务及独特优势。

在销售实践中的应用

认知所在公司状况是成功销售的第一步。

● 公司是销售人员在销售过程中的“第一张名片”；

● 对所在公司的认同也决定了销售人员在销售过程中的“气质”；

● 认知所在公司是职场专业化生存的第一课，也是成功销售的第一步。

学习过程

具体见表 2-3。

表 2-3 学习过程

序号	学习步骤	时间(分钟)
1	阅读情境	2
2	小组讨论	5
3	课件学习	15
教师解析知识难点		10
4	完成练习“公司认知报告”	15
教师点评与总结		8
时间合计		55

2.1 讨论要点提示

- 公司历史;
- 公司目前的主营业务及目标客户群;
- 公司目前和未来的发展战略目标及营销策略;
- 公司的文化、核心竞争力、产品价值。

2.2 知识难点解析

1. 战略目标

战略目标是对公司战略经营活动预期取得的主要成果的期望值。战略目标的设定,同时也是公司宗旨的展开和具体化,是公司宗旨中确认的公司经营目的、社会使命的进一步阐明和界定,也是公司在既定的战略经营领域展开战略经营活动所要达到的水平的具体规定。

由于战略目标是公司使命和功能的具体化,一方面,有关公司生存的各个部门都需要有目标;另一方面,目标还取决于个别公司的不同战略。因此,公司的战略目标是多元化的,既包括经济目标,又包括非经济目标;既包括定性目标,又包括定量目标。尽管如此,各个公司需要制定目标的领域却是相同的。关于公司战略目标的含义,彼德·德鲁克(Peter Drucker)在《管理实践》一书中提出了八个关键领域的目标:第一,市场方面的目标:应表明本公司希望达到的市场占有率或在竞争中希望达到的地位;第二,技术改进和发展方面的目标:对改进和发展新产品,提供新型服务内容的认知及措施;第三,提高生产力方面的目标:有效地衡量原材料的利用,最大限度地提高产品的数量和质量。第四,物资和金融资源方面的目标:获得物资和金融资源的渠道及其有效的利用;第五,利润方面的目标:用一个或几个经济目标表明希望达到的利润率;第六,人力资源方面的目标:人力资源的获得、培训和发展,管理人员的培养及其个人才能的发挥;第七,职工积极性发挥方面的目标:对职工激励、报酬等措施;第八,社会责任方面的目标:注意公司对社会产生的影响。

公司战略目标的内容,一般包括以下十个方面(一个企业并不一定在以下所有领域都规定战略目标,并且战略目标也并不局限于这十个方面):

- 盈利能力,用利润、投资收益率、每股平均受益、销售利润率等表示。

- 市场,用市场占有率、销售额或销售量表示。
- 生产率,用投入-产出比率或单位产品成本表示。
- 产品,用产品线或产品的销售额和盈利能力及开发新产品的完成期表示。
- 资金,用资本构成、新增普通股、现金流量、流动资本、回收期表示。
- 生产,用工作面积、固定费用或生产量表示。
- 研究与开发,用花费的货币量或完成的项目表示。
- 组织,用将实行的变革或将承担的项目表示。
- 人力资源,用缺勤率、迟到率、人员流动率、培训人数或将实施的培训计划数表示。
- 社会责任,用活动的类型、服务天数或财政资助表示。

2. 营销策略

营销策略是企业以消费者需求为出发点,根据经验获得消费者需求量以及购买力的信息和商业界的期望值,有计划地组织各项经营活动,通过相互协调一致的产品策略、价格策略、渠道策略和促销策略,为消费者提供满意的商品和服务从而实现企业战略目标的过程。

自美国学者杰罗姆·麦卡锡(Jerome McCarthy)提出4Ps营销策略理论以来,陆续出现了6Ps、10Ps、11Ps营销策略理论,这些销策略都是4Ps营销策略的拓展。1990年,美国学者罗伯特·劳特朋(Robert Lauterborn)首次提出以4Cs营销策略取代传统的4Ps营销策略,4Cs营销策略更注重以消费者需求为导向,与市场导向的4Ps营销策略相比,4Cs营销策略在理念上有了很大的进步与发展。但从企业和市场发展的趋势来看,4Cs营销策略抑制了企业的主动性和创造性。20世纪90年代中期,美国学者唐·舒尔茨(Don Schultz)提出的4Rs营销策略阐述了市场营销策略中的四个新要素。4Rs营销策略以竞争为导向,在新的哲学层次上概括了营销的新框架,它将企业的营销活动提高到宏观和社会层面来考虑,提出企业与消费者及其他利益相关者应建立起事业和命运共同体,建立、巩固和发展长期的合作关系,强调关系管理而不是市场交易。90年代末期提出的4Vs营销策略旨在培养和构建企业的核心竞争能力,是现代企业市场营销的新着眼点(见表2-4)。

表2-4 四种营销策略的内容及比较

	基本内容	优点与缺点比较
4Ps营销策略	**产品策略**:包括产品组合、产品寿命周期、产品包装、品牌等内容。 **价格策略**:包括决定定价的导向、做出调整价格的反应、设计价格的风险评价。 **分销渠道策略**:包括渠道模式和中间商的选择、调整协调管理、实体分配。 **促销策略**:包括推销、广告、营业推广等。	**优点**: • 使营销策略理论有了体系感; • 使复杂的现象和理论简单化; • 为营销提供了易于操作的框架; • 理论上概括,实务上可操作。 **缺点**: • 不足以涵盖所有行业可控制的变量; • 只适合制造业中消费品的营销活动和生产者主导的卖方市场。

（续表）

	基本内容	优点与缺点比较
4Cs营销策略	**顾客策略**:忘掉产品,记住顾客的需求和期望,以顾客为中心。 **成本策略**:忘掉价格,记住成本与顾客的费用,让顾客在成本上相对满意。 **方便策略**:忘掉地点,记住方便顾客,为其提供方便的消费通道。 **沟通策略**:忘掉促销,记住与顾客沟通,培养其忠诚度。	**优点**: • 以顾客为中心进行一对一传播; • 注重资源整合,宜宣传企业形象; • 以传播和双向沟通为基础。 **缺点**: • 与市场经济的竞争导向矛盾; • 不能形成个性营销优势; • 未遵循企业经营的双东原则; • 未满足顾客的操作性问题; • 被动适应顾客需求的色彩较浓。
4Rs营销策略	**关联策略**:与顾客建立关联,提高其满意度和忠诚度,减少顾客流失。 **反应策略**:提高市场反应速度,倾听和满足顾客的需求与渴望。 **关系策略**:与顾客保持合作关系,建立长期而稳固的关系。 **回报策略**:注重利润回报与价值回报。	**优点**: • 以竞争为导向,概括了新框架; • 体现并落实了关系营销的思想; • 反应机制为互动与合作及建立关联提供了基础; • 回报兼容了成本和双赢的内容。 **缺点**: • 实施4Rs营销策略需具备实力基础或某些特殊条件。
4Vs营销策略	**差异化策略**:以不同特色的产品、周到的服务树立良好的形象。 **功能化策略**:提供不同功能系列的产品满足不同顾客的消费习惯。 **附加价值策略**:提高产品和服务的附加价值,以满足顾客的需求。 **共鸣策略**:使顾客获得最大限度的满足,从而使企业效益最大化。	**优点**: • 弥补了4Cs营销策略中的差异化问题; • 兼顾社会和顾客的利益及企业和员工的利益; • 可培养和构建企业的核心竞争能力; • 是提高顾客忠诚度的具体途径。 **缺点**: • 进行4Vs营销策略需具备实力基础。

3. 企业文化

企业文化或称组织文化(Corporate Culture 或 Organizational Culture),是一个组织由其价值观、信念、仪式、符号、处事方式等组成的其特有的文化形象,简单而言,就是企业在日常运行中所表现出的各个方面。

企业文化是在一定条件下,由企业在生产经营和管理活动中所创造出的具有该企业特色的精神财富和物质形态。它包括文化观念、价值观念、企业精神、道德规范、行为准则、历史传统、企业制度、文化环境、企业产品等。其中,价值观念是企业文化的核心。

企业文化是企业的灵魂,是推动企业发展的不竭动力。它包含非常丰富的内容,其核心是企业的价值观念。这里的价值观念不是泛指企业管理中的各种文化现象,而是指企业或企业中的员工在从事经营活动中所秉持的价值观念。

4. 核心竞争力

美国学者 C.K.普拉哈拉德(C.K.Prahalad)和美国学者 G.哈默尔(G.Hamel)提出了核心竞争力的概念,他们认为:首先,核心竞争力有助于企业进入不同的市场,它应成为企业扩大经营的能力基础;其次,核心竞争力对创造企业最终产品和服务的顾客价值贡献巨大,它的贡献在于能够实现顾客最为关注的、核心的、根本的利益,而不仅仅是一些普通的、短期的好处;最后,核心竞争力应该是难以被竞争对手所复制和模仿的。

核心竞争力是一个企业(人才、国家或者参与竞争的个体)能够长期获得竞争优势的能力,是一个企业所特有的、能够经得起时间考验的、具有延展性的,并且是竞争对手难以模仿的技术或能力。

核心竞争力又称"核心(竞争)能力""核心竞争优势",是指组织具备的应对变革与激烈的外部竞争,并且取胜于竞争对手的能力的集合。

核心竞争力是企业竞争力中那些最基本的能够使整个企业保持长期稳定的竞争优势,获得稳定超额利润的竞争力,是将技能资产和运作机制有机融合的企业自身的组织能力,是企业推行内部管理性战略和外部交易性战略的结果。现代企业的核心竞争力是一个以知识、创新为基本内核的企业某种关键资源或关键能力的组合,是能够使企业、行业和国家在一定时期内保持现实或潜在竞争优势的动态平衡系统。

5. 产品价值

产品价值是由产品的功能、特性、品质、品种与式样等所产生的价值。它是顾客需求的中心内容,也是顾客选购产品的首要因素,因而在一般情况下,它是决定顾客购买总价值大小的关键和主要因素。

产品价值是由顾客需求决定的。

在经济发展的不同时期,顾客对产品价值有不同的需求,从而构成产品价值的要素以及各种要素的相对重要程度也就有所不同。例如,我国在计划经济体制下时,由于产品长期短缺,人们把获得产品看得比产品的特色更重要,因而顾客在购买产品时更看重产品的耐用性、可靠性等性能方面的质量,而对产品的花色、式样、特色等却较少考虑;在市场上商品日益丰富、人们生活水平普遍提高的今天,顾客往往更为重视产品的特色质量,如要求功能齐备、质量上乘、式样新颖等。

在经济发展的同一时期,不同类型的顾客对产品价值也会有不同的需求,在购买行为上显示出极强的个性特点和明显的需求差异。因此,这就要求企业必须认真分析不同经济发展时期顾客需求的共同特点以及同一发展时期不同类型顾客需求的个性特征,并据此进行产品的开发与设计,增强产品的适应性,从而为顾客创造更大的价值。

6. 业务流程与业务流程图

业务流程是为达到特定的价值目标而由不同的人分别共同完成的一系列活动。活动与活动之间不仅有严格的先后顺序限定，而且活动的内容、方式、责任等也都有明确的安排和界定，以使不同活动在不同岗位角色之间进行转手交接成为可能。活动与活动之间在时间和空间上的转移可以有较大的跨度。而狭义的业务流程，则认为它仅仅是与顾客价值的满足相联系的一系列活动。

例如，某企业的会计核算形式是科目汇总表的核算形式，其账务处理业务流程如下：

● 根据审核无误的原始凭证汇总表编制记账凭证，包括现金收付款凭证、银行收付款凭证、转账凭证。

● 根据现金收付款凭证登记现金日记账。

● 根据银行收付款凭证登记银行存款日记账。

● 根据银行送来的对账单核对银行存款日记账。

● 根据记账凭证及所付原始凭证登记有关明细账。

● 根据记账凭证，按相同的借贷方汇总出科目汇总表。

● 根据科目汇总表登记汇总分类账。

● 将明细账科目余额与财产物资实用数核对。

● 将总分类账余额与有关明细账余额核对。

● 根据总账、明细账余额编制各种会计报表。

业务流程对企业的意义不仅仅在于其是对企业关键业务的一种描述；更在于其对企业的业务运营有着指导意义，这种意义体现在对资源的优化、对企业组织机构的优化以及对管理制度的一系列改变上。这种优化的目的实际上也是企业所追求的目标：降低企业的运营成本，提高对市场需求的响应速度，争取企业利润的最大化。

业务流程图是一种描述系统内各单位、人员之间业务关系、作业顺序和管理信息流向的图表，利用它可以帮助分析人员找出业务流程中的不合理流向，它是一种物理模型。业务流程图描述的是完整的业务流程，主要是描述业务走向，以业务处理过程为中心，一般没有数据的概念。图 2-1 为某企业的业务流程图。

2.3　学习公司知识的途径

可以通过公司知识库、公司成功客户案例、同事经验分享等方式了解公司相关信息。

2.4　公司认知报告要点

● 列出本公司的主营业务、目标客户群、典型样本客户、目前和未来发展战略目标及营销策略，提炼公司的文化、核心竞争力、产品价值等；

● 写出关键业务，绘制公司业务流程图或根据业务流程图解读各项业务之间的关联关系；

● 整体介绍本公司业务及独特优势。

2.5　教师点评与总结要点

● 以客户为中心，符合客户的认知和需求；

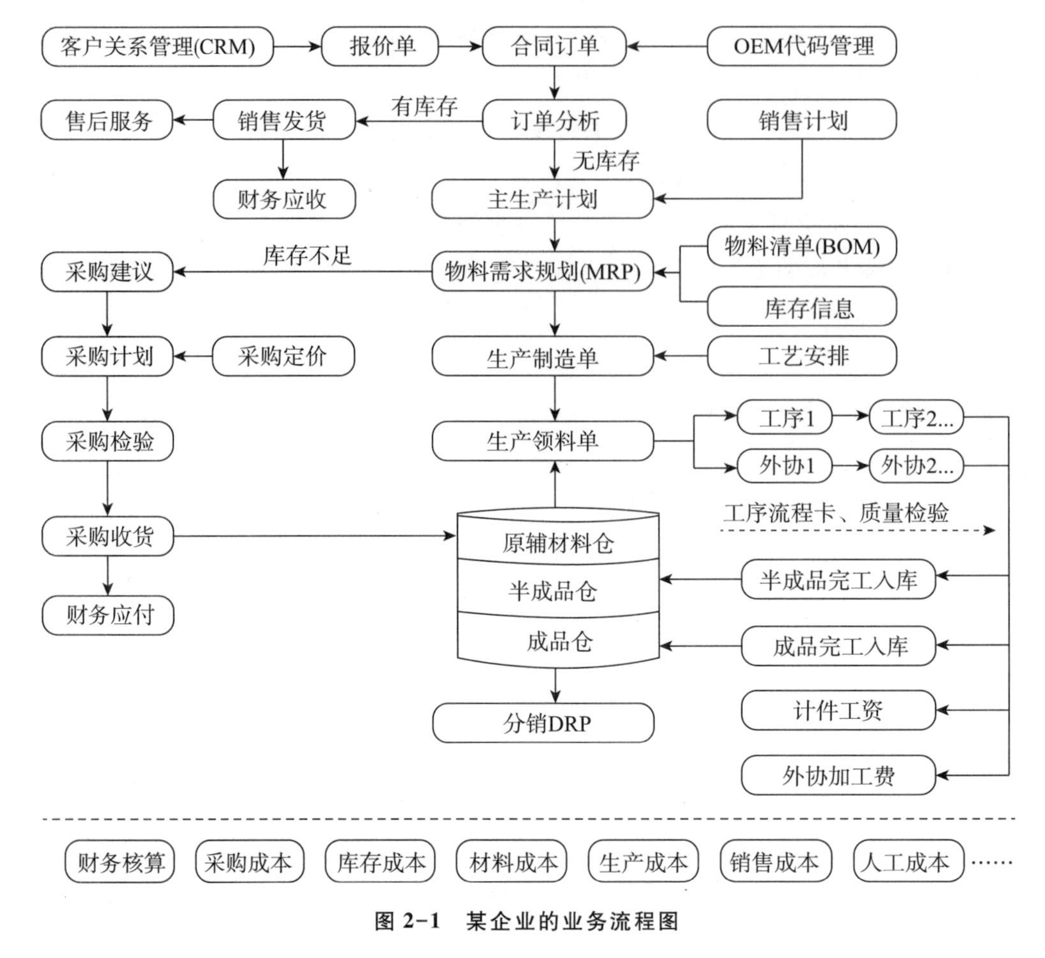

图 2-1 某企业的业务流程图

- 解答客户可能关心的问题，与客户个人认知相关；
- 学习公司知识的途径合理可靠。

任务三 认知所在行业

情境说明

- 了解并阐述所在行业的特征、市场环境、客户群体、主要供应商品牌和对公司的价值；
- 认识学习所在行业知识的重要性，掌握学习所在行业知识的方法和途径。

管理问题

- 团队成员在规定的时间内搜集信息，写出本公司所属行业的发展历史、产品技术和市场发展趋势；
- 在规定的时间内列出行业内主要的供应商品牌及其特点；

● 列出客户公司对行业产品的应用需求和本公司面临的挑战。

在销售实践中的应用

● 了解行业的发展历史、产品技术和市场发展趋势，行业内主要的供应商品牌及其特点，以及客户公司对行业产品的应用需求和本公司面临的挑战；

● 应用行业知识和客户探讨需求，帮助客户解决问题，因势利导、挖掘需求，获得商机，有针对性地向客户进行销售。

学习过程

具体见表 2-5。

表 2-5 学习过程

序号	学习步骤	时间(分钟)
1	阅读情境	2
2	小组讨论	5
3	课件学习	15
教师解析知识难点		10
4	完成练习“行业认知报告”	15
教师点评与总结		8
时间合计		55

3.1 讨论要点提示

● 本公司所属行业的发展历史、产品技术和市场发展趋势；

● 行业内主要的供应商品牌及其特点；

● 客户公司对行业产品的应用需求和本公司面临的挑战。

3.2 知识难点解析

1. 行业及产品知识

ERP 是企业资源计划(Enterprise Resource Planning)的简称，是指建立在信息技术基础上，集信息技术与先进管理思想于一身，以系统化的管理思想，为企业员工及决策层提供决策手段的管理平台。企业内部管理所需的业务应用系统，主要是指财务、物流、人力资源等核心模块(见图 2-2)。ERP 是在 MRP(物料需求计划)的基础上发展而成的新一代集成化管理信息系统，它扩展了 MRP 的功能，核心思想是供应链管理。它跳出了传统的企业边界，从供应链范围去优化企业的资源，优化了现代企业的运行模式，反映了市场对企业合理调配资源的要求。它对于改善企业业务流程、提高企业核心竞争力具有显著作用。表 2-6 为 ERP 发展历程。

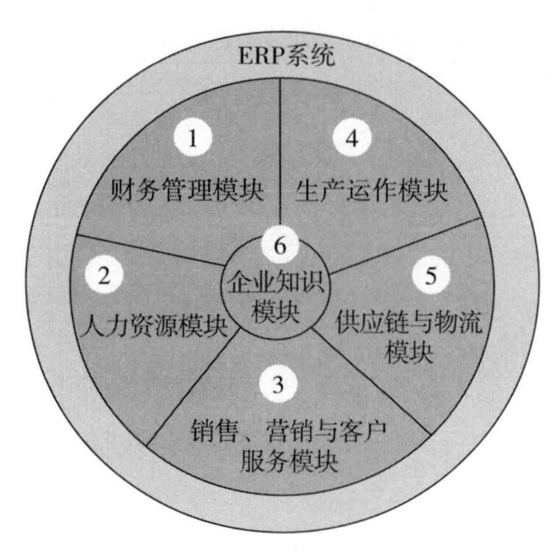

图 2-2 ERP 系统模块

表 2-6 ERP 发展历程

发展过程	年代	管理对象	管理视角
订货点法	20 世纪 40 年代	仓库中的单一品种物料	单个品种
MRP	20 世纪 60 年代	物料清单(BOM)中仓库、采购、制造环节的相关物料	仓储职能
闭环 MRP	20 世纪 70 年代	仓库、采购、制造环节的相关物料; 生产能力计划、车间作业计划、采购作业计划制造、供应等环节的相关能力	仓储与生产
MRP Ⅱ	20 世纪 80 年代	制造企业内部生产、供应、销售等各个环节中人员、物质、资金的能力与运营	整个工厂
ERP	20 世纪 90 年代	跨行业、多地点、复杂法制环境下,集团企业内部与外部的资源和能力	整个集团企业

ERP 系统是伴随着制造业发展而成熟起来的企业资源管理系统,其最关注的资源主要还是那些能够通过有效管理而增加其时间、技术、资金上价值的资源。

ERP 开发项目:

软件厂商基于 ERP 管理思想,借助现代软件/信息技术,结合其他现代管理思想以及传统业务标准模式,开发 ERP 软件产品的过程。

ERP 实施项目:

企业购买 ERP 软件、引入 ERP 管理思想,优化自身业务流程与资源运用状况,形成最终能为企业带来经济效益和社会效益的管理模式的过程(见图 2-3)。

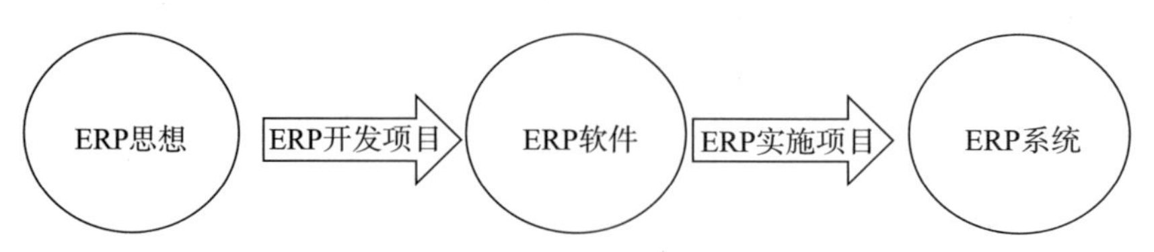

图 2-3 ERP 项目管理模式

美国生产与库存管理协会(APICS)的研究表明,ERP **对企业的直接经济价值**主要体现在以下几个方面:

- 降低库存量 30%—50%;
- 缩短采购提前期 50%;
- 减少加班工时 5%—50%;
- 提高交货期准时率 100%;
- 降低产品成本 5%—12%;
- 提高生产能力 5%—15%;
- 提高劳动生产率 10%—20%;
- 提高资金周转率 40%;
- 企业期初投入一般可在 2—3 年内收回。

ERP 提高企业整体管理水平主要表现在:

- 快速响应客户需求,提高客户满意度;
- 实现管理创新、制度创新、技术创新;
- 实现管理规范化、标准化、制度化;
- 由于信息的准确性、时效性、集成性和共享性,有力地支持了企业的管理和经营决策。
- 极大地把企业管理人员从繁重的日常业务中解放出来,使他们有机会进行学习,从而提高业务素质和管理水平。

2. 行业发展趋势

建议学生从以下几个方面了解 ERP 的发展趋势:

- 管理思想现代化;
- 管理系统网络化;
- 开发平台标准化;
- 业务流程自动化;
- 应用系统集成化。

以 ERP 的发展趋势之一——管理思想现代化为例:

适应知识经济的新的管理模式和管理方法不断涌现,主要体现在以下几个方面(建议小组成员分工合作利用互联网搜集资料,了解以下几个方面的具体内容):

- 敏捷制造;
- 虚拟制造;
- 精益生产;
- 客户关系管理;
- 供应商关系管理;
- 大规模定制;
- 现代制造服务;

● 协同商务；
● 商业智能；
● 企业绩效管理。

其他几个方面的发展趋势，团队成员可分工去查阅相关资料，汇总完成。

3. 主要 ERP 供应商

图 2-4 的信息来源于 2010 年的资料，请各团队查找最近两年的主要供应商情况。

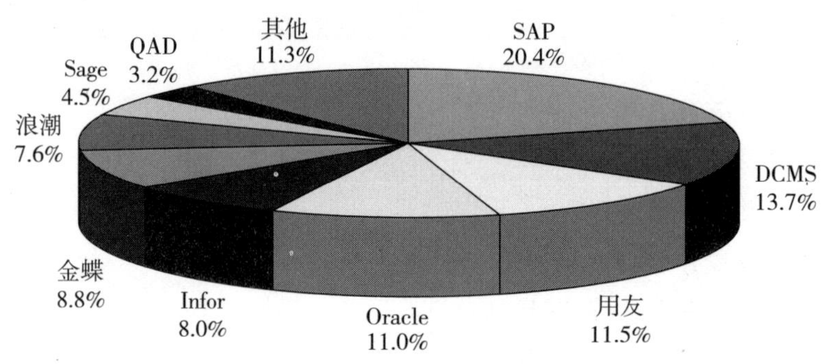

图 2-4 主要 ERP 供应商

资料来源：CCW Research，2010/3

3.3 企业认知报告要点

● 行业的发展历史；
● 产品技术和市场发展趋势；
● 行业内主要的供应商品牌及其特点；
● 客户公司对行业产品的应用需求和本公司面临的挑战；
● 应用行业知识和客户探讨需求。

3.4 教师点评要点

● 优化/变革企业业务流程，改善管理，解决问题，从而为企业带来效益；

● 软件只是工具（通过管理咨询和软件实施），更多的是企业自身优化或变革业务流程和管理问题的决心；

● ERP 是投资；

● 学习行业知识的途径：www.e-works.net、www.amt.com.cn、企业知识库。

任务四 认知营销

情境说明

● 理解企业与营销的关系；
● 理解营销与销售的关系；
● 了解复杂销售的定义；

- 了解 B2B 复杂销售的特征；
- 了解所在行业或企业商业模式下的营销策略与营销技巧。

管理问题

- 团队成员在规定的时间内阐述企业与营销、营销与销售的关系，以及什么是复杂销售、B2B 复杂销售的特征；
- 在规定的时间内学习和总结营销策略与营销技巧，销售自己的产品与服务。

在销售实践中的应用

- 找到企业营销过程中的最佳定位；
- 发挥自己的作用和价值；
- 运用恰当的营销策略与营销技巧销售自己的产品与服务。

学习过程

具体见表 2-7。

表 2-7 学习过程

序号	学习步骤	时间(分钟)
1	阅读情境	2
2	小组讨论	5
3	课件学习	10
教师解析知识难点		10
4	完成练习“营销与销售认知报告”	15
教师点评与总结		8
时间合计		50

4.1 认知营销与销售

1. 关于营销

营销是指企业发现、创造和交付价值以满足一定目标市场的需求，同时获取利润而从事的一系列活动。是企业发现或挖掘准消费者和众多商家的需求，从整体的营造以及自身产品形态的营造去推广、传播和销售产品，深挖产品本身的内涵，从而满足消费者(包括潜在消费者)以及众多商家的需求，让消费者深刻了解该产品进而购买的过程。广义的营销包含销售，而狭义的营销更多地偏向“营”。

营销的主要过程有：第一，机会辨识(Opportunity Identification)；第二，新产品开发(New Product Development)；第三，客户吸引(Customer Attraction)；第四，客户保留，培养忠诚(Customer Retention and Loyalty Building)；第五，订单执行(Order Fulfillment)。

营销人员要准确地预测需求，要对生产环节了如指掌，在关键性节点之前及时根据市场信息调整定位与策略;要在市场同类产品中尽可能地追求更高的销售价格;要对成本构成和各项主要支出的市场价格有着充分的了解,充分考虑选择不同的产品方向带来的成本变化;还要面对那些可能遇到的问题,例如在木已成舟之后找到成本相对较低的产品并修改可行性方案。因此说,营销环节与生产环节密不可分。

营销更多的是贴近于战略和市场层面的策略的制定与执行,定位并获取目标客户群、市场需求(产品)、市场区域(行业或领域)。

2. 关于销售

销售是创造、沟通与传送价值给客户,以及经营客户关系以便让组织与其利益关系人受益的一种组织功能与程序,即介绍商品提供的特别利益,以满足客户特定需求的过程。商品包括有形的商品及其附带的无形的服务,满足客户特定的需求是指客户特定的需求被满足,或者依靠商品提供的特别利益,解决客户特定的问题,满足客户这种特定的需求。销售是以出售、租赁或其他任何方式向第三方提供产品或服务的行为,以及为促进该行为进行的有关辅助活动,如广告、促销、展览、服务等。销售也可以泛指实现企业生产成果的活动,是服务于客户的一场活动。

销售的五个基本要素包括:

- 销售主体,即整个宏观环境、销售渠道、市场、竞争者以及整个社会对销售人员的影响。在网络信息不是特别通畅时,销售人员通常是去拜访客户;在网络信息环境改变以后,销售人员能够利用多种方式来获取信息。宏观环境对销售人员产生了极大的影响。
- 销售对象,即为客户明确商品、价格、地点、时间、数量等各方面的详细情况并让客户充分了解。
- 销售客体,包括质量、价格、组合、自然、技术、政策等各方面的环境。
- 销售手段,即把产品和服务介绍给客户,包括介绍、演讲、说服、广告宣传。
- 销售环境,包括人口、经济等方面的环境。

销售更多的是贴近于面向终端直接客户的战术行为,完成销售和回款。

3. 营和销的关系

- 营销更多的是贴近于战略和市场层面的策略的制定与执行,定位并获取目标客户群、市场需求(产品)、市场区域(行业或领域)。
- 销售更多的是贴近于面向终端直接客户的战术行为,完成销售和回款。
- 营销和销售对人员的知识、能力、素质要求不同,销售人员也需要懂得营销知识(了解客户),而营销人员对销售技能的掌握要求不高。
- 企业的营销与销售模式,取决于企业战略和商业模式的设计。推荐阅读书籍《商业模式新生代》(亚历山大·奥斯特瓦德、伊夫·皮尼厄,机械工业出版社,2011年)。
- 营销人员和销售人员在不同企业中的岗位结构和职业发展路径不同。快速消费品行业,营销更重要:产品声誉度比人重要;B2B销售中,销售更重要:人的因素占比更多。

4.2 认知B2B复杂销售

复杂销售业务模式又称项目型销售业务模式,其主要特点是根据客户的需求来定制相关的产品或服务,产品价值较大,客户决策复杂,销售成本较高、业务周期较长等,因此在销售过程中对于项目的判断、联系人的关系维护、客户的需求分析等至关重要,销售方式多采用顾问式销售方式,业务协同和信息共享是工作的核心。典型行业有:专业设备供应商、专业服务供应商、承接加工定制商、生产线设备供应商、工程设备供应商、广告公司、事务所、顾问公司、工程项目服务商、专用配件及包装供应商等。

企业复杂销售业务的特征如下:

- 产品按客户需求定制;
- 客户明晰,数量较少;
- 销售:顾问式销售、过程环境复杂;
- 客户关系影响较大;
- 竞争对手明确;
- 专有技术和服务是竞争优势。

B2B 复杂销售是企业复杂销售的一种,其概念包含以下几个要素:

- 企业对企业销售,购买生产资料;
- 动用组织(企业)资金;
- 交易金额较大;
- 客户多部门参与决策;
- 有多个厂商参与竞争;
- 客户有多个方案可选择;
- 销售中有多种角色参与;
- 销售周期较长;
- 人、产品、企业在客户看来都很重要;
- 购买行为不与销售人员同时发生;
- 其他潜在不可控的风险较多。

4.3 教师点评与总结要点

教师在进行点评和总结时,需要引导学生理解企业营销实践中的关键任务(见图 2-5)。另外,对于 B2B 复杂销售,需要学生认真理解以下内容:

- B2B 复杂销售是客户为了竞争性评估,控制采购风险而创造的,不是乙方创造的。
- B2B 复杂销售为企业组织经营和生产购置原料或生产资料而开展,组织购买金额较大、使用周期较长的产品,需要多部门、多人分工及协同参与,并且大都有比较严格的采购流程。
- 对于 B2B 复杂销售,除要了解产品的特征外,还要了解客户购买产品的背景和目标,了解客户采购的流程和参与采购的角色,并根据不同阶段不同角色的关注点进行销售。
- 因企业间存在差异,客户参与的人物不同、情境不同,卖法也会有所不同。
- 不同企业同一个需求背后的问题、原因会有所不同,不同企业相同项目,客户内部参与的部门和人员会有所不同;客户历史、现状不同,采购决策流程也会有所不同。

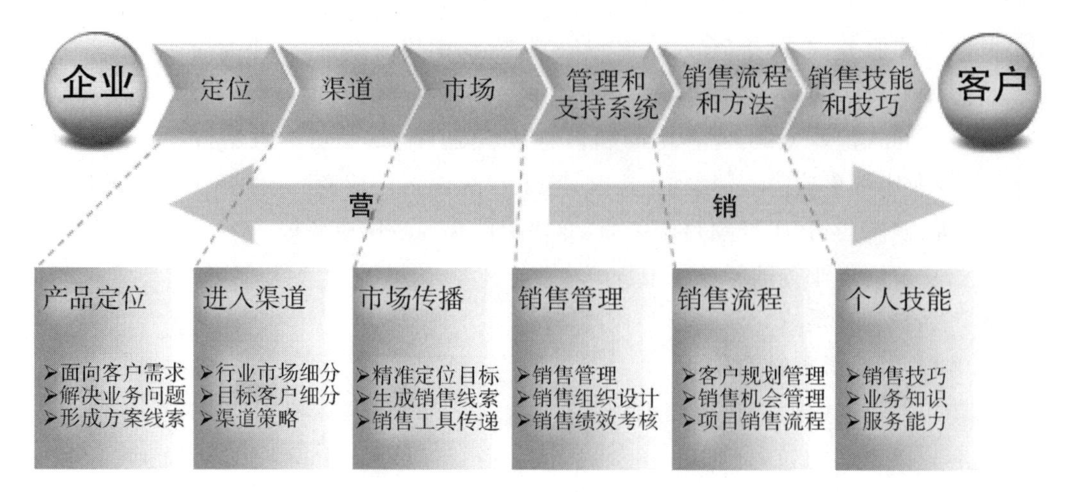

图 2-5　企业在实践中的营销关键任务

任务五　认知销售职业

情境说明

- 了解营销人才岗位与关键能力;
- 了解营销人才职业意识、职业技能、职业素质的具体要求及培养方法;
- 了解营销人才的发展路径。

管理问题

- 团队成员在规定的时间内对营销人才岗位与关键能力进行系统的学习和了解;
- 了解营销人才职业意识、职业技能、职业素质的具体要求及培养方法;
- 了解营销人才的发展路径,为自己进行职业生涯规划。

在销售实践中的应用

- 制定出合适的人生定位与职业生涯发展规划;
- 有针对性地完善自己的素质和技能,实现销售能力和业绩的提升。

学习过程

具体见表 2-8。

表 2-8　学习过程

序号	学习步骤	时间(分钟)
1	阅读情境	2
2	小组讨论	5
3	课件学习	20

（续表）

序号	学习步骤	时间（分钟）
教师解析知识难点		10
4	完成练习“销售职业认知报告”	18
教师点评与总结		10
时间合计		68

5.1　梳理职业认知知识点

1. 营销人才岗位与关键能力

(1) 销售的定义

从广义上来讲，销售是一种行为，通常是由一个人（甲）对另外一个人（乙）进行的行为。行为的主要内容是说话，其中也会伴随着一些肢体行动，比如打开产品、演示产品等。通过两个人之间的互动行为，乙决定用货币来换取甲手中的产品，那么，我们可以说甲对乙的行为就是销售行为。①

表 2-9　营销与销售人才对应的职业岗位

<table>
<tr><th colspan="3">职业级别层次</th><th>Ⅰ</th><th>Ⅱ</th><th>Ⅲ</th><th>Ⅳ</th><th>Ⅴ</th><th>Ⅵ</th></tr>
<tr><td rowspan="9">市场营销职业大类</td><td rowspan="3">市场类</td><td>市场调研类</td><td></td><td></td><td>市场调研助理</td><td>调查项目督导
调查分析师</td><td rowspan="3">产品经理
品牌经理
营销服务经理
市场研究经理
网络推广经理</td><td rowspan="3">市场总监
产品总监
品牌总监
高级产品经理
数据库营销专家
网络营销专家</td></tr>
<tr><td>企划类</td><td></td><td></td><td>市场活动专员
策划助理</td><td>促销经理、产品专员
市场专员</td></tr>
<tr><td>广告类</td><td></td><td></td><td>文案策划助理
品牌传播助理</td><td>文案策划经理
品牌传播专员</td></tr>
<tr><td rowspan="3">销售类</td><td>销售业务类</td><td>营业员、收银员
（卖场销售）</td><td>营业员、收银员
（门店销售）</td><td>销售代表
业务代表</td><td>项目销售
大客户销售</td><td rowspan="3">片区总监
行业总监
销售总监</td><td rowspan="3">营销总监
营销副总裁</td></tr>
<tr><td>销售管理类</td><td></td><td></td><td>客户主管
销售管理岗</td><td>渠道经理、区域经理
项目经理、大客户经理</td></tr>
<tr><td>销售支持类</td><td>商务助理
销售助理</td><td>商务专员
销售行政助理</td><td>销售行政主管</td><td>销售经理、销管经理
销售培训师</td></tr>
<tr><td rowspan="3">客服类</td><td>呼叫中心类</td><td>一线座席</td><td>二线座席
客服代表</td><td>现场主管
呼叫督导</td><td></td><td></td><td></td></tr>
<tr><td>技术支持类</td><td></td><td></td><td>支持经理
售前/售后技术</td><td></td><td></td><td></td></tr>
<tr><td>客户关系管理类</td><td>客户回访专员</td><td>客户服务专员</td><td>客服主管
售前/售后管理</td><td></td><td></td><td></td></tr>
</table>

注：三线框中的岗位为基础销售岗位，曲线框中的岗位为高级销售岗位，粗线框中的岗位为营销岗位。

① 参见尼尔·雷克汉姆，《销售的革命》，中国人民大学出版社，2009 年版。

（2）销售的特点

● 必须有一定的过程；

● 买卖双方必须认识，甚至可能需要彼此熟悉，存在信任关系；

● 交流过程中买方得到了信息，做出了购买决定，并实施了购买行动；

● 卖方能够为潜在客户解决问题，并为客户创造价值；

● 区别于推销，销售是基于客户需求展开的，没有需求就没有购买，销售无法卖给不知道购买什么的人。

（3）销售人员的作用

● 通过彼此的交流来创造一种感知的氛围，而这种感知可以影响对方对价值的判断；

● 帮助客户购买，并在与客户沟通的过程中为客户提供愉悦的购买体验，为客户创造价值；

● 交易型销售：面向不太了解产品的购买者，传递产品价值；

● 创造价值型销售：面向了解产品的购买者，进行创造性的产品介绍及产品展示；

● 销售对所在企业的直接价值是实现“签单+回款”，为企业创造利润；显性价值是为客户创造价值之后，树立良好的客户关系和企业品牌形象，持续地吸引更多的客户购买。

2. 职业意识、职业技能、职业素质

（1）职业道德要求

● 销售人员必须“以客为尊”，维护公司形象。

● 必须遵守公司的保密原则，不得直接或间接透露公司策略、销售情况和其他业务秘密；不得直接或间接透露公司客户资料，如客户登记卡上的有关信息；不得直接或间接透露公司员工资料。

● 必须遵守公司各项规章制度及部门管理条例。

（2）职业素养要求

职业素养要求主要包括表达能力、逻辑分析能力、自我管理、团队合作、阳光经营，具体内容如下：

● 较强的专业素质，良好的品质，突出的社交能力、语言表达能力、逻辑分析能力和敏锐的洞察力。

● 自我管理，充满自信，有较强的成功欲望，并且吃苦耐劳、勤奋执着。

● 有较强的应变能力，为人真诚自信，乐观大方，有坚韧不拔的毅力，能够承受各种困难的打击，责任感强，自制力强。

● 团队合作。

● 专业化生存，阳光经营，切忌商业贿赂、以权谋私、弄虚作假、贪图小利，损坏公司及客户、同事的利益。

● 诚恳对待客户，切忌要小聪明和贿赂；关心现状、价值制胜。

(3) 专业知识与职业能力要求

● 对公司有全面的了解,包括公司理念、产品简介、产品功能、销售方案、售后服务等。

● 掌握顾客的购买心理和特性。要了解顾客在购买过程中存在的求实、求新、求美、求名、求利以及偏好、自尊、仿效、隐秘、疑虑、安全等心理。

● 了解市场营销的相关内容。销售人员应该学习营销产品策略、营销价格策略、营销渠道策略、促销组合策略等。

● 注意顾客的表情语信号。例如,顾客的面部表情从冷漠、怀疑、深沉转变为自然大方、随和、亲切;眼睛转动由慢变快,眼睛发亮而有神采,从若有所思到明朗轻松;嘴唇开始抿紧,似乎在品味、权衡着什么。

● 揣摩顾客的心理。尽快了解顾客的需求,明确顾客的喜好。用明朗的语调交谈,切忌对顾客视而不见,切勿态度冷漠;介绍产品时,要认真聆听顾客的谈话,从中获取有用的信息,做到不打断顾客,避免过分热情,硬性推销,不要给顾客以强迫感,从而让对方知道你的想法;回答顾客问题时,要精神集中,专心倾听,做出积极的回答,切勿机械式回答。

● 自然从容地引导顾客促成交易。选用合适的成交策略,切忌强迫顾客,切忌在与顾客交谈的任何时刻流露出不耐烦的表情;注意成交信号,大胆提出成交要求,交易要求干脆快捷,切勿拖延。

(4) 礼仪仪表要求

● 男性皮鞋光亮,着浅色衬衫,深色西装;头发干净,旁不盖耳部,后不触衣领为宜。

● 女性化淡妆,不使用刺激性强的香水。

● 勤于清洁,以免身体发出汗味或其他异味。

● 在为客户服务时,不得流露出不耐烦、厌恶、冷淡、愤怒、紧张和僵硬的表情。

(5) 服务规范要求

● 来电接待要求。接听电话时,要尽量避免使用“也许”“大概”“可能”之类语意不清的回答。不清楚的问题要想办法弄清楚后在给顾客以清楚明确的回答,如果碰到自己不清楚又确实无法查清的问题应回答“对不起,先生(小姐),这问题我帮您详细咨询一下,回头给您电话,好吗?”。

● 顾客回访要求。确定回访对象,主要是对有购买欲望的客户进行回访;有目的地进行回访,在回访之前,要先与顾客联系,约好时间。进入顾客的房间或办公室时,要先敲门,征得主人的同意,方可进入;未经主人同意不得随便翻阅房内任何东西。回访结束后,要及时做好登记。

3. 营销人才的职业发展路径

高管、顾问专家、培训、创业……

5.2　销售职业认知报告要点

销售职业认知报告要点具体见表 2-10。

表 2-10　销售职业认知报告要点

项目	内容
销售职业发展趋势	为客户创造价值： 1. 降低客户的采购成本 2. 后续服务创造价值
销售的分类	快消类、耐用类、企业级
销售职业特质	1. 以客户为中心 2. 信心、技能、素质 3. 仅情境不同，卖法也不同
销售职业必备素质	基础知识、表达能力、逻辑分析能力、自我管理、团队合作、阳光经营
销售职业发展路径	高管、顾问专家、培训、创业……

5.3　教师点评与总结要点

教师点评与总结要点具体见表 2-11。

表 2-11　教师点评与总结要点

项目	内容
您想拥有什么样的未来？	1. 是否有清晰的量化目标 2. 是否有挑战性
您想成为怎样的销售精英？	1. 是否具备销售精英的特质 2. 是否能体现自己的价值和核心竞争力 3. 是否为企业和客户创造价值
您将如何实现所期望的未来？	1. 是否有良好的职业发展方向 2. 是否有清晰的发展计划 3. 可行性如何
您对用友集团的认知？	历史、主营业务、目标客户群、竞争地位、战略目标、样本客户、竞争地位、文化理念等
您对 ERP 行业的认知？	1. ERP 的定义，企业应用价值（现状或挑战） 2. ERP 发展趋势 3. ERP 主要供应商
您对 ERP 营销与销售的认知？	营销与销售的区别、销售的定义、B2B 复杂销售的特征、对销售人员的要求
您将重点塑造的销售素质与能力？	基础知识、表达能力、逻辑分析能力、自我管理、团队合作、阳光经营

项目三　认知客户

认知客户

● 帮助企业梳理、分析日常生产运营中的业务流程及管理问题；

● 通过管理优化建议或管理咨询、软件实施服务帮助企业优化业务流程，同时借助ERP工具解决企业运营管理问题；

● 只有了解客户的运营管理问题、关键岗位职责与挑战，才能在销售过程中理解客户的需求，并提供相应的解决方案。

在销售实践中的应用

ERP销售本身属于解决方案销售，即将客户的业务结合软件的功能进行统一规划、设计，并形成落地方案，再将方案呈现给客户，让客户从方案中预测到软件应用后的价值，从而产生购买行为。在整个销售过程中，发现并理解客户的运营管理问题及业务需求是所有行为的核心。

学习目标

具体见表3-1。

表3-1　学习目标

<table>
<tr><th colspan="2" rowspan="2">任务大类“认知客户”的学习目标</th><th colspan="2">典型任务</th><th rowspan="2">时间(分钟)</th></tr>
<tr><th>任务号</th><th>任务名称</th></tr>
<tr><td colspan="2" rowspan="2">1. 认知学习客户知识对销售人员的重要性，掌握学习客户知识的方法和途径。
2. 阐述客户主要的运营管理问题、关键岗位职责与挑战。</td><td>一</td><td>认知客户</td><td rowspan="2">150</td></tr>
<tr><td>二</td><td>认知客户关键岗位</td></tr>
<tr><td>情境编号</td><td colspan="3">情境任务</td><td>时间(分钟)</td></tr>
<tr><td>1</td><td colspan="3">认知客户</td><td>75</td></tr>
<tr><td>2</td><td colspan="3">认知客户关键岗位</td><td>75</td></tr>
<tr><td>知识点</td><td colspan="4">1.认知客户；2. 认知客户关键岗位。</td></tr>
</table>

任务一 认知客户企业

情境说明

本 ERP 软件大项目销售实训方案，以制造业企业为目标客户对象，因此我们需要了解制造业常见的运营管理问题。

管理问题

● 通过管理优化建议或管理咨询、软件实施服务帮助企业优化业务流程，同时借助 ERP 工具解决企业运营管理问题。

● 只有了解客户的运营管理问题、关键管理职责与挑战，才能在销售过程中理解客户的需求，并提供相应的解决方案。

在销售实践中的应用

● ERP 解决方案销售；

● 懂业务和管理，就懂 ERP；

● 在整个销售过程中，发现并理解客户的运营管理问题及业务需求，并和客户共同探讨解决方案，给客户创造价值，是所有行为的核心。

学习过程

学习目标：应用对制造业企业常见运营管理问题的认知，概述制造业企业核心的管理问题。

具体见表 3-2。

表 3-2 学习过程

<table>
<tr><th>序号</th><th>学习步骤</th><th>时间（分钟）</th></tr>
<tr><td>1</td><td>阅读情境</td><td>2</td></tr>
<tr><td>2</td><td>小组讨论</td><td>15</td></tr>
<tr><td>3</td><td>课件学习</td><td>15</td></tr>
<tr><td colspan="2">教师解析知识难点</td><td>15</td></tr>
<tr><td>4</td><td>完成练习“客户认知报告”</td><td>15</td></tr>
<tr><td colspan="2">教师点评与总结</td><td>13</td></tr>
<tr><td colspan="2">时间合计</td><td>75</td></tr>
</table>

1.1 梳理企业

企业各部门及其工作任务见图 3-1。

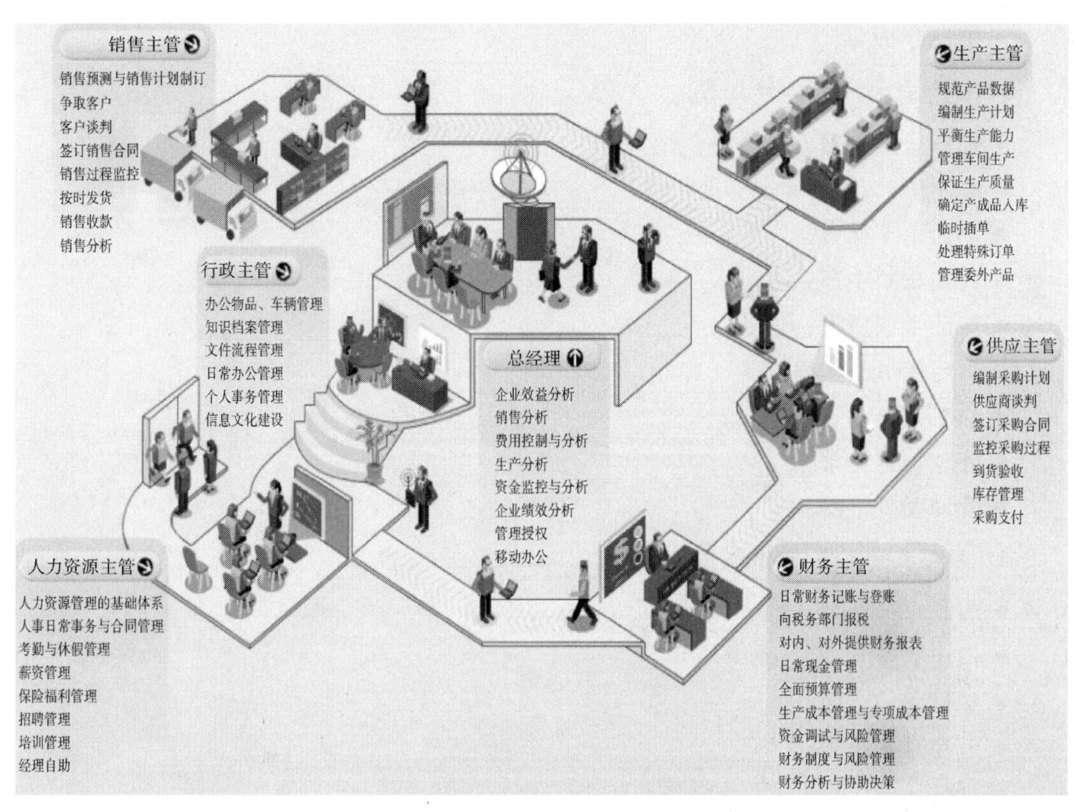

图 3-1 企业各部门及其工作任务

1. 总经理主要工作任务

- 企业效益分析；
- 销售分析费用；
- 费用控制与分析；
- 生产分析；
- 资金监控与分析；
- 企业绩效分析；
- 管理授权；
- 移动办公。

2. 销售主管主要工作任务

- 销售预测与销售计划制订；
- 争取客户；
- 客户谈判；
- 签订销售合同；
- 销售过程监控；
- 按时发货；
- 销售收款；

- 销售分析。

3. 生产主管主要工作任务

- 规范产品数据；
- 编制生产计划；
- 平衡生产能力；
- 管理车间生产；
- 保证生产质量；
- 确定产成品入库；
- 临时插单；
- 处理特殊订单；
- 管理委外产品。

4. 供应主管主要工作任务

- 编制采购计划；
- 供应商谈判；
- 签订采购合同；
- 监控采购过程；
- 到货验收；
- 库存管理；
- 采购支付。

5. 财务主管主要工作任务

- 日常财务记账与登账；
- 向税务部门报税；
- 对内、对外提供财务报表；
- 日常现金管理；
- 全面预算管理；
- 生产成本管理与专项成本管理；
- 资金调度与风险管理；
- 财务制度与风险管理；
- 财务分析与协助决策。

6. 人力资源主管主要工作任务

- 人力资源管理的基础体系；
- 人事日常事务与合同管理；
- 考勤与休假管理；
- 薪资管理；
- 保险福利管理；

- 招聘管理；
- 培训管理；
- 经理自助。

7. 行政主管主要工作任务

- 办公物品、车辆管理；
- 知识档案管理；
- 文件流程管理；
- 日常办公管理；
- 个人事务管理；
- 信息文化建设。

1.2 总经理角色体验

1. 企业效益分析

(1) 含义

分析企业的资产、负债、利润等指标，随时掌握企业的效益状况，及时发现异常指标。

以角色为视角，形成了各职能部门流程协作的管理方式，不仅实现了角色的本职要求，而且实现了跨部门的业务协作和相互支援。

(2) 不能及时分析企业效益的后果

不能在经营过程中随时了解、分析企业的经营状况，可能会出现以下问题：

- 资产不明；
- 负债不清；
- 利润亏损；
- 不能发现经营中的重大问题。

例如，月底了，财务主管报上一堆报表，总管理这时才知道企业的经营情况和问题。

(3) 解决方案

① 及时分析企业经营效益。总经理通过对企业的关键指标进行监控，及时关注企业的资产、负债、利润等指标，掌握企业的效益状况。

- 财务分析监控；
- 指标中心——资产运营指标；
- 资产运营指标监控；
- 指标中心——利润指标；
- 利润指标监控。

② 企业效益多个期间综合分析。通过对企业多个期间的效益指标进行综合分析，及时掌握本期与前期的对比情况，找出关键的问题所在。

- 财务分析监控；
- 资产、负债多期间分析；

● 利润多期间分析；

● 利润多期间图表分析。

(4) 效果

能够实现对经营过程的各个方面进行及时全面的监控分析，通过多期间的对比分析及时地发现企业经营过程中的变化状况，帮助管理者进行经营调整。

2. 销售分析

(1) 含义

销售分析包括销售增长分析，地区、产品销售分析，客户销售分析，销售费用分析，销售监控与预警。

(2) 不能及时掌握销售状况的后果

不能及时掌握销售状况可能出现以下后果：

● 销售计划还没有完成；

● 销售费用大幅度上升；

● 畅销品缺货、滞销品积压；

● 对销售异常反应迟钝；

● 重要客户流失。

例如，总经理希望查阅这半个月来北京、天津、上海、大连等各办事处的销售情况。等了两天，销售主管才呈交报表，却发现还是有几家办事处没有上报数据，而且有的办事处上报的好像还是上个月的数据。

(3) 解决方案

① 销售执行情况分析。通过对销售统计与销售业绩进行分析，总经理可以清晰地掌握各部门是否按时完成销售计划。

● 销售业绩分析；

● 监控销售部门图表分析；

● 产品销售统计分析；

● 产品销售图表分析。

② 及时畅销品分析。通过对不同产品的销售增长情况进行分析，企业可以及时地了解哪些产品畅销，哪些产品滞销。

● 不同期间畅销品分析；

● 不同期间畅销品图表分析；

● 产品销售排行分析；

● 产品销售增长分析。

③ 客户分析。通过对客户收益进行分析，企业可以及时掌握重要客户。

● 部门新增客户收益分析；

● 多期间客户 ABC 分析。

④ 实时销售监控和异常预警。通过实时的销售监控与异常预警，企业可以及时地掌

握其销售状况。

- 销售实时分析；
- 销售收入实时分析；
- 销售指标监控、分析；
- 销售指标预警。

(4) 效果

通过及时的销售统计分析，企业可以清晰地掌握各部门是否按时完成销售计划；了解哪些产品畅销，哪些产品滞销；及时掌握客户收益状况；及时预警销售异常状况。

3. 费用控制与分析

(1) 含义

根据费用预算实现对费用开支的控制，及时监控与分析费用使用的情况。

(2) 不控制与分析费用的后果

不控制与分析费用可能会造成以下后果：

- 费用开支增加；
- 现金周转不畅；
- 企业利润下降。

例如，一笔近万元的费用需要总经理签字报销，总经理签字也没底，不知这笔钱该不该花？每到月底财务总是说资金不够，也不知道这赚的钱都花到哪里去了以及是怎样花的？员工可能抱怨："今天签的这笔费用，到底该不该花？""费用开支太不规范了，我需要及时掌握费用使用的情况！""一边要销售业绩，一边却把费用卡得死死的，销售业务没法做了！""总经理抱怨说这个月费用太高，造成利润下降，说财务部门没有控制好费用开支。这能怪财务吗？""天啊，财务没法做了！"

(3) 解决方案

① 费用预算执行监控。通过预算来控制企业的费用执行情况。

- 费用预算控制；
- 费用预算审批。

② 费用预算执行分析。及时分析企业的费用执行情况。

- 管理费用预算分析；
- 管理费用执行情况分析。

(4) 效果

通过对预算执行情况进行监控，可以控制企业的费用开支；通过对费用执行情况进行分析，可以全面掌握企业的费用执行状况。

4. 生产分析

(1) 含义

通过分析企业生产计划的执行情况及企业的生产效率，了解企业生产的质量与成本，掌握企业生产的总体状况。

(2) 不分析生产的后果

不分析生产可能会造成以下后果：

- 产品质量下降；
- 产品库存积压；
- 产品成本居高不下；
- 生产不能按计划完成。

例如，生产调度会上，销售主管、生产主管、供应主管总是相互抱怨。销售主管说交货却没有产品，产品成本比其他公司高，严重影响销售；生产主管说没有原料，保证不了生产，产品成本高是因为原料采购成本高。到底是哪个环节出了问题？

(3) 解决方案

① 生产执行分析。通过对生产执行情况进行分析，及时了解企业生产计划的完成情况。

- 生产分析与监控；
- 生产部门执行情况图表分析；
- 生产执行情况；
- 生产执行情况监控。

② 生产效率分析。通过对生产效率进行分析，及时了解企业的生产效率状况。

- 生产效率分析；
- 生产效率指标分析；
- 生产效率图表分析。

③ 生产质量分析。通过对生产质量进行分析，及时了解企业的产品生产质量情况。

- 生产质量分析。
- 生产质量图表分析。

④ 生产占用资源分析。通过对生产占用资源进行详细分析，及时了解企业的生产成本情况。

- 生产占用资源分析；
- 生产占用资源图表分析。

(4) 效果

通过对细分的成本项目进行分析，可以及时掌握产品的成本构成；通过分析、监控生产执行过程，可以实现对企业生产情况的掌控。

5. 资金监控与分析

(1) 含义

通过资金存量查询、实时资金查询、资金预警、资金预测，全面掌控企业的资金运营状况。

(2) 不监控与分析资金的后果

不监控与分析资金可能会造成以下后果：

● 不能及时掌控企业的资金状况；
● 不能及时对资金危机预警；
● 不能预测资金状况；
● 影响企业决策。

例如，某一天，总经理会上就某一投资项目进行决策，却因不能及时预测出企业未来的资金状况而迟迟不能做出决定。

(3) 解决方案

① 资金存量查询。通过对资金存量等指标进行监控，总经理能够及时了解企业的资金情况。

● 资金指标分析监控；
● 现金存量分析。

② 实时现金查询。通过实时的资金查询，总经理能够随时掌握企业的资金动态。

● 资金实时查询；
● 资金实时查询分析。

③ 资金多期间分析。通过多期间的资金对比分析，总经理能够及时地了解企业的资金使用情况。

● 多期间现金存量图表分析；
● 现金流量图表分析。

④ 资金预警。监测企业资金专项，系统以手机短信及时、自动发送给相关主管人员。

● 资金实时监控预警；
● 手机短信资金预警。

⑤ 资金预测。通过运用资金预测，可以对未来一段时间内的资金状况做出判断。

● 资金预测设置；
● 资金预测；
● 预测资金未来趋势。

(4) 效果

通过系统提供的每日资金余额、资金存量查询，总经理可以及时地掌握企业的资金状况；通过资金预警，总经理可以及时地规避企业资金风险；通过资金预测，总经理可以为投资决策提供准确的信息，从而有效地降低投资决策的失误。

6. 企业绩效分析

(1) 含义

通过建立企业绩效评价标准与体系，实现对关键绩效指标的监控和企业整体经营绩效的分析。

(2) 不分析企业绩效的后果

不分析企业绩效可能会造成以下后果：

● 企业经营效率低下；

● 不能准确地了解本企业的绩效。

例如，再一次对企业绩效进行测评时发现，不仅没有一套科学的评测体系，而且不能通过在行业中的评测客观地了解企业经营到底是优还是劣。

（3）解决方案

① 绩效评价。通过建立企业绩效标准，可以自动地分析企业的绩效评测状况。

● 绩效评价设置；

● 绩效评价指标设置；

● 绩效评价行业指标设置；

● 自动生成企业绩效评价报告。

② 实时的绩效指标监控。通过设立绩效标准，可以及时地监控关键绩效指标的状况。

● 绩效计分卡设置；

● 绩效计分卡分析监控。

③ 同行业绩效对比评价分析。通过同行业绩效对比评价分析，可以明确地了解本企业的发展状况。

● 选择同行业绩效对比评价分析；

● 自动生成企业绩效评价报告。

（4）效果

通过建立符合行业特性的企业绩效评价体系，可以及时监控企业关键绩效指标的变化情况；发现企业经营中的优劣势，及时对企业经营中的问题进行调整。

7. 管理授权

（1）含义

管理授权，即规范企业工作流程，为每位下属员工寻找最佳的授权方式。

（2）不管理授权的后果

不管理授权可能会造成以下后果：

● 经营管理混乱；

● 工作效率低下。

例如，总经理每天管理的事情太多，常常分身乏术，感到太累。业务部门相互扯皮，让人心烦，想放权利，又担心放权后会更乱。

（3）解决方案

① 规范的工作流程。通过工作流程设置，实现工作流程的制度化、规范化。

● 业务工作流程设置；

● 业务工作流程实施。

② 恰当的管理授权。给相应的人予以适当的授权。

● 管理权限的设置；

● 管理权限的浏览。

(4) 效果

通过规范的工作流程,可以大大提高企业的工作效率;通过恰当的管理授权,可以明确各级管理人员的职责。

8. 移动办公

(1) 含义

移动办公,即实现管理者随时随地掌控企业的经营状况,对经营管理中的重大与例外问题及时预警。

(2) 不移动办公的后果

不移动办公可能会造成以下后果:

- 经营过程中发生重大问题不能及时掌控;
- 不能随时随地掌控企业的经营状况;
- 不能及时预警重大突发事件而丧失最佳时机。

例如,总经理到欧洲进行为期一个月的商务考察,由于现有的管理系统不能支持移动办公,商务期间就无法了解企业的经营状况。

(3) 解决方案

① 随时随地的移动办公。通过移动办公,可以实现无论身处何处,仍能随时随地掌控企业的经营状况。

- 移动办公设置;
- 平板电脑移动查询。

② 及时的事前预警。通过自动的经营监控,结合及时通信手段,可以实现对经营中重大与例外问题的及时预警。

- 资金预警查询;
- 资金预警设置;
- 资金自动预警;
- 手机短信预警。

(4) 效果

无论总经理身在何处,通过随时随地的移动办公,可以实现对企业运营状况的实时掌控;通过及时的事前预警,可以及时地掌握企业经营管理中的重大与例外问题,提前采取相应的措施。

1.3 销售主管角色体验

1. 销售预测与销售计划制订

(1) 含义

销售预测与销售计划制订是指预测下期销售量,汇总已有的销售订单,明确指定每期的销售计划。

(2) 不预测销售与制订销售计划的后果

不预测销售与制订销售计划可能会造成以下后果:

- 生产资源浪费;
- 库存积压资金占用;
- 企业决策缺乏科学性。

例如,在年初的销售年会上,销售部门要准确地向生产、供应部门提供未来一年能够预计实现的销售收入,以及这些销售收入主要分布在哪些行业、来源于哪些地区,主要收入来源于哪个产品,等等。

(3) 解决方案

① 详尽的销售漏斗数据。通过销售漏斗分析,可以了解当前商机在各个销售阶段的分布数据。

② 全面的销售统计分析。通过统计部门、业务人员、客户在每个期间的销售金额,可以充分地展现企业现状和未来企业的收入。

③ 准确的销售预测。通过销售预测查看销售预测分析图表和每阶段预计能够实现的销售收入等信息,可以为制订可执行的销售计划提供依据。

④ 科学的销售计划。编制销售计划应基于当前市场和企业的现状,制定明确的销售目标,根据目标编制预算和预算分配方案,可以落实到具体的部门、业务人员、产品。

⑤ 多维度的销售计划执行分析。销售主管可以根据自身需要按照部门、业务人员、产品查询销售计划的执行情况。

(4) 效果

通过销售预测,能够准确地预测企业的销售收入,并依此准确地编制企业未来的销售计划和销售策略。

2. 争取客户

(1) 含义

在对客户信息的完整把握中寻找商机,在从订单到发货、开票再到投诉的过程中为客户提供服务价值。

(2) 不争取客户的后果

不争取客户可能会造成以下后果:

- 客户资源流失;
- 销售业绩下降;
- 营销成本上升。

例如,某重要客户告知销售主管,他们已经与另外一家企业签订了合同。销售主管感到很诧异,他立刻找到负责该客户的业务员,想要弄清楚到底是怎么回事。

(3) 解决方案

① 客户全貌管理。对客户进行多维度的分类后,通过记录客户从订单到发货开票再到投诉的完整信息,提供客户基本档案信息、联系人信息、商机信息等更多的客户描述字

段,可以为企业提供集成的、统一的客户管理,防止客户资源流失,提升客户信息的利用价值。

- 统一的客户管理;
- 完整的联系人管理。

② 商机进程管理。通过商机进程管理,销售主管可以随时地掌握商机跟进的状态,如公司采取了哪些有效的销售策略或方法,在哪些地方做什么事情由谁花了多少钱,客户的反映如何,是否有效,等等,从而实现管理销售过程的透明化,降低销售成本和缩短销售周期,提高销售的成功率。

- 销售策略;
- 客户进程报告;
- 查取进程明细。

③ 竞争对手管理。通过使用具有雷达预警作用的商机评估和竞争对手监控管理功能,销售主管可以随时掌握商机的竞争状态,并随时调整竞争策略,提高销售的成功率,降低销售成本。

- 商机、竞争对手管理;
- 竞争对手、商机评估;
- 竞争对手商机评估连查明细;
- 竞争对手商机评估连查厂商。

④ 销售漏斗分析。销售主管通过使用商机管理销售漏斗分析功能,可以多维度地展现企业现状和未来企业收入;提高销售的可控性和可预测性。

- 销售漏斗预计分析;
- 销售预测分析。

(4) 效果

通过客户管理、销售自动化、销售分析等功能,销售主管可以加强对销售过程的控制与管理,实时掌控商机跟进状态及商机竞争对手,迅速争取客户,赢得订单及销售业绩长期增长的保障及企业长期发展的保障。

3. 客户谈判

(1) 含义

快速准确的报价、迅速的个性化需求响应、合理的承诺交货期、认可的付款方式。

(2) 接单考虑不周的后果

接单考虑不周可能会造成以下后果:

- 生产部门怨声载道;
- 企业信誉度受损;
- 客户要求违约赔付。

例如,某销售人员异常高兴地告知主管接了一个大订单,可是在与客户商谈细节的过程中却发现给客户报的价格太低,交货周期太短,销售现存量严重不足,个性化的需求无法满足,这让主管左右为难,该怎么办?

(3) 解决方案

① 统一的价格管理。销售主管将企业的价格政策预制在软件中,当销售人员接单时,系统根据价格政策自动报价,不需要销售人员对价格问题做出干涉。

- 销售价格政策;
- 存货价格;
- 销售订单价格。

② 参考历史报价。参考历史报价,可以便于销售人员决策。

- 客户报价参考。

③ 及时的现存量查询。可清楚地看到可销的货物有多少。

- 可用量控制;
- 现存量查询。

④ 可执行的承诺量。交付能力一清二楚,提高客户满意度。

- 可承诺因素设置;
- 可承诺运算;
- 可承诺数量。

⑤ 满足客户个性化的需求。通过定义产品 ATO 属性,充分满足客户个性化的需求。

- 存货的 ATO 设置;
- 订单中的 ATO 选择;
- 手工下达 ATO。

⑥ 严格付款条件与付款期限,从源头防范风险。

- 付款条件设置;
- 付款条件控制。

(4) 效果

通过报价、可交付数量、交货期、付款条件查询功能,销售人员可以快速地决定是否承接订单,从而以最佳的方式签订销售合同。

4. 签订销售合同

(1) 含义

对销售合同的全程跟踪,及时发现并纠正合同执行偏差,合同变更处理。

(2) 销售合同执行不严的后果

销售合同执行不严可能会造成以下后果:

- 合同管理混乱;
- 销售成本增加;
- 影响客户关系。

例如,销售合同签订后,订单执行进度把握不准,回笼不畅,自身订单履约准确性下降;不能及时发现合同执行偏差;难以查找合同变更原因。

(3) 解决方案

① 统一规范合同文本。合同格式、合同分类、合同条款等基础设置可以帮助企业为每类合同定义一套标准的模板,规范企业合同文本。

- 合同格式定义;
- 合同文本模板。

② 严格的合同执行管理。销售主管可以利用合同的报警功能及时了解合同的执行状态、数量和金额,利用合同的控制功能严格执行合同的单价、数量和金额。

- 合同的预警定义;
- 合同的执行控制。

③ 详细的合同变更管理。合同变更功能详细记载着合同变化更新信息,可以方便销售主管随时查询、了解每一个合同的历史和现在。

- 合同变更操作;
- 合同标的明细变更;
- 合同变更查询;
- 合同变更明细。

④ 全过程合同履行跟踪。销售主管可以针对销售合同定义每个执行环节(订单、发货、出库、开票和收款环节)的跟踪状态,即跟踪还是不跟踪。

- 合同跟踪设置;
- 合同跟踪分析;
- 合同跟踪报表;
- 订单跟踪到合同;
- 合同跟踪查询;
- 选择连查销售订单;
- 销售订单查询;
- 连查发货单;
- 连查发票;
- 连查销售出库单。

(4) 效果

通过合同类型、合同条款、合同执行预警和控制、合同履行跟踪、合同变更管理等功能,可以帮助销售主管统一合同文本,控制合同执行,记录合同变更,加强合同履行分析,从而提高合同管理效率,优化销售业务。

5. 销售过程监控

(1) 含义

对客户信用额度、信用期限进行监控,严格控制最低售价,监控销售订单执行状态,对例行业务及时预警。

(2) 销售过程无监控的后果

销售过程无监控可能会造成以下后果:

- 经营风险加大;
- 销售成本上升;
- 企业形象受损。

例如,企业在销售过程中,由于没有统一的价格政策,业务人员常常向客户随意承诺销售价格,销售与库管脱节,造成超订单给客户发货,更有甚者与客户勾结欺骗企业。

(3) 解决方案

① 信用管理设置。系统可以按照客户、业务人员、部门控制信用,信用额度和信用天数分开控制,并设定额度控制和期限控制需要考虑的范围,以及具体的控制方式(审批、提示、不控制)。

- 客户信用设置;
- 信用控制范围。

② 明晰业务审批流程。系统可以灵活设置多层次业务(采购订单、销售订单、付款单等)的审批流程,并且可以按照不同的金额权限,自动以门户通知的形式提交给审批人员进行审批。

- 销售订单审批流设置。

③ 最低价格控制。针对某一个存货确定最低售价,执行统一的最低售价政策,同时设置最低售价控制密码,防止人为地降低售价,损害企业的利益。

- 存货最低售价设置;
- 最低售价控制口令设置;
- 订单过程中最低售价控制;
- 最低售价口令输入。

④ 销售订单监控。系统可以对多张销售订单进行监控并查询各种执行状态,及时发现问题,有针对性地解决问题。

- 销售订单预警;
- 订单执行统计表。

⑤ 超订单发货控制。通过该参数可以根据销售订单控制销售发货数量,限制业务人员的权限,降低出货回款的风险。

- 订单发货控制选择;
- 录入销售订单;
- 录入发货单数量;
- 数量超订单提示;
- 发票超订单数量提示。

(4) 效果

通过严密的销售过程监控,可以有效地堵塞销售漏洞,提高销售活动的透明度,降低企业的经营风险。

6. 按时发货

(1) 含义

统一客户信息,杜绝错误的发货单,按时、按量、按正确地址和发运方式发货。

(2) 销售发货不及时的后果

销售发货不及时可能会造成以下后果:

- 企业商誉受损;
- 发错货物时有发生;
- 客户满意度下降。

例如,某重要客户非常不客气地告知销售主管,到现在我们还没有收到你们发过来的货物,如果下次再发生这样的情况,我们就不要再合作了。

(3) 解决方案

① 统一客户档案管理。通过提供全面的客户管理,提供客户全称与客户简称信息,从而有效地避免货物发放张冠李戴情况的发生。

- 客户档案管理。

② 有针对性地进行发货检验。系统提供针对重要客户发出的产品进行发货报检、质量不对发货检验、合格销售出货等检验环节,以层层控制产品质量,严把质量关,杜绝不良品出库,提高客户的满意度。

- 存货质检设置;
- 客户质检设置;
- 录入发货单;
- 发货质检提示质检;
- 发货质检参照发货报检;
- 发货质量检验;
- 销售出库依据质检单生成;
- 销售出库可用量检查。

③ 发货数量有依据。销售发货单可以依据销售合同、销售订单生成,通过严格执行原计划、合同信息,从而使数量发放有保证。

- 订单数量参照合同数量;
- 发货单参照订单;
- 发货数量参照订单数量;
- 发货单连查对应的合同;
- 发货质检参照发货报检;
- 连查合同概要;
- 连查合同明细。

④ 统一管理发货地址。销售发货单可以连查到对应的合同。

● 发货地址设置；

● 发货单参照发货地址。

(4) 效果

通过对客户信息的全面管理、发货质量的控制、发货数量及发货地址的严格管理，可以保证企业按时交货，大大提高客户的满意度。

7. 销售收款

(1) 含义

掌握应收账款，按信誉设置到时报警，用对账单、催款单及时收款。

(2) 销售货款不及时催还的后果

销售货款不及时催还可能会造成以下后果：

● 运营资金周转变慢；

● 呆账坏账居高不下；

● 财务利息成本增加。

例如，20 世纪 90 年代，巨人集团曾经风光无限，但最后还是破产了，是其没有钱吗？不是，在其破产的时候，账面还有 3 亿元的应收账款。

(3) 解决方案

① 超信用预警。及时的超信用预警可以帮助销售主管对销售货款回收情况进行及时的跟催。

● 信用报警单。

② 一目了然的欠款信用分析。销售主管可以通过欠款信用分析看到某一客户截至某一日期的欠款金额和欠款组成情况。

● 选择欠款分析条件；

● 欠款分析。

③ 全面的应收账款账龄分析。销售主管通过应收账款账龄分析可以随时了解一个客户应收账款余额的账龄区间分布，从而加强对该客户的应收账款管理。

● 应收账款账龄分析。

④ 及时催款，减少呆账坏账。销售主管可以据此让销售人员对逾期的应收账款，及时打印出催款单，进行催款。

● 客户往来催款单；

● 客户催款单设置；

● 催款单打印；

● 应收对账单。

(4) 效果

通过超信用预警、欠款信用分析、应收账款账龄分析、催款等功能，销售主管可以加强对应收账款的管理，有效地降低企业的经营风险。

8. 销售分析

(1) 含义

销售分析是指分别按照区域、产品、增长性、多期间、排名等进行多维度的销售业务分析,及时调整销售策略。

(2) 销售分析不全面的后果

销售分析不全面可能会造成以下后果:

- 经营费用上升;
- 业绩增长受到制约;
- 赏罚不清;
- 销售人员士气低落。

例如,年末评部门优秀奖时,应仅看部门、销售人员的销售收入吗?如果收入高,费用也高,应收账款也高,那么还能评优吗?

(3) 解决方案

① 多维度的销售业务分析。系统可以帮助销售主管按照销售部门、业务人员、产品、客户分类、地区等维度,及时获取不同时间范围内的销售收入、费用、成本、毛利等信息。

- 销售统计表。

② 销售增长分析。销售主管可以据此分析销售的增长情况。

- 销售增长分析。

③ 销售结构分析。销售主管可以据此分析不同分组条件下(客户、业务人员、产品等),在某时间段内的销售构成情况。

- 销售结构分析。

④ 销售毛利分析。销售主管可以据此分析货物在不同时期的毛利变动及影响原因。

- 销售毛利分析。

⑤ 销售排名分析。销售主管可以通过产品排名、购买产品的客户范围,查询某一地区的产品销售排名及某一行业的销售排名,也可以多次进行比较。

- 产品排名组合条件选择;
- 产品销售排名。

(4) 效果

通过多组合、多方法、多角度的销售分析,销售主管可以及时、科学、真实地了解企业的销售情况,发现企业的销售规律,从而改变企业的销售策略,提高企业的收益。

1.4 生产主管角色体验

1. 规范产品数据

(1) 含义

规范产品数据是指对产品建立物料清单(BOM)及批量消耗定额,以利于计划和核算。

(2) 产品基础数据不规范的后果

产品基础数据不规范可能会造成以下后果:

- 造成材料浪费;
- 成本核算困难;
- 生产与采购内讧。

例如,企业生产部门使用了一套产品设计数据,而供应部门使用的又是它们自己的一套物料编码。这种同料不同号、同号不同料的混乱管理状态给部门沟通协作造成了很大的障碍,许多问题都无法确认责任归属。

(3) 解决方案

① 统一建立产品结构。对所有生产产品的构成,以 BOM 的形式建立起来,同时包含产品按批量生产时的材料消耗定额。

- 产品构成;
- 建立物料清单;
- 物料清单展示。

② 自动汇总计算材料消耗量。一旦产品数量确定,可以依据 BOM 计算出所有材料的汇总消耗量。

- 采购需求。

③ 根据生产产品限额领料。生产订单下达后,可以根据所生产的产品自动生成限额领料单。

- 限额领料。

(4) 效果

通过建立规范统一的 BOM,使得产品生产数据只有一个来源,从而可以快速计算物料需求,同时可以用其生成限额领料单,加强物料管理,控制材料浪费。

2. 编制生产计划

(1) 含义

自动安排生产计划,计算采购需求,协调销售、生产、采购。

(2) 生产计划不精准的后果

生产计划不精准可能会造成以下后果:

- 停工待料;
- 库存积压;
- 客户流失。

例如,在企业生产调度会上生产主管成了众矢之的,供应主管和销售主管都在抱怨生产计划不准。

(3) 解决方案

① 选择编制生产计划的依据。编制生产计划时,可以只依据客户订单,也可以只依据预测,还可以依据多种客户订单和预测的组合方法。

● 预测订单;

● 未完成销售订单;

● 订单选择。

② 自动生成计划。根据产品构成,考虑到现有库存和提前期,自动计算出生产量和采购量。

● 生产计划;

● 物料需求计划。

③ 调整生产计划。计划安排之后,可以查看计划结果,如有需要调整的地方,可以加以调整后再运行。

● 计划错误表;

● 供需追溯。

(4) 效果

自动安排生产计划极大地降低了计划工作量,提高了计划的精准性,由此加强了销售、生产、采购的协调。可多次运算找到较好的计划,大幅度减少浪费。

3. 平衡生产能力

(1) 含义

确认生产能力是否满足生产计划的要求,对各工序的负载进行平衡。

(2) 不考虑生产能力平衡的后果

不考虑生产能力平衡可能会造成以下后果:

● 生产费用激增;

● 影响订单按时交付;

● 不能合理利用工序能力。

例如,生产调度室的电话热得发烫。各车间不断打来电话,有要求增加工作量的,也有反映工作安排太多根本就干不完的,真是应接不暇。

(3) 解决方案

① 计划前设定生产工序。在系统中按产品工艺流程设定生产工序,再按工艺流程设定工艺路线。在编制计划时,系统就会自动计算工序负载。

● 工序维护;

● 工艺路线。

② 做能力需求规划。计划前进行参数设定,确定能力计划的基本条件。计划运算完成后能看到能力资源需要汇总表。

● 能力参数;

● 能力资源汇总。

③ 计划后查看关键工序负载。工序负载过高或者过低都有可能进行调整。

● 能力参数。

④ 调整订单或者预测平衡负载。调整订单品种数量(未参与计划运算的客户订单

和预测订单),生成需求计划,再查看工序负载。这可以是一个不断循环的过程,直到对工序负载满意。

- 预测订单输入;
- 未完成销售订单。

(4) 效果

合理安排工序负载,追求均衡生成,降低产品成本。

4. 管理生产车间

(1) 含义

生产任务分配到车间,监控生产完工情况,对订单执行结果进行统计。

(2) 车间管理效率低下的后果

车间管理效率低下可能造成以下后果:

- 派工单散乱难以统计;
- 生产进度更加不确定;
- 不能及时发现生产问题。

例如,星期五下午距下班时间还有半小时,车间主任要车间统计员汇报本周各班组生产情况,结果等到晚上 8 点还没有看到他想要的详细生产信息。

(3) 解决方案

① 按生产订单自动产生派工单。每张生产订单都是由若干工序来完成的,系统可以自动对每道工序下发派工单。

- 工序计划;
- 订单派工。

② 工序完成统计。针对各道工序进行的完工统计,依据可以是生产订单、工作中心、人员等。

- 订单完工;
- 工作中心完工。

(4) 效果

生产任务下达的内容被细化,管理更加细致,工作量反而减小。

5. 保证生产质量

(1) 含义

对需要进行质量监控的每一道工序进行质量控制,保证生产质量。

(2) 质量管理疏忽的后果

质量管理疏忽可能会造成以下后果:

- 企业品牌形象大大受损;
- 造成生产成本巨大浪费;
- 老客户流失;
- 新客户却步。

例如，拿给客户的样品居然连续死机两次，5 000万元的大订单就此丧失。总经理恼羞成怒，找来了生产主管和销售主管，质问原因出在哪里，却不得其解？更不知道该如何消除质量问题。

（3）解决方案

① 设置工序质量检验。对所有需要进行质量控制的工序，都进行质量检验设置，内容包括检验方式和检验方案。

- 设置工序检验；
- 工序检验方案。

② 工序质量检验。对设置好要进行质量检验的工序，填制工序检验单，检验部门按照设置好的检验方案，将检验结果反映在工序检验单上面。

- 工序报检单；
- 工序检验单。

③ 工序质量检验统计。从系统的角度可以对任何工序进行质量检验设置，但在企业应用中，只有某些关键工序才需要设置质量检验，统计是针对已设置的工序的。

- 工序检验统计；
- 工序指标统计。

（4）效果

让企业的全面质量管理能够真正地在每一个环节得到贯彻。

6. 确定产成品入库

（1）含义

只有产品入库才能说生产任务完成了，此时还要进行生产分析。

（2）产成品入库不确定的后果

产成品入库不确定可能会造成以下后果：

- 库存周转率低；
- 客户满意度下降；
- 影响紧急生产任务的完成。

例如，订单一批压一批，生产任务一期推一期。哪些订单已经完工入库、哪些还没有完工，还差多少？几百种产品查起来很不容易。可是不知道这些就不能安排下期的生产计划，怎么办？

（3）解决方案

① 生产订单完工状况查询。按生产订单进行的完工状况查询可以直接看到报检数和入库数，也可以进一步查询工序完工情况。

- 生产订单完工；
- 工序完工。

② 产成品现存量查询。在库存管理模块中查看产成品的出入库流水账，则可以清楚

地看到产成品的入库情况。

- 产成品入库查询设置;
- 产成品入库查询。

③ 产品生产分析。可以针对生产订单进行用料分析,也可以对某些产生不良的生产订单进行原因分析,还可以针对不同的部门进行产品检验统计分析。

- 订单用料分析;
- 不良原因分析;
- 产品检验统计。

(4) 效果

全面把握产成品的状况,明确生产管理改进的重点。

7. 临时插单

(1) 含义

在计划之外随时都有可能安排新的生产任务,需要灵活的生产管理。

(2) 不能处理临时插单的后果

不能处理临时插单可能会造成以下后果:

- 不能及时满足客户的要求;
- 降低了客户对企业的信任度。

例如,销售只管接单,不管生产能不能完成。昨天刚下了生产任务,今天新订单又来了,而且交货期非常急,怎么办?

(3) 解决方案

① 查看各工序的负载情况。针对要插单的产品,查看各工艺路线,从中找寻关键工序及工作中心,然后再查看该工序中心目前的负载情况,以便决定是否有能力插单。

- 工艺资料;
- 工序负载。

② 在系统中手工下达生产订单。根据要插入的销售订单,用手工输入方式输入生产订单,生产订单经审核后完成下达。

- 插入销售订单;
- 手工输入生产订单;
- 订单审核下达。

③ 产生产品生产限额领料单。无须再做任何计算,根据生产订单所指定产品的BOM,可逐级产生限额领料单。

- 物料清单;
- 生产限额领料。

(4) 效果

加强了生产管理的灵活性。

8. 处理特殊订单

(1) 含义

经常会接到一些与标准产品有差异的订单,对这些订单需要做特殊处理。

(2) 特殊订单处理不好的后果

特殊订单处理不好可能会造成以下后果:

- 很多商业机会丧失;
- 缩小可接单的范围。

例如,重要客户下了一笔大单,价格很好,交货期也还算合理,就是对产品有一些个性化的要求,颜色、型号、附件都有必要按他的要求进行搭配,这个订单接下来生产能不能做?怎么通知他们呢?

(3) 解决方案

① 进行 ATO 设置。对可进行选择的产品的某项通过自有项进行设置,然后再对产品进行 ATO 设置,使其在做销售订单时就可以对某些产品特征做出选择。

- 设置自有项;
- 相关设置自有项;
- 产品 ATO 设置。

② 销售订单中的 ATO 选择。销售部门在下达销售订单时可以根据客户在销售合同中的要求,先进行 ATO 操作选择,然后对可选项做出选择。

- 选择 ATO 操作;
- 选择可选项。

③ 下达 ATO 生产订单。下达 ATO 生产订单与非 ATO 生产订单是完全一样的,既可以通过生产计划下达,也可以通过手工下达。

- 手工下达 ATO;
- 计划下达 ATO。

(4) 效果

满足了客户的个性化要求,打下了广大的市场基础。

1.5 供应主管角色体验

1. 编制采购计划

(1) 含义

根据产品结构、生产计划、原料可用量等数据自动编制采购计划,下达采购任务。

(2) 不及时编制采购计划的后果

不及时编制采购计划可能会造成以下后果:

- 库存积压;
- 停工待料;
- 不能保证交货期。

例如，原料供不上，停工你负责呀；原料上千种，成品上百种，采购计划太难做了；没有采购计划，我根据什么筹钱？在企业的生产调度会上，因为不能及时了解原料的现存量、在途量等信息，供应主管认为编制一个很好的采购计划很困难。但是生产主管、财务主管对此却不以为然。

（3）解决方案

① 精准的采购需求。根据产品结构，由系统中的需求规划模块自动计算生成。

● 原料采购计划。

② 选择需采购的原料。根据 MRP（物料需求计划）运算生成的原料采购计划，选择具体需采购的原料。

● 根据采购计划生成采购订单。

③ 下达采购订单。下达采购订单，采购选定的需采购的原料。

● 生成的采购订单。

④ 源于生产计划。采购计划是根据生产计划确定的。

● 生产需求。

⑤ BOM 是计算的依据。原料采购量是依据 BOM 来精确计算的。

● 产品结构。

⑥ 考虑原料库存可用量。采购计划的编制需考虑库存可用量。

● 库存可用量。

（4）效果

编制采购计划时考虑的因素更加全面，编制的采购计划更加精准，加快了编制采购计划的速度。

2. 供应商谈判

（1）含义

根据供应商提供原料的质量、价格以及以往的交货准确率等指标去评估并选择合适的供应商。

（2）供应商管理不善的后果

供应商管理不善可能会造成以下后果：

● 浪费生产资源；

● 产品交付延迟；

● 企业信誉度受损。

例如，停工待料至少损失上万元，交货期延误 15 天，重新寻找一个合适的供应商，至少要 2 天的时间。供应主管在选择供应商时，常常由于不能及时全面地了解供应商提供原料的质量、价格以及交货准确率等情况，选择了不合适的供应商；且企业的供应商信息散落在各业务人员手中，以至于有供应商出现问题时，供应主管束手无策。

（3）解决方案

① 规范供应商目录。集中统一管理供应商，是进行全面管理供应商的基础。

● 供应商档案；

● 存货主要供应商；

● 供应商存货对照表。

② 科学分析各供应商的供货价格。有根有据地判断各供应商的供货价格是否合适。

● 供应商存货价格表；

● 供应商存货价格分析；

● 供应商价格对比分析。

③ 严格管理供应商供货的质量。时刻掌握供应商提供原料的质检情况、质检结果。

● 供应商交货质量分析。

④ 详细记录各供应商历次交货情况。根据历次交货情况，对不按时交货的供应商进行严肃处理，保证按时生产。

● 供应商交货情况分析。

⑤ 向供应商催货。向临近交货期但尚未交货或逾期尚未交货的供应商发催货函，提醒其交货。

● 供应商催货函。

⑥ 对供应商进行 ABC 分类。根据供应商 ABC 分类结果，决定对供应商不同的政策。

● 供应商 ABC 分析。

(4) 结果

集中、规范了供应商目录，可以迅速地锁定可提供质优价廉原料的供应商，保证及时供应原料。

3. 签订采购合同

(1) 含义

对采购合同的全程跟踪，及时发现并纠正合同执行偏差，掌握合同变更情况。

(2) 不能严格执行合同的后果

不能严格执行合同可能会造成以下后果：

● 合同管理混乱；

● 采购成本增加；

● 影响企业与供应商的关系。

例如，合同签了 100 件，只到了 98 件，怎么少了 2 件？那个合同款不是已经付款了么，怎么又来催了？采购合同签订之后，则难以掌握其订单、到货、入库、开票、收款等全程执行情况；且在执行过程中常有偏差，难以发现；如果合同频繁变更的话，则难以掌握其变更原因及详细情况。

(3) 解决方案

① 自动全程跟踪合同的执行。从签订合同—下达订单—到货—入库—开票—付款全程跟踪。

● 采购合同；

- 合同跟踪设置；
- 合同跟踪；
- 合同跟踪查询。

② 自动提醒合同执行的偏差。在数量、金额、期限三个方面出现偏差时，系统自动预警。

- 合同预警设置；
- 合同预警提示。

③ 详细记录每次变更的原因，保证合同不会因频繁的变更而出现混乱。

- 合同变更操作；
- 变更单录入；
- 查询合同变更；
- 联查合同变更具体情况。

（4）效果

合同执行的各个环节尽在掌握之中，降低了采购风险；及时发现合同执行过程中的偏差并及时纠正，有效地堵塞了采购黑洞；详尽记录变更原因，减少了因变更带来的混乱。

4. 监控采购过程

（1）含义

审批各种采购单据，控制原料最高进价，监控采购订单到货入库结算等情况。

（2）采购过程监控不严的后果

采购过程监控不严可能会造成以下后果：

- 采购成本高；
- 难堵采购漏洞；
- 延误采购、影响生产。

例如，采购过程中，业务人员为了拿回扣，进价较高；手工询价、比价烦琐且不精准；供应主管常常出差，不能及时审批采购单据，审批流程也不够严密规范；无法及时发现没有按时交货的订单。

（3）解决方案

① 最高进价控制。在请购与下达订单两个环节进行最高进价控制。

- 最高进价控制选项；
- 请购单超过最高进价提示输入密码；
- 输入的密码错误；
- 采购订单超过最高进价提示输入密码；
- 密码正确允许保存。

② 自动进行比价。根据完整规范的价格数据，自动完成比价业务。

- 供应商存货价格列表；
- 新增请购单；

- 开始请购比价；
- 进行自动比价；
- 通过比价选择供应商；
- 比价结果；
- 比价生成采购订单。

③ 严密规范的采购审批流程。系统层层审批，有效堵塞采购漏洞，且无论供应主管身在何处，都可以企业门户、短信、E-mail 等方式通知供应主管审批采购单据，不耽误采购。

- 采购审批详细信息；
- 采购审批流程一级审批；
- 采购审批流程通知；
- 采购审批流程二级审批。

④ 采购订单预警报警。采购系统可以自动将即将到期或已经逾期却尚未完全到货的订单筛选出来，向供应主管提示。

- 预警报警设置；
- 登录采购管理；
- 登录之初系统提示预警报警信息；
- 随时查询预警报警信息；
- 随时查询预警报警信息的结果。

⑤ 采购成本分析。有根有据地控制采购成本。

- 采购成本分析。

(4) 效果

有效地降低了采购成本，提高了采购审批效率，比价更加精准，保证按时到货，不影响生产。

5. 到货验收

(1) 含义

确认到货数量，进行原料质检，妥善处理不合格品，控制原料质检成本。

(2) 到货验收不合格的后果

到货验收不合格可能会造成以下后果：

- 原料成本增加；
- 原料质检成本太高；
- 严重影响产成品质量。

例如，由于原料到货验收不合格，使用时才发现有些包装不足额，有些原料以次充好，有些尚可降级使用的原料被白白浪费，导致成本增加；质检过程中没有严格控制质检成本，高质量常常以高成本为代价。

(3) 解决方案

① 严格进行原料质检。科学完善的原料质检流程,是保证原料质量的根本。

- 存货质检设置;
- 质检方式设置;
- 来料到货报检;
- 自动生成报检单;
- 来料质检单;
- 根据质检结果入库;
- 参照质检单;
- 选定质检单;
- 生成入库单。

② 妥善处理不良品。以降级入库、退货、销毁等多种方式处理不良品。

- 来料不良品处理;
- 对需报废的不良品处理;
- 参照不良品处理单;
- 选定需处理的不良品;
- 生成不良品记录单;
- 对不合格的原料进行销毁处理;
- 降级入库;
- 参照不良品处理单进行降级入库;
- 选定可降级入库的原料;
- 生成降级入库单;
- 对需退货的不良品进行退货。

③ 控制质量成本,高质量不能以高成本为代价。

- 在质检方案中设置质检成本;
- 质检时考虑质检成本。

(4) 效果

提高了原料的质量,妥善处理不良品,减少了不必要的原料浪费,有效地控制了原料质检成本。

6. 库存管理

(1) 含义

保证客户可以按时提货,保证生产所需原料,提高出入库工作效率,提高库存周转率。

(2) 无序库存管理的后果

无序库存管理可能会造成以下后果:

- 库存周转率低;
- 客户满意度下降;

● 影响紧急生产任务的完成。

例如，销售人员按约定时间带着客户来提货，却被告知没货了；有紧急生产任务时，原料不能及时提供；出入库工作效率低下；存货账面数量与实际数量不符；有用的物料没有地方放，没用的物料却占据了很大的空间。

(3) 解决方案

① 有效可用量管理。根据企业自身情况，自由设置影响可用量的因素。

● 销售可用量检查；
● 销售可用量控制；
● 根据可用量出库。

② 多种方式进行盘点。可以按照仓库、批次、存货大类三种方式进行盘点，并且可以按照周期进行周期盘点，保证账实相符。

● 设置周期盘点的周期；
● 设置盘点参数；
● 盘点处理。

③ 库存预警并及时补足库存。通过最高、最低库存预警信息提醒用户哪些原料短缺，然后进行ROP① 运算，生成ROP采购计划，进行采购。

● 设置库存的库存量信息；
● 设置存货再订货点信息；
● 设置最高、最低库存预警信息；
● 安全库存预警；
● ROP 计划方案；
● ROP 运算；
● ROP 运算生成采购计划。

④ 条形码管理。降低错误率，提高工作效率。

● 可支持的条形码类型；
● 条形码设置规则；
● 条形码规则分配；
● 根据设置生成条形码；
● 通过条形码进行出库；
● 设置采集器；
● 从采集器中批量导出出入库单。

⑤ 库龄分析。分析物料在仓库中存放的时间，保证有用的物料有地方存放。

● 停滞积压存货分析；
● 库龄分析。

① ROP 运算：是针对不参与生产的办公用品和低值易耗品而进行的运算。

(4) 效果

保证了产成品的可用量,提高了客户满意度;保证了账实相符;及时补足库存,使库存保持在一个合理的水平上;降低了出入库操作的错误率,提高了工作效率;保证了有用的物料能够有地方存放。

7. 采购支付

(1) 含义

确定采购货款支付的优先顺序,进行各原料采购成本及费用的分析。

(2) 采购支付不合理的后果

采购支付不合理可能会造成以下后果:

- 信誉危机;
- 难以控制采购成本及费用。

例如,在进行采购支付时,供应商成百上千,常常因不能科学地评价各供应商的重要程度及其供货情况,导致支付顺序不当;原料有成百上千种,采购费用也有几十种,难以控制采购成本及费用。

(3) 解决方法

① 确定合理的货款支付顺序。根据供应商 ABC 分析结果及供应商以往的供货质量、交货情况等信息,以及目前的订单到货情况,确定合理的支付顺序。

- 供应商 ABC 分析;
- 采购订单执行统计表。

② 原料采购成本分析,有根有据地控制采购成本。

- 采购成本分析。

③ 采购资金比重分析,充分了解各原料所占用的资金比例。

- 采购资金比重分析。

④ 采购费用分析,充分了解各项采购费用的情况。

- 采购费用分析。

(4) 效果

降低信誉危机,有根有据地控制采购成本,合理控制采购费用。

1.6 财务主管角色体验

1. 日常财务记账与登账

(1) 含义

取得业务单据,填制凭证,审核并登记账簿,费用报销。

(2) 财务核算工作效率不高的后果

财务核算工作效率不高可能会造成以下后果:

- 财务信息不准确;
- 财务信息不及时;

● 财务管理不到位。

例如,企业日常的财务核算不但量大,且重复性高,占据了财务人员的大量时间,管理工作无法开展。一旦有外地办事处,及时封账就变得困难。

(3) 解决方案

① 业务单据自动生成凭证。部门将采购(销售)发票、出入库单等业务单据录入系统后,财务人员可以直接在应付、应收和存货核算等系统中直接审核并生成凭证。

● 采购发票审核制单;

● 采购发票生成凭证。

② 凭证数据实时自动登录账簿。凭证一旦生成,财务账簿自动增加相关记录,可以选择是否包括未审核的凭证状态的财务数据。

● 凭证实时登录账簿。

③ 凭证模板等工具避免出错。系统提供各种业务的入账科目设置、特殊科目参数控制、转账定义设置功能,进行凭证内容自动审核,减少差错率。

● 基本入账科目设置;

● 结算方式入账科目设置;

● 参数设置;

● 凭证赤字控制;

● 凭证类别设置;

● 转账定义。

④ 异地财务集中记账处理。

● WEB 付款单录入;

● WEB 付款审核;

● WEB 凭证签字。

⑤ 网上审批费用单据。网上报销使得业务领导不论身处何地,都可以对业务单据进行审批,并且可以查看审批记录、填写审批内容,减少报销手续审核等待的时间。

● 网上报销审批;

● 审批信息查询。

(4) 效果

突破时间、地点限制,提高财务记账核算的工作效率,降低出错概率。

2. 向税务部门报税

(1) 含义

涉税业务的记录整理,计算应纳税额,填报纳税申报表。

(2) 报账不及时易出错的后果

报账不及时易出错可能会造成以下后果:

● 可能多纳税或多缴罚款;

● 导致意外损失。

例如，申报纳税要从大量的财务核算记录中，按照税法的要求进行统计和调整，同时税务部门对应税业务要求记录清晰。某一时期，税务局可能要求企业补征税款。

(3) 解决方案

① 产品与纳税品种和税率挂钩。系统中的存货档案保存产品对应的增值税税率。

- 存货档案。

② 账簿与应税业务处理同步。系统会自动根据存货档案中的记录计算应纳税额，同时在生成凭证后，税务账簿同步完成。

- 采购发票计算税额；
- 应交税费明细账。

③ 报表动态更新，可追溯。利用报表工具，纳税申报表自动生成，并能追溯关联的业务明细账、凭证至原始单据。

- 纳税申报表；
- 纳税申报表联查明细账；
- 明细账联查凭证；
- 凭证联查原始单据；
- 联查单据。

(4) 效果

涉税业务的精细核算，快速准确地完成纳税工作。

3. 对内、对外提供财务报表

(1) 含义

向政府主管部门报送企业报表，向领导提供内部管理报表。

(2) 对内、对外报表不符合要求的后果

企业不仅要定期向各个政府主管部门提供各类经营报表，还要针对不同的绩效考核目的出具各类内部管理报表，要求报表及时、准确，还能追溯原因。对内、对外报表不符合要求可能会造成以下后果：

- 不能有效支持企业的经营决策；
- 招致政府管理部门的惩戒。

(3) 解决方案

① 批量自动处理业务单据。批量将业务单据自动生成凭证，不经审核记账就可以反映到报表上。

- 批量制单查询；
- 批量制单结果。

② 随时可以生成各类报表。随意定义报表格式和公式，自动取得各类数据，包括未记账凭证；各类业务发生明细以及现金流量表也可以随时查看。

- 纳税申报表定义公式；
- 报表里销售明细表；

- 现金流量表；
- 现金流量查询。

③ 任意报表数据都可追溯至单据。

- 纳税申报表联查明细账；
- 明细账联查凭证；
- 凭证联查原始单据；
- 联查单据。

（4）效果

快速完成对内、对外的财务报表制作，报表数据可追溯分析。

4. 日常现金管理

（1）含义

交领现金和银行收付款凭单，银行对账。

（2）不能实时了解资金头寸的后果

不能实时了解资金头寸可能会造成以下后果：

- 无法确切了解资金头寸的变化情况；
- 出纳工作强度大，出错概率高，造成潜在损失。

例如，企业银行账户多，资金收支业务量大，常常导致出纳频繁出入银行，同时各个账户银行对账工作耗费时间长。

（3）解决方案

① 实现银行票据套打。用友票据通可以对任意银行支票、汇票、本票等票据进行套打，避免手工填写出现错误。

- 票据套打。

② 银行网上支付。用友集团与包括五大国有银行在内的12家银行建立了合作关系，实现了银行存款网上划拨，减少了出纳跑银行的工作量。

- 银行支付参数；
- 银行网上支付。

③ 自动银行对账。系统可以定时自动下载银行对账单，通过支付指令执行对账，并且可以与银行日记账进行对账。系统提供多种对账条件实现自动对账。

- 银行交易明细下载；
- 银行自动对账；
- 银行日记账自动对账。

④ 实时了解银行账户余额。系统可以自动查询更新银行账户余额，提醒余额变动情况，提供各银行账户目前最新的余额情况查询。

- 银行余额自动查询；
- 银行账户余额表。

(4) 效果

减少出纳工作强度,动态了解银行账户余额和交易明细。

5. 全面预算管理

(1) 含义

预算目标下达、预算编制、预算实时控制(收支、费用控制)、预算调整和预算执行。

(2) 预算管理难以实现的后果

预算管理难以实现可能会造成以下后果:

- 企业经营风险加大;
- 不能有效调配企业资源,提高企业效益。

例如,预算编制周期长,不能实现实时控制,预算调整随意性大且非常频繁,执行情况不能及时知道,这些问题导致企业预算管理往往流于形式,难以落实。

(3) 解决方案

① 制定预算目标及责任机构。

- 制定预算目标。

② 预算目标分解到各部门承担。

- 预算目标分配;
- 预算目标责任。

③ 自动汇总预算报表。系统提供预算项目公式设置,例如销售收入按照部门和产品编制预算,同时根据不同产品的价格假设编制预算。

- 预算项目公式设置;
- 预算假设;
- 预算编制;
- 预算自动汇总;
- 预算分布表。

④ 实时控制收付款单据和凭证。系统提供多种预算控制规则,可对报销单据和凭证进行实时控制。

- 预算控制规则;
- 控制报销单据;
- 超预算审批;
- 超预算审批权限设置。

⑤ 预算执行情况随时查看。对预算负责的部门可以随时查看本部门费用预算的可使用额度,以及预算执行情况。

- 责任机构预算控制报告查询;
- 责任机构预算控制报告;
- 预算执行分析。

⑥ 预算调整严格审批控制。

- 预算调整单;
- 预算调整审批。

⑦ 事先浏览预算调整相关影响。

- 预算调整影响浏览。

(4) 效果

实现了对预算全过程的管理,特别是对事中进行实时控制;实现了战略目标与预算管理的结合,落实企业战略规则。

6. 生产成本管理与专项成本管理

(1) 含义

生产成本与专项成本核算、成本标准(定额)制定、成本计划、成本控制、成本预测、成本构成分析与差异分析。

(2) 不能有效控制成本的后果

不能有效控制成本可能会造成以下后果:

- 利润下降;
- 无法取得竞争优势。

例如,随着市场竞争日益激烈,降低成本成为保持竞争力的重要途径。但是,不能精细核算和有效控制成本,会出现越卖越亏的情况。

(3) 解决方案

① 成本核算可明细到工序。系统提供多种成本核算方法以及辅助费用和间接费用的分配原则,甚至可明细核算到工序成本,并且自动出具完工产品成本报告。

- 成本核算设置;
- 取数原则设置;
- 料工品分配率;
- 完工产品成本明细表。

② 自动完成成本标准监控报告。系统可以针对标准成本进行管理和实际执行的分析,出具成本控制报告。

- 成本标准设置;
- 单位产品费用耗量;
- 生成标准成本;
- 成本控制报告。

③ 提供成本构成和差异分析。

- 成本项目构成分析;
- 成本差异分析。

④ 自动预测订单、新产品成本。

- 成本预测;

● 预测产品成本。

⑤ 项目成本核算与预算控制。

● 项目单据处理；

● 项目数据一览；

● 项目预算；

● 项目预算控制。

（4）效果

实现产品生产成本和专项成本的精准核算；通过标准成本、成本计划管理，实现控制；实现多角度多方法的责任中心、产品成本分析；实现责任中心、订单和产品成本预测。

7. 资金调度与风险管理

（1）含义

掌控资金头寸、制订资金计划、预测资金、分析现金流量、监控贷款用途、及时调度资金、降低资金成本。

（2）资金调度不畅的后果

资金调度不畅可能会造成以下后果：

● 资金效益不高；

● 资金风险无法降低；

● 无法降低资金成本。

资金调度是企业财务管理的核心，但是财务往往无法准确预测资金收支情况，无法及时运作资金，满足需要。例如，怎么一个星期前还告诉我资金充裕，现在却要贷款。

（3）解决方案

① 银行账户余额自动查询汇总。

● 银行余额自动查询；

● 银行账户余额表。

② 自动完成资金流向分析。

● 资金流向分析。

③ 自动进行资金预测，支持资金筹划。系统提供从各业务系统提取有关资金收支内容，以及定义预测方法和范围的功能，并能计算出预测结果。

● 资金预测指标；

● 结算规则；

● 资金预测模板；

● 资金预测。

④ 推行资金支付计划与大额单据审批。

● 资金支付计划；

● 大额单据审批。

⑤ 对筹资成本进行分析。

● 股权筹资成本分析；

● 债权筹资成本分析。

⑥ 对投资项目进行收益分析。

● 股权投资收益分析。

（4）效果

降低资金风险，支持资金调度，提高资金利用效率。

8. 财务制度与风险管理

（1）含义

费用报销审批制度、业务处理规则，关键财务指标预警、业务单据真实合法性审核、内部财务审计。

（2）内部管理和风险管理失控的后果

内部管理和风险管理失控可能会造成以下后果：

● 内部控制不到位，引发巨大的潜在损失；

● 不能第一时间掌握异常情况并及时做出调整。

企业为了完善管理、防控经营漏洞，制定了许多规章制度，特别是财务制度，但是苦于执行，无法做到没有偏差，异常情况出现不能事先预知。例如，销售没有完成任务，为什么销售费用花了这么多？销售费用比例过高，不能报销？

（3）解决方案

① 自动控制财务处理。企业可以针对不同业务和内容设置多步骤的审批流程，并且可以对处理权限进行管理。

● 审批流程定义；

● 参数设置；

● 金额权限控制。

② 自动设置规则保证财务数据质量。企业可以对各类单据格式和内容进行标准化和自动化检测，以保证数据的全面、合理、准确。

● 单据填报规则；

● 单据打印规则。

③ 及时预警。系统覆盖各种业务和关键指标的预警监控，以及多种信息发送方法，保证第一时间发现问题。

● 预警内容设置；

● 预警信息计划；

● 预警信息发送；

● 资金支付计划预警。

④ 实现网上审计。

● 远程账簿查询；

● 明细记录查询；

● 特殊凭证。

（4）效果

实现关键业务的预警管理，支持内部审计，支持内部管理制度的贯彻。

9. 财务分析与协助决策

（1）含义

定期提供企业经营结果分析报告，项目可行性评估。

（2）财务报告不足以支持决策的后果

财务报告不足以支持决策可能会造成以下后果：

● 不易阅读理解；

● 分析不全面、不成体系。

例如，总经理要求分析报告不能只从企业自身出发，必须要结合市场、竞争对手和主管部门的衡量标准综合考虑。总经理和其他主管抱怨财务报告术语太多，文字太多，没有做到通俗易懂。

（3）解决方案

① 建立行业经营指标情报库。系统提供上市公司财务数据，行业标准的推算，以及多达七年的数据存储，帮助企业了解行业发展规律和目前状态。

● 行业标准推算。

② 建立竞争对手情报库。企业可以将竞争对手的经营数据录入系统进行分析评价，并且可以与自身能力进行对比。

● 竞争对手情报。

③ 建立自己的评价体系。除可以利用系统预置的财政部功效系数法、EVA 企业创值评价法之外，企业可以根据自身情况建立独有的评价体系。系统提供基本指标设置、评议指标设置、专家财务评估自定义分析模板功能，并且可以提供图文并茂的分析报告。

● 因素分析；

● 结构分析；

● 专家财务评估自动化分析。

（4）效果

兼顾内外的全面财务分析；图文并茂的财务分析报告，便于阅读理解；科学的分析方法和结果，支持企业正确决策。

1.7 人力资源主管角色体验

1. 人力资源管理的基础体系

（1）含义

通过岗位、职务和编制管理，建立企业人力资源管理的基础体系。

(2) 人力资源基础体系不完整的后果

人力资源基础体系不完整可能会造成以下后果：

- 岗位体系混乱；
- 职位层次不清晰；
- 交叉点的工作无法落实。

例如，在综合考评各部门主管的任职与绩效时，发现部门经理和所属员工的任职资格、岗位目标不能很好地相互支持，而且部门之间的责任目标相互冲突，但是各主管对交叉和空白之处又没有进行准确的反映。

(3) 解决方案

① 标准的岗位管理。对岗位目标、责任、职业发展等进行综合规范的管理，明确了员工的工作职责，有助于提升其业务技能。

② 规范的职位管理。对职务的责权进行了明确的规定和统一的管理，形成了企业统一的职务体系。

③ 准确、统一的编制管理，实现了部门工作职责和人员规模的有效匹配及组织的有序发展。

(4) 效果

通过岗位、职务和编制以及部门组织的管理，有效地建立了企业人力资源管理的体系，对于竞岗、考核、招聘、培训和员工发展提供了规范的参照系。

2. 人事日常事务与合同管理

(1) 含义

标准化的人事档案、人事合同管理以及便捷的人事变动管理，提高了人事事务处理的准确性和效率。

(2) 不及时处理人事合同的后果

不及时处理人事合同可能会带来以下后果：

- 人事信息不统一；
- 人事合同管理不准确；
- 员工工作变动反映不准确。

例如，员工的劳动合同到期了，但是没有及时办理续签，致使优秀员工流失，严重影响了部门和公司的业绩。

(3) 解决方案

① 完整的员工档案信息管理。关于员工基本状况、工作履历、岗位现状等静态和动态信息的及时反映，能够更快速、更准确地了解和分析一个具体员工的职业综合情况。

② 全面的员工入职及岗位变动管理。准确记录入职、岗位变动的各种综合信息，对员工在本企业的职业周期做统一的管理。

③ 准确高效的人事合同管理。对合同的初签、变更、续签、终止等进行完整、准确的记录和管理，及时反映合同的动态状况。

（4）效果

通过员工档案信息、入职、岗位变动等完整、准确、统一的管理，可以快速地了解每一个员工的情况，实现全企业周期管理；通过人事合同的统一管理，可以提高办事效率，降低重复工作的时间和人员浪费。

3. 考勤与休假管理

（1）含义

灵活的考勤规则管理与多样化的排班管理，准确的出差、加班、休假管理，全面准确地提供员工的考勤信息。

（2）不能及时处理考勤与休假的后果

不能及时处理考勤与休假可能会造成以下后果：

- 考勤结果不准确；
- 加班积极性受到打击；
- 休假、出差的考勤经常被修改、纠正。

例如，员工经常出差加班，可是却没有得到准确的考勤结果和及时的加班补助、调休，员工对考勤的意义很是怀疑。

（3）解决方案

① 灵活的考勤规则管理。对于不同类型、不同员工的考勤可以进行灵活、快捷的管理，以降低对考勤各种复杂情况管理的难度，提高管理效率。

② 准确的排班管理。可以进行自动排班、手动排班、批量排班、轮转排班和调班管理，支持对考勤机数据的补刷和导入处理，以得到准确的考勤统计结果。

③ 正确统计考勤记录。对于出差、加班、休假的员工考勤统计结果，也能够进行准确的反映，以免影响员工的直接利益。

（4）效果

通过灵活的考勤规则、班次、考勤期间的设置，可以实现自动、手动、批量、轮转等多种排班管理，并能够将考勤机的数据及时反映到考勤统计结果中。对于出差、加班、休假等情况，可以进行准确的考勤记录。通过对考勤准确、灵活的管理，可以直接提高员工对人力资源工作的满意度。

4. 薪资管理

（1）含义

支持薪资标准管理、薪资项目定义、计件工资快速计算和多种发放方式及分摊，实现了薪资管理的公正、标准、快捷。

（2）薪资管理不完整的后果

薪资管理不完整可能会造成以下后果：

- 缺乏薪资计算标准；
- 无法及时发放和通知员工；
- 薪资计算效率低、容易出错。

例如,企业在计算、发放员工薪资时,计件工资的计算经常引起员工的争议:每当发工资时,总是会耗费几天的时间来核算工资。至于是否能够及时发放,员工也不清楚。

(3) 解决方案

① 制定相应岗位的薪资标准。针对不同的人员类别、岗位提供可以参考的企业内统一的薪资管理标准,及时进行薪资调整的统一管理,提高处理薪资定级问题的公正性。

② 进行薪资项目的自定义。对于薪资的加项和减项进行自定义处理,包括计件工资的标准也可以进行自定义。

③ 快速计算薪资结果。对分钱清单,税务申报,薪资分摊、发放等相关业务都可以完整处理。

(4) 效果

可以对部门、员工、月份等进行横向和纵向的对比分析,并提供各种报表。

5. 保险福利管理

(1) 含义

完整的保险福利档案管理,各种缴交比例的精确管理和计算及分摊,实现了准确、及时、完整的保险福利管理。

(2) 保险福利计算不准确的后果

保险福利计算不准确可能会造成以下后果:

- 保险福利计算重复劳动多;
- 员工的保险福利不能实现及时、准确、统一的管理,经常做补修工作。

例如,每月的福利保险缴交,都需要重复计算,不仅影响了结果的准确性,而且消耗了大量的人力,主管经理对此意见很大。

(3) 解决方案

① 完整的保险福利管理的信息基础。系统通过保险福利类型、业务和分摊的完整设置,建立了保险福利管理的信息基础。

② 完整的保险福利业务管理。系统可以全面管理保险福利档案的开户、销户、修改、转出等业务,并对每一次的保险福利缴交比例进行计算审核。

③ 综合反映保险福利的缴交结果。系统可以对养老保险、医疗保险、失业保险、工伤保险、住房公积金等所有类型的保险福利的缴交结果进行综合的计算核实,还可以将保险福利的缴交结果直接生成财务凭证。

(4) 效果

通过保险福利类型、业务的完整设置,建立了保险福利档案管理的信息基础;通过开户、销户、转出等业务处理,实现了对保险福利业务全面、准确、快速的处理,不仅降低了保险福利业务处理和重复计算的难度,而且提高了工作效率。

6. 招聘管理

(1) 含义

基于岗位描述,形成统一的招聘需求管理,并结合管理计划快速、低成本地完成招聘工作，形成企业人才库。

（2）没有进行统一招聘管理的后果

没有进行统一招聘管理可能会造成以下后果：

- 真正紧缺的岗位没有招到合适的员工；
- 企业内部没有后备人才库建设。

例如，企业每年都要招聘大量的员工，可是各部门主管对新员工的反映褒贬不一。其他部门好像对人力资源部做的工作并不领情。

（3）解决方案

① 统一管理岗位需求信息。参照岗位描述，对于欲招聘的人数、时间、职责、目标等进行统一的管理，以岗位需求为基础满足各部门的需求。

② 统一管理招聘渠道、计划。可以管理各种招聘渠道，对招聘计划和活动进行时间、成本等的统一管理。

③ 及时处理应聘信息。对应聘信息进行分类处理，并及时丰富人才库，为企业建立坚实的后备人才基础。

（4）效果

以岗位描述为参考，在人员招聘上标准统一，满足了各部门的切实需求；通过招聘渠道、计划的统一管理，实现了招聘工作的快速、低成本；通过应聘信息的分类处理，提高了应聘工作效率，并可以及时丰富人才库，为企业建立了坚实的后备人才基础。

7. 培训管理

（1）含义

统一培训的需求与资源管理，及时评估培训效果，形成员工参训的历史档案。

（2）缺乏培训管理的后果

缺乏培训管理可能会造成以下后果：

- 无法统一组织培训；
- 员工的培训无法准确地跟踪及管理。

例如，企业的业务蒸蒸日上，对于新的业务需要及时进行培训，同时员工的技能也要及时跟上，否则将直接影响企业各项业务的顺利进行。

（3）解决方案

① 统一的培训资源管理。对于培训机构、教师、课程、资料、设施等培训资源可以统一管理和协调。

② 统一的培训需求管理。可以统一管理各部门的培训需求，包括时间、课程等，以便于组织培训。

③ 统一的培训计划和活动管理。制订培训计划，并管理每一项培训活动。

④ 及时评估培训效果。对培训课程、教师、效果等进行评估记录，并对每一个参训员工建立培训档案。

(4) 效果

实现了培训资源、需求、计划和活动的统一管理,及时评估培训效果,并建立起了参训员工的培训档案,为培训的统一协调和持续培训的组织提供了可靠的基础。

8. 经理自助

(1) 含义

通过日常查询实现对关键业务信息的掌握,还可以迅速生成各种报表,提供更加详尽的资源状况信息。

(2) 缺乏经理查询的后果

缺乏经理查询可能会造成以下后果:

- 无法及时掌控人力资源的关键信息;
- 业务发展很难得到人力资源的支持。

人力资源对企业的发展战略具有直接的支持作用,高级经理经常需要参考人力资源的有关信息,来对企业的发展战略和节奏做出适当的调整,并从中发现企业增长的潜力。

(3) 解决方案

① 快速查询所需的关键信息。系统预置的常用查询可以从部门、岗位、员工等多个角度快速找到所需的关键信息。

② 快速生成和输出各类报表。系统可以提供人事、薪资、福利、培训、招聘等各项业务的固定报表和动态分析报表,并可以对报表进行自定义。

(4) 效果

可以及时查询、分析人力资源的关键信息,根据业务需要生成各种报表,并为企业人力资源工作的规划和发展战略提供有力的支持。

1.8 行政主管角色体验

1. 办公物品、车辆管理

(1) 含义

规范管理办公物品及设备,合理安排车辆,充分调度,利用企业现有的资源。

(2) 企业资源管理混乱的后果

企业资源管理混乱可能会造成以下后果:

- 资源闲置浪费;
- 企业运营成本过高。

例如,在企业的运营预算会上,因为不能及时、准确地提供企业内部现有的资源使用状况,行政主管提出的增加行政费用提议遭到了董事会成员们的一致否决,并被要求严格控制办公成本。

(3) 解决方案

① 物品管理。物品管理员通过对现有物品资源进行登记,对审批后的物品申请单进行调度,并维护物品使用的相关信息,如指定负责人等。

② 设备管理。设备主管制定新的规章制度并向所有员工发布，设备管理员登记所有现有的设备资源，并根据审批后的设备申请单进行调度，维护当前设备的使用状态。

③ 车辆管理。车辆管理员登记并发布相关用车制度，对已预订的用车申请进行审批调度，根据记录信息查询车辆使用情况，并对车辆维护进行专门的登记和审计。

（4）效果

通过物品管理、设备管理和车辆管理，企业各种资源的调动、使用登记实现了透明化和严格控制，便于资源的高效利用；降低了企业固定资产的开支，节约了办公成本。

2. 知识档案管理

（1）含义

对知识进行收集、共享和利用，将知识转化为有形的资源，快速培养企业人才。

（2）知识、人才流失的后果

知识、人才流失的后果是降低企业的核心竞争力。

例如，某行政主管在与企业关键岗位人才沟通交流的过程中，发现部分员工有跳槽意向，而他们所掌握的知识、文档恰恰是企业竞争的核心所在。因为没有完善的知识、文档管理平台，行政主管只能一味地通过加薪、加职来试图挽留他们。

（3）解决方案

① 对知识中心进行系统设置。管理员按照不同的知识分类和管理流程，进行知识中心系统设置。

② 对知识进行收集、共享和利用。员工依据各自的权限查找知识文件进行阅读和学习，并上传、公开知识文件。

③ 利用知识库进行教育培训。员工随时上线进行网上选课、上课、复习和考试。

④ 档案管理。对档案依照保密级别和查阅权限进行分库管理，记录和维护档案的具体操作过程。

⑤ 合同管理。对合同依照保密级别和查阅权限进行分库管理，记录和维护合同的具体操作过程。

⑥ 企业黄页。方便快捷地查询各相关企业、客户的基础信息。

（4）效果

企业对知识进行收集、共享和利用，实现了从隐性知识到理性知识的螺旋式不断转换；随着知识的不断积累，管理制度逐步改进，促使企业的管理水平不断提升，提高了企业的决策能力。

3. 文件流程管理

（1）含义

对企业的各种文件流程及规定进行制定、执行、监控、分析和应用。

（2）业务流程不明确的后果

业务流程不明确可能会造成以下后果：

● 部门相互推诿影响效率；

● 无法及时应对业务的变化。

例如，新的采购审批制度刚出台不久，却饱受各部门执行者的争议，因为流程烦琐导致效率太低，某行政主管面临如何简化流程，推进规章制度顺利执行的难题。

(3) 解决方案

① 定制角色、表单。对企业业务流程中需要使用的特殊角色、表单进行定制。

② 定制流程及模板。对企业特殊的业务流程进行定制并形成相应的业务流程模板。

③ 依据流程执行企业规章制度。按照已设定的权限、角色对企业自定义的特殊业务流程进行处理。

(4) 效果

保障了企业的正常运行，规范了企业的管理制度，通过赋予员工统一的执行工具，加强了各部门团队间的沟通和协作，实现了企业规章制度的及时监控以及责任的具体落实，加大了企业内部运营的执行力度。

4. 日常办公管理

(1) 含义

管理频繁的日常行政办公事务，实现网络化无纸办公。

(2) 日常办公管理松散的后果

● 收发文不及时；

● 会议资源无法有效利用；

● 延误商机导致业务的损失。

(3) 解决方案

① 收发文管理。接收、发送各种文件，并设置不同文件夹进行分类管理。

② 事件处理。分类发起支持请求申请，对待办的支持请求进行回复或转发。

③ 会议管理。配置会议资源，根据会议申请进行安排调度，并通知参会人员，在会议期间可进行会议记录。

④ 网络会议。建立网络会议室，依据各参与者的权限进行异地实时会议。

(4) 效果

企业重要文件的接收和发送得到了及时、有效的管理控制，事件的处理也能够在短时间内得到解决，各种会议无论何时何地都能够顺利安排和进行。

5. 个人事务管理

(1) 含义

详细安排、执行个人日程，方便快捷地处理个人事务，自动提醒待办工作。

(2) 个人事务无计划安排的后果

个人事务无计划安排可能会导致以下后果：

● 严重影响工作效率；

● 重要事务被疏忽，损失难以弥补。

例如，行政主管特意交代员工小张明天抽空去机场迎接一位重要客户，而小张最近又在负责很多新员工的面试工作，整天忙得晕头转向，错过了接待重要客户。

（3）解决方案

① 邮件管理。设置通讯录，收发邮件。

② 日程管理。制订日程计划，定时提醒日程计划里所安排的事件。

③ 个性化定制。进行个性化定置，订阅各类知识信息。

④ 待办工作。查看当前待办工作列表，直接快速地处理工作事务。

（4）效果

依靠个人事务管理平台，员工的执行能力得到了极大的提升，每天所有的事情都安排得井然有序，避免了人为因素对正常事务处理的影响，提高了工作效率。

6. 信息文化建设

（1）含义

构建企业内部的信息交流平台，及时收集员工意见，营造良好的文化氛围。

（2）缺乏信息交流的后果

缺乏信息交流可能会造成以下后果：

● 企业品牌形象受损；

● 员工无法缓解工作压力；

● 员工工作积极性、责任心下降。

例如，小道消息满天飞，员工在缺乏信息交流、沟通的环境下，人心涣散，这将直接影响企业的正常运营。员工的合理意见不能及时反馈到相关领导那里，将降低他们的积极性和责任感。

（3）解决方案

① 信息中心。及时发布、查阅企业的新闻、规章制度、通知和活动安排等相关信息。

② 部门主页。按人员所在部门查阅相关的通知、发文信息和知识库。

③ 网络调查。管理员设置网络调查内容和调查对象并发布，被调查者参与投票。

④ 内部论坛。在论坛里匿名进行自由讨论并发表个人观点。

（4）效果

员工的合理意见得到管理层的及时重视，企业内部的文化交流正常有序地进行，这种良好的环境氛围缓解了员工的工作压力，增强了每个人的自信心和责任感，为企业健康发展奠定了坚实的基础。

1.9 客户认知报告要点

客户认知报告要点见表 3-3。

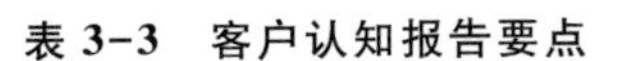

表 3-3 客户认知报告要点

项目	内容
财务管理方面	1.资金管理问题； 2.计划预算问题； 3.成本管理问题； 4.应收/应付款管理问题； ……
供应链管理方面	1.销售管理问题； 2.生产管理问题； 3.采购管理问题； 4.库存管理问题； ……
经营管理方面	1.生产效率管理问题； 2.业务流程管理问题； 3.信息共享及管理问题； ……
经营环境方面	1.客户企业情况； 2.供应商、产品、行业和市场趋势； 3.竞争环境； 4.主要竞争对手； 5.服务的市场； ……
企业建设方面	1.客户企业文化； 2.客户企业规模； 3.客户企业效益； 4.客户企业组织架构； 5.客户企业发展历史； 6.客户企业战略目标； 7.客户企业商业模式； 8.客户企业营销策略； ……

任务二 认知客户关键岗位

情境说明

岗位的权责利、目标，服务客户目标和个人赢利。

所有的岗位职责都必须服从企业的发展目标。

学习目标

基于对岗位的认知，概述客户关键岗位的挑战与职责。

学习过程

具体见表 3-4。

表 3-4 学习过程

序号	学习步骤	时间(分钟)
1	阅读情境	2
2	小组讨论	15
3	课件学习	15
教师解析知识难点		15
4	在线提交“客户分析报告”	15
教师点评与总结		13
时间合计		75

2.1 要点点评

只有了解客户生产经营中存在的问题,才能在销售过程中找到销售的切入点,分析商机和客户的潜在需求;只有了解客户关键岗位的职责与挑战,才能找到对应的人,谈正确的事,了解真实的需求,探讨解决方案,实现销售目标。

- 财务管理面临的问题;
- 供应链管理面临的问题;
- 经营管理面临的问题;
- 关键岗位:总经理、销售、生产、采购、财务、企管、信息。

2.2 客户分析报告要点

客户分析报告要点见表 3-5。

表 3-5 客户分析报告要点

项目	内容
制造业企业经营管理的难点	1. 产能问题; 2. 产品线问题; 3. 交货期问题; 4. 库存问题; 5. 资金周转率问题; 6. 采购周期问题; 7. 供应商管理问题; 8. 成本问题。
是什么原因导致的	1. 业务流程问题; 2. 管理问题; 3. 资金流、信息流、物流问题。
基于您的岗位,您将如何使之改善	1. 流程优化、管理改善、绩效考核; 2. 软件功能需求。

项目四　认知产品

认知产品

- 对产品的特征、作用、优势、价值、应用有全方位的了解；
- 不了解所销售的产品，是无法呈现产品的优点，无法完成销售任务的；
- 客户对费效比的要求。

在销售实践中的应用

- 客户采购是价值交换的过程，产品的价值是否与客户的需求相匹配；
- 只有充分、全面地掌握产品才能对客户未知、变化的需求做出响应并达成价值交换；
- 销售人员的弹药。

学习目标

具体见表 4-1。

表 4-1　学习目标

<table>
<tr><td rowspan="2">任务大类“认知产品”的学习目标</td><td colspan="2">典型任务</td><td rowspan="2">时间(分钟)</td></tr>
<tr><td>任务号</td><td>任务名称</td></tr>
<tr><td rowspan="2">认识学习产品知识对销售人员的重要性，阐述公司产品能够解决客户哪些问题。</td><td>一</td><td>认知产品——财务管理系统</td><td rowspan="2">125</td></tr>
<tr><td>二</td><td>认知产品——供应链管理系统</td></tr>
<tr><td>情境编号</td><td colspan="2">情境任务</td><td>时间(分钟)</td></tr>
<tr><td>1</td><td colspan="2">认知产品——财务管理系统</td><td>60</td></tr>
<tr><td>2</td><td colspan="2">认知产品——供应链管理系统</td><td>65</td></tr>
<tr><td>知识点</td><td colspan="3">1.认知产品——财务管理系统；2.认知产品——供应链管理系统。</td></tr>
</table>

任务一　认知产品——财务管理系统

情境说明

财务管理系统是企业信息化管理最基本的需求，能够满足财务人员对账务处理、资金管理、往来款管理、成本核算及预算管理的需求，形成财务报表及分析报告，同时实现业务预警、经营风险控制。

学习目标

应用对财务管理系统功能的认知，概述其能够为企业解决哪些问题。

学习过程

具体见表 4-2。

表 4-2 学习过程

序号	学习步骤	时间（分钟）
1	阅读情境	2
2	小组讨论	15
3	课件学习	10
教师解析知识难点		10
4	完成练习“财务系统方案概述”	15
教师点评与总结		8
时间合计		60

1.1 U8+总体营销

1. U8+的产品定位

U8+定位于全球第一的中型企业应用管理与电子商务平台。

2. U8+目前的用户数量

目前，U8+拥有超过 60 万的用户数，已经成为全球第一的中型企业应用管理与电子商务平台。

3. U8+的目标客户

目标行业：离散制造业、流程制造业、商品流通业、物流与 IT 服务业、其他行业。

目标部门：生产、供应、销售、人力、财务等部门。

目标角色：董事长、首席执行官、首席信息官、首席财务官、人力资源总监、首席产品官、首席运营官……

4. U8+的产品理念

U8+的产品理念是精细管理、敏捷经营，U8+以企业信息化管理解决方案为核心，用先进的技术支持成长型企业的创新管理模式，为成长型企业构建基于互联网及移动应用框架上的集精细管理、敏捷经营、社交化运营于一体的企业应用管理与电子商务平台，助力企业应势而变，赢得未来。

5. U8+的发展历程

U8+历经 16 年的发展，以 U8 财务业务一体化、U8 ERP、U8 ALL-in-One、U8+的形象

伴随我国经济的高速发展一路走来,见证了成长型企业信息化从 7 个应用模块到 126 个产品及行业应用、从简单管理到粗放管理到精细管理、从部门级应用到企业级应用、从局部到集成到全面到软件及云应用、从少数人应用到全员应用、从中国走向亚太走向世界的发展历程。

6. U8+突出的竞争优势

U8+是 600 000 家成长型企业、5 000 家极具创新力企业的共同选择。U8+突出的竞争优势表现在:率先实现了从 ERP 到企业“管理软件+云服务”的跨越,企业无论处于哪一发展阶段,都可以“全面应用,按需部署,快速见效”,为企业带来了最佳的投资回报。

7. U8+带给企业的价值

U8+为成长型企业的经营模式创新提供了有力的支持,创造了企业价值。

- 最佳的生意平台:为成长型企业提供全面信息化解决方案,是企业集营销、服务、设计制造、供应、人力、办公、财务于一体的生意平台,线上线下并举。
- 精准的营销平台:以客户为中心的营销服务管理,注重维系客户关系,实现了 360 度的客户信息整合及服务管理平台化,精细化的销售行为及过程管理,快速拓展了营销手段,精准把握客户需求,创造客户价值,提高了客户服务水平。
- 企业上下游产业链协同经营的平台:产业链协同、设计制造协同、供应商协同、客户协同等解决方案,助力企业全面实现精细管理、产业链协同。

8. U8+带给客户的价值

U8+为客户提供了全新的应用体验和便捷的服务支持。

- 应用更舒适:全新的交互体验、人性化的界面交互、贴心的业务导航、实时的业务协同,让用户操作更简洁、沟通更便捷。
- 沟通更高效:企业的业务操作和办公除要求即时性、方便性外,还要求业务性、私密性、个性化以及与信息化系统的融合性,为此,U8+提供了一套满足上述所有特性的即时通信工具(UTU)。
- 服务更及时:全面开放的服务体系,更丰富、更专业的服务产品,自助式的导航,开放的开发者社区,提高了信息技术的运营效率,持续创造商业价值。
- 决策更智慧:U8+商业分析解决方案既能为使用者降低工作量,又能为管理者提供科学、准确的辅助决策信息,从而提高经营决策效率,规避经营决策风险。

9. U8+带给产业链的价值

U8+为促进产业链实现共赢,营造了更加和谐的产业链生态圈。

- 平台更先进:UAP 充分利用了全球先进的开发技术和思想,并针对成长型企业的各种业务应用及管理进行了抽象分析,在满足标准应用的同时,以行业插件的方式解决了不同行业企业的特殊需求。
- 开发更简单:开发者提供了丰富的开发文档和强大的开发工具,并提供了专业的开发支持,开发者可以快速、灵活、高效地进行扩展开发;同时在云端搭建了一个跨地域的开发者协同平台,在实现项目开发成果商业价值最大化的同时让开发更简单。

● 交付更快捷:实施导航是一个管理系统实施辅助工具,引导实施顾问进行实施和系统配置。基于实施导航工具的 ERP 实施系统,能够保证 ERP 系统按标准应用模式快速导入、快速上线、快捷交付。

● 厂商支持更省心:U8+厂商支持服务通过提供全方位、多角度的服务产品,帮助产业伙伴和客户解决关键业务问题,优化系统及应用流程,从而降低企业的运营成本,提高效益,让伙伴省心,让客户放心。

10. U8+的产品关键特性

U8+采取 All-in-One 产品战略,不但自身可以在不同的竞争环境下集成应用,而且可以适用不同的制造、商务及运营模式。U8+集成了 PDM、OA、BA、分销、零售应用,能够为企业在技术创新、商务创新、渠道创新方面提供所需要的应用支持。

11. 数据驱动背景下,U8+为企业提供典型领域应用方案

U8+将成长型企业的经营智慧及全球先进的管理思想和技术内化于产品方案,通过数据驱动实现深度价值创造。

● 数据驱动的营销与服务:数据驱动可以让企业掌握营销推进和服务改善的主动权,因地制宜地制定符合自身的营销策略;可以在加快营销进程的同时,让营销管理更上一层楼;可以通过数据的推送来提升用户体验,促进落单。

● 数据驱动的集成化电子商务:基于前台电商经营平台和 U8+后台业务处理平台的无缝整合,协助企业将传统的经营边界延伸至互联网,帮助企业实现电商订单的全生命周期管控。

● 数据驱动的设计与制造:数据驱动的设计与制造的核心思想是利用关键数据来推进流程、改善管理。生产过程中获取的数据不仅反映了生产过程的实时动态,更重要的是将隐藏的流程缺陷和变化规律显现出来。这些信息可以为管理改进提供科学的依据,使生产管理具备前瞻性。

● 数据驱动的敏捷供应链:其核心思想是利用关键数据来制定并实施企业的供应战略规划,设计并建立企业的采购、质检、物流供应系统,制定并完善切实可行的采购、仓储、配送等管理工作流程,实施监控和管理。

● 数据驱动的精细化管控:从市场预测着手,对企业的全盘经营进行模拟,并将模拟结果落实于预算管理体系中,在基于市场变化以及全面预算对企业的运行轨迹进行有效管理的同时,在日常运营中动态识别风险并及时控制,使成长型企业具备持久的生命力。

● 数据驱动的商业分析与决策:数据驱动的商业分析可以帮助决策者有效地关注经营数据,合理地分配客户业绩,科学地分析成本与利润的变化,依靠数字分析结果辅助决策。

● 数据驱动的信息服务与管理:以先进技术为工具和手段,辅助企业的信息化建设部门从传统的服务型向管理型和营销支援型转变,通过技术重塑管理,优化产品结构和经营模式,快速适应外部经营环境,提升企业的竞争力。

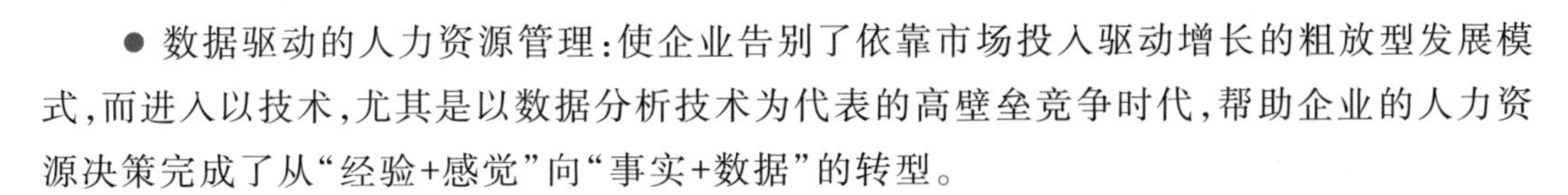

● 数据驱动的人力资源管理:使企业告别了依靠市场投入驱动增长的粗放型发展模式,而进入以技术,尤其是以数据分析技术为代表的高壁垒竞争时代,帮助企业的人力资源决策完成了从“经验+感觉”向“事实+数据”的转型。

12. U8+支持的重点行业

U8+行业解决方案及产品融合了用友与合作伙伴在众多行业的信息化实践,蕴涵了丰富的先进管理模式,充分体现了各行业最佳的业务实践,伴随着企业的不断成长,随需扩展应用,从而帮助企业重塑核心能力(见表4-3)。

表4-3 U8+支持的重点行业

126个 应用单元	10大行业 解决方案	220余个细分行业 应用方案
包括供应链管理、生产制造、财务管理、企业协同、产品生命周期管理、客户关系管理、人力资源管理、成本管理、资金管理、商业分析、移动应用等	包括机械、电子、交通运输、服装、化工、医药、食品、流通、物流、服务共十大行业管理解决方案	用友与合作伙伴及客户的深入合作,提供包括烘焙、机床、涂料、电动车、光伏、水泥、乳制品、陶瓷、元器件、风能、家纺等220余个细分行业的管理解决方案

13. U8+支持的应用平台

U8+支持企业实现商业软件的多端(个人电脑、手机、平板等多种设备)及多系统(Windows、iOS、Android等主流系统)应用部署,实现跨屏应用。U8+结合多种业务协作场景与业务处理流程,发挥移动设备的便携特性及互联网的广域优势,全面提升企业对最前端客户的消费行为、销售经理及团队的营销行为和营销通路的商业数据的采集效率以及关键营销业务的审批与处理效率,帮助管理者敏锐地洞察商业变化。它将对企业提升整体市场竞争力、提升市场响应速度、洞察市场变化有巨大的帮助。

14. U8+在软硬一体化应用方面提供了解决方案

U8+提出了全面条码化管理理念,所有业务对象、业务单据以及主体业务流程条码全过程贯穿,通过条码让物流管理更精准;车间数据实时采集,实现快速报工,让车间管理过程更透明;磅房无人值守方案大幅度提升过磅效率,堵住人口漏洞,减少企业损失。

15. U8+提供了全新的应用交互体验

U8+创造了全新的应用交互体验。UTU是U8+推出的商务级实时通信平台,作为管理软件的一部分,借助它可以实现企业内部人员针对业务、报表的实时沟通、交流,可以支持单人会话、多人会话、文件传输、群组协作、截屏插图等消息及工作任务。U8+办公协同支持实时消息审批和报表查询,方便决策者高效决策。

16. U8+成本与费用管控

今天企业对成本和费用的管理与控制已提上日程,在转型升级的竞赛中,我国成长型企业要想取得优势,就必须在成本和费用管控上精打细算。为此,U8+新增了多项用于成本与费用管控的应用模型。

● 成本分步分项结转：U8+新增了支持成本分步分项结转方法，它是 U8+成本管理功能的巨大飞跃。该功能操作简单，依据 ERP 系统中记录的物料领用和投料等数据，自动计算完成成本分项核算表。通过成本分项核算表，可以详细、直观地展现各生产步骤材料、人工、制造费用的原始构成。有了该功能后，企业将不必进行成本还原，这极大地改善了成本分步综合结转方法不能以原始成本要素为对象进行结转的局限性，为成本分析和成本决策提供了翔实的依据。

● 预算控制体系：U8+推出了全面的预算控制体系，新增了预算占用应用，即责任人为增强管理弹性，会留出一部分预算，在责任期后期或者出现特殊资源需求时使用预留预算，可以为预算管理留出弹性和缓冲空间，从而保证有限的资金用在刀刃上。

● 费用管理平台：U8+为客户提供了事前计划、事中控制、事后分析的完整费用管理平台，能够根据客户预算管理的需求，在费用发生的当时进行实时费用监控，使企业资金有序使用，业务部门可以随时查询本岗位的可用资金，严格费用控制。

● 例外业务提醒：U8+提供了及时的例外业务管理，按照企业管理要求进行严格审批，它可以智能分配业务分支主管的审批及金额超限时的特殊审批，多维度覆盖控制。同时，U8+结合企业预算管理的特点，提供了多种预警模式：预算紧张时自动提醒，预警范围附件进行专人审批，刚性管理时不允许超标，可以按照企业需要灵活选择。

17. U8+在企业的 CIO 对产品问题的响应速度方面提供快捷的云服务管理

U8+为了快速响应企业所提出的服务请求，基于用友云平台（PaaS）和 iSD 绿色服务桌面客户端平台为企业提供了“云+端”的服务支持平台。当企业遇到产品问题时，可以直接进入云服务平台，通过服务端发出问题，服务专家会在线即时响应企业的问题，并快速给出解决方案。

● 服务内容随时体验：U8+提供丰富的服务内容，用户注册以后就可以体验内容化、碎片化的服务。

● 自助式的知识库：U8+提供对常见问题快速定位检索、对报错原因快速诊断的功能，让客户享受真正贴心的服务。

● 企业空间实时共享：U8+提供强大的“云+端”的服务支持平台，通过服务实现企业与用友之间、企业与客商之间、企业与员工之间、员工与员工之间的互动。

● 产品课程在线学习：U8+提供丰富的 U8+产品学习课程，企业可以根据需要自助选择在线学习产品，通过碎片化的学习，快速提升产品的应用能力。

1.2 “U8+总经理”营销

作为企业的掌舵人，总经理关注的主要问题有如下七个方面，U8+都给出了相应的解决方案。

1. 当总经理在商务途中，在海边度假时……如何能够实时了解企业的销售、应收款、费用开支、资金存量等情况

U8+移动管理将企业的经营与运作从固定电脑移动到了移动终端。总经理可以通过

移动终端随时了解企业的各类经营信息,处理业务审批,轻松掌控经营动态,让管理无处不在。

● 掌管流程——业务单据实时审批:U8+移动终端可以让总经理实现移动单据审批,确保外出时企业各项业务正常运转。

● 掌控千里——移动管理实时监控:通过 U8+移动应用将管理从电脑延伸至手机,帮助总经理在异地实时监控企业运营、实时获取重要信息和实时审批重要业务,运用时尚的管理方式,把握先机,决胜千里。

● 支持多种移动终端应用:总经理可以通过手机、iPad 等终端设备,手动创建流程图,一拖一放,轻松协同,并且可以通过语音协同指导业务。

2. 为什么有些重要的问题,总是在事情发生后总经理才知道,如何提前知道企业的重大经营问题?

U8+商业分析为企业提供了全方位的指标预警体系、预警来源、预警方式等应用,可以为企业提供实时的业务监控与异常预警,帮助企业及时预知例外业务状况,使得企业提前做好处理对策,及时化解经营风险。

● 统一的预警管理平台:通过直观地监控仪表盘、红绿灯、趋势信号等形式,在 portal 页面,对关键绩效指标、关键报表数据的异常情况进行全方位的监控。

● 全面的监控指标管理:企业可以针对不同的业务,设置不同的监控指标,为后期关键经营数据的分析提供体系化的经营监控与预警。

● 移动掌控经营状况:结合现代通信技术,利用移动终端,让总经理随时随地掌控企业的经营状况,及时了解企业经营中的重大与例外事件、异常问题,从而有更多的时间思考、谋划企业战略。

3. 如何在召开业务会议时,快速得到想要的各类经营数据?

U8+商业分析提供了一系列经营分析主题,涵盖了总经理想要的各类经营数据分析:财务能力分析、供应链分析、生产制造分析、成本(预算)分析、分销(零售)分析、人力资源分析,无论何时何地都能够得到总经理想要的数据。

● 财务能力分析:通过对财务能力状况的分析设计,总经理可直观地通过图、表形式,及时地掌握企业经营中的短板;通过与行业关键指标的横向对比分析,及时地发现企业经营中存在的问题。

● 预算执行差异分析:将企业的财务经营数据与预算结合起来,可实时地帮助总经理真实地掌握实际与计划目标的差距,通过预算差异分析、预警,有效地指导企业的财务控制与目标达成。

● 销售业务多维度分析:通过对销售合同、订单、地区、组织、客户、产品、业务人员等不同角度进行分析,可以帮助总经理全面地剖析销售业务,从而发掘最有价值的客户,实现精准营销。

4. 经常有重大项目需要总经理决策，如何才能做到有依据的科学决策？

U8+商业分析针对企业全部的业务数据进行深度挖掘，通过专业分析体系与领先业务模式进行充分分析，按照不同的管理要求快速组织有效数据进行相关分析，为总经理的科学决策提供可靠、有效的依据。

● 涵盖各项业务的监控与分析：通过各项业务的经营分析，总经理可以实时监控企业的财务、资金、成本、预算、采购、销售、库存、生产、人力资源等各项业务的状况，通过全面的信息更好地做出正确的决策。

● 经营模拟实现对未来经营的预测：采用各种数理统计方法，通过对企业利润、成本、费用、价格、销售数量等关键因素的综合分析，以数据模拟的方式，直观地以图、表方式预测企业未来的经营状况。

● 决策模型辅助管理者决策：预置的管理决策模型，可以科学地指导企业的新产品开发、预算目标制定，为企业的利润价值分析、成本费用控制等提供指导方向。

5. 每到月末、季度末、年终时，员工总是抱怨考核不公平，如何才能让总经理实时掌控企业的绩效情况？

U8+商业分析将企业的战略意图落实到具体的业务执行当中，并通过结合预算管理，将绩效指标与业务执行控制相结合，为企业实现全面的绩效管理。

● 将企业的战略目标落实为经营绩效指标：运用平衡计分卡的管理思想，将企业的战略目标通过各项经营绩效指标落实到企业实际的业务执行当中，企业可实时掌握执行过程中的各业务状况，及时纠正影响战略目标的经营问题。

● 将企业的经营目标与企业预算紧密结合：通过对执行数据与预算数据差异的不断调整与修正，保障企业目标、部门目标与员工目标一致。

6. 董事会经营班子的压力很大，总经理如何能够及时地掌握企业销售业绩的全面情况？

总经理可以通过销售主题发掘销售业务中的真实问题与潜力，随时了解销售计划的执行情况，以及各个地区的销售是增长还是下降，哪些产品畅销或哪些产品滞销，重要客户的销售变化等。及时发现销售中的异常情况，为企业的销售决策提供有用的支撑。

7. 人才是企业最重要的资源，总经理如何能够及时地掌握企业的人力资源情况？

总经理可以通过全面评价员工的绩效，具体到评价每个员工对企业的贡献，进行员工的优胜劣汰，保持企业的先进性。通过人员编制分析、结构分析、离职分析、绩效分析，全面评价企业员工的状况，了解企业员工的性质，及时分析什么样的员工适合本企业，什么样的员工应该及时清理出本企业。

1.3 “U8+销售总监”营销

1. 销售总监在销售业务管理中面临的难题？

销售总监在销售业务管理中通常面临以下难题：

● 市场的需求响应速度，异地营销人员与总部之间，销售部门与生产、储运、财务等

部门之间,公司与下游客户之间的协同工作效率不高;

● 营销模式与管理流程都需要变革和创新,但阻力重重,需要很长的时间来规范和优化;

● 财务的对账工作量大,口径不一致,客户习惯性拖欠,对应收账款监控不严;

● 各区域市场、品种、客户或业务人员的营销业绩、活动策划预期目标等难以掌控。

2. U8+销售管理中的创新应用体现在哪里?

● 电子商务集成应用:基础管理、订单管理、物流管理、结算管理。

● CRM 集成应用:客户、商机管理,报价、订单管理,市场、竞争管理,服务、资源管理。

● 移动商务应用:实时通知、业务查询、移动审批。

● UTU 实时互动应用:业务单据互动讨论、业务单据实时审批、业务流转自动通知、即时通信与文件传递。

3. 如果企业设有电商平台,如何支持网上店铺与客户的对账处理?

电商订单处理中心提供三种收款数据采集方式:从支付宝下载、导入及手工录入。

4. U8+销售业务支持手机 iPad 等移动应用设备吗,对系统的要求是什么?

U8+移动应用支持终端安卓 2.2—2.3.6 及 ISO4.0—5.0 系统,U8+OAM 支持 iPad;U8+移动应用和 U8+产品分离部署。

5. U8+移动商务应用可以做什么?

支持下订单、订单列表查询、设置订单关注标志、存货查询(可用量及可销售量)、业务报表查询、审批流程及单据,显示 U8+预警信息,支持流程图拖放定义以及语音拍照上传及多点控触。

6. 作为销售总监我们时常与相关的业务部门进行沟通,U8+实时互动应用是如何为我们提供这方面的帮助的?

实时互动应用主要体现在 UTU、门户、手机、邮件。自动通知包括业务设置、触发设置、人员及消息内容设置;即时通知缺省业务客商信息、附件及主题内容设置。在 U8+ UTU 中可以直接实现业务单据的审批。

7. 我们的业务中经常会有这些业务需要对一张订单进行跟踪,U8+是怎么做的?

U8+支持跟踪销售订单的发货、开票、出库、收款、预收款的执行情况,支持根据发货数量、开票数量、出库数量超链接查询具体明细信息。

8. 针对不同的客户,同一产品存在不同的销售价格,U8+如何管理?

在销售过程中,对于不同级别的客户,同一种存货可能存在若干种价格,用户可以对此类存货定义不同级别的销售价格。价格设置、销售价格类型最多可以分为十级,用以定义显示名称,可以使用或不使用。

9. 现在市场上产品的价格变化频繁,我们对价格管理很头疼,U8+在应对销售开单取价时,是如何帮助我们的?

● 最新售价:系统自动取最近一次设置的单据上的报价,可修改。

● 最新成本加成：从存货档案带入最新成本、销售加成率，报价 = 存货最新成本×(1+销售加成率)，可修改；出库跟踪入库存货，取对应入库单的成本单价并加成。

● 价格政策：单据报价取价时按照价格政策的设置取报价、扣率、零售价，可修改。

10. U8+如何对最低售价进行控制，保护企业利益？

在保存销售订单、发货单、销售发票、委托代销发货单、委托代销结算单时，系统检查当前存货的实际销售价格是否低于最低售价，若低于最低售价，则需要输入口令。如果口令输入正确，方可确认操作，否则不可保存。

11. 我们在业务中会控制信用额度以降低风险，对于超信息额度的业务和订单，U8+是如何处理的？

需要在审批流程中设置进行信用审批，可以设置审批的分支、审批人等信息。设置完成后，该单据在超出信用时，会自动进入审批流程，并按审批流程中设置的分支分别提交给审批人，审批人根据实际情况确认信用是否审批通过。

12. 我们每年编制销售计划都会耗费很大的精力，U8+在系统中如何实现销售计划的基础设置？

系统预置三个销售计划编制方案，企业可选择对应销售计划编制的维度；新增销售计划编制方案时，选择单据模版保存后，系统会根据销售计划编制维度自动调整单据模版的显示项与必输项。

13. U8+可以跟踪销售计划的执行情况吗？

U8+期末可查询销售计划的执行情况，将实际销售情况与计划销售金额、计划回款金额等进行对比；可以按月或者按季查询各自然月或者各季度销售计划的执行情况；可以按订单、发货单或者发票金额分别查询销售计划的执行情况；通过切换视图，可以分别查询计划销售金额执行情况和计划回款金额执行情况；但只能查询已审核的销售计划。

14. 我们企业单据量很大，业务员录入工作量较大，系统支持对关联单据的引用吗？

U8+支持引用销售机会、报价单、销售预订单、进口订单、合同、预测订单生成销售订单。

15. 对于粮油、农业产业化等类型的生产企业，由于产品的价值较高，发货数量较大，企业如何规避风险？

企业对客户是否能够完成一个相对数量比较大、发货周期比较长的订单比较关注，所以会要求客户提交一定数量的订单执行定金，而该定金在最后的发货金额等于或小于定金数额时才会转化为货款。

16. 对于销售业务的定金管理 U8+是如何处理的？

只有普通的销售业务类型才会有定金管理，定金类型的收款单不参与信用额度计算，定金管理不支持先开票后发货流程。

17. U8+是如何实现销售发货的可用量控制的？

销售系统的可用量控制可以按仓库进行设置，在仓库档案中，可以设置某仓库是否允许超可用量出库，当设置为取销售系统选项时，则由可用量控制选项来决定是否允许超可用量出库。销售选项、批次存货和非批次存货超可用量需要分别设置。批次管理的存货，需要检查存货的批次可用量。出库跟踪入库存货不可超可用量发货。若设置不允许超可用量出库，则系统进行严格控制，按"仓库+存货+自由项+批号"进行控制；当超可用量时，发货单、销售发票、委托代销发货单、销售调拨单、零售日报不能保存。

1.4 "U8+财务总监"营销

1. U8+如何管好应收账款

● 多维度信用管理：U8+可以按客户、业务人员、部门等进行多维度信用管理，并在业务流程中设置不同的信用控制点，例如可设置订单、发货、收款、发票等环节。对同一张单据，可以在保存、审核环节进行信用检查。控制方法可以是预警、强制，也可以是例外审批，还可以是控制信用金额、信用期间，企业可根据具体情况自行决定。

● 实时掌握应收账款状况，及时分析并催收：U8+可以帮助企业及时掌握收款和应收情况，并且可以进行应收账款账龄分析、欠款分析、回款分析等，随时可以查询客户欠款的时间分布和金额累计情况，对于时间较久的欠款，销售部门可以据此采取积极的催款措施，例如发送对账催款单。

2. 单位银行存款账户很多，如何快速便捷地掌握银行资金？

● 采用U8+网银功能，可以实现银企直联，快速便捷地掌握银行资金。U8+网银（银企直联）是指将多个银行企业的网上银行系统全部与U8+系统集成，企业通过U8+提供的统一的网上银行界面，享受到各银行账户的信息查询、下载、支付等服务。财务总监可以在一个画面中实时掌握每个银行账户的资金流向和异动情况，实时查询账户余额、当日交易明细、历史交易明细等。

3. 小型集团企业有什么好方法管控外地机构的费用支出？

● 通过U8+预算管理：为每个分支机构设定费用支配额度，限定具体的费用项目，设定好控制规则，完善借款和报销等流程；预算执行数自动抽取，及时进行预算执行分析。

● 通过U8+网上报销管理：业务人员可以在网上填报报销单，各级主管在网上进行审批，这样一是可以及时报销，二是可以自动控制费用，三是可以网上支付，财务报销资金可直接与业务人员的银行卡关联。

● 通过U8+移动应用：可以将业务人员的还款预警发送至当事人手机，督促其尽快报账。

通过以上措施的执行，总部财务人员可以实时监控分支机构的费用支出明细，并大大减少出纳人员点数现钞和跑银行的工作量，及时回笼资金，降低备用金及日常现金的存量，降低资金风险。

4. U8+预算管理有哪些优势?

● 完善的预算管理体系:U8+预算管理帮助企业搭建从预算基础准备、编制、审批到执行控制以及执行数据抽取分析等涵盖预算管理的完整流程,企业可以灵活地设置完整的预算编制表、预算分析表、预算控制规则等内容。

● 多样的预算编制方案:U8+提供预算管理中的零基预算、滚动预算、弹性预算等不同的预算编制方法,能够有效地支撑项目预算、日常费用预算等业务特性的预算管理需求。

● 实时的预算费用管控与分析:方便企业从不同维度(客户、部门、项目等)、不同层次(集团、公司、部门等)进行实时的费用控制与分析。

5. 预算部门多,预算项目管理方法也不同,所以存在各式各样的预算表,U8+支持吗?

U8+支持多种预算表设计,能够满足千变万化的企业预算管理需求,总结归纳如下:

● 固定预算表:预算表各要素(预算项目、预算指标、预算口径、周期、年度)通过设计对应页签选择,再通过格式选项调整各要素在表中的位置,支持表头项、行纬度、列纬度的调整,该方法支持零基预算表、增量预算表的编制。

● 滚动预算表:在固定预算表的基础上,增加表头周期的滚动设置,目前,U8+实现了按月滚动、按月编制,按季滚动、按月编制,按季滚动、按季编制的模式,该方法支持滚动预算表的编制。

● 单据预算表:在固定预算表的基础上,增加表样显示为单据的表单,该方法支持个别如单项目预算表的编制。

● 自定义预算表:不同于以上各表的设计方法,通过在预置的画板上“批量填充”预算项目、预算指标、预算口径、周期、年度,实现了各个维度的自由组合搭配,灵活支持企业各种个性化的预算应用场景。

6. U8+成本管理对企业管理的影响

● 建立完善的成本管理体系:U8+全面成本管理可以让企业根据自身的成本管理需要,选择与管理需要匹配的成本管理方法,实现单品成本、订单成本、工序成本、分项成本等不同精细度的自动成本核算,帮助企业更准确地模拟报价、分析成本,快速响应市场变化,有效辅助经营决策。

● 实现全局、全员、全过程管控:U8+全面成本管理站在企业全局的高度,为企业提供了一个全员应用,覆盖企业全业务过程的成本核算与管控体系。

● 多维度成本决策与分析:U8+提供多维度的成本分析模型和报表,能够帮助企业及时掌握和分析执行过程中的成本差异,不断改善成本管理,提升企业效益。

7. U8+成本核算效率高

● 自动从库存系统、存货核算系统、生产系统、财务系统、固定资产系统、薪酬系统取数,实现各种成本费用的归集。

● 自动完成不同 BOM 层次的半成品、成品的成本卷积计算。
● 自动进行共用材料和公用费用的分配以及完工品和在产品的成本分配。
● 自动生成各种成本核算报表。

8. U8+成本核算的准确性是如何保证的?

● 业务系统数据的规范性保证。
● 按既定的规则,自动从业务系统进行成本数据归集。
● 按既定的规则,进行成本费用的分配。
● 成本计算之前的各种合法性检查和干预。
● 自动的成本卷积计算,完成详尽的成本分析报告。

9. U8+成本管理提供的成本预测方法

● 定量预测法:通过制定各成本中心的产品产量、费率、价格等预测方法,进行产品单位计划定额成本的预测。

● 趋势预测法:通过基于历史数据求移动平均值的方法,预测未来某期间产品的成本。

● 因果预测法:通过本量利分析模型、盈亏平衡分析模型,预测达到目标利润或实现盈亏平衡点时,未来某期间产品的成本。

10. U8+成本管理最大的亮点

U8+成本管理新增了成本分步分项结转方法。该方法可以与成本分步综合结转方法同时使用,可以代替以前的成本还原,克服了成本还原数据不准确的弊端,使企业成本管理站上了新的高度。企业可以借此进行更深入、准确、细致的成本利润分析和售前模拟报价分析等,快速响应市场,有效地辅助企业的经营管理决策。

11. U8+通过切实可行的措施,帮助企业降低生产成本

● 通过主生产计划,实现产品生产计划的均衡,防止过量生产、提前生产、停工待料等造成的浪费,降低库存资金占用。

● 通过事前、事中、事后的全面质量管理,及时发现原料、生产过程中的质量问题,以降低废品率以及由质量原因造成的浪费。

● 通过缺料分析、库存展望、安全库存管理等,提高物料供应的保障能力,防止停工待料或提前大量购买造成的损失。

● 通过物料的保质期管理、批次管理、序列号管理、条码管理、BOM 版本管理,以及按单领料、补料申请等措施,提高物料的保管质量、物料投放的准确性,以及捡货、发货的效率,从而减少失误,降低成本。

● 通过设备管理,实现对设备运行、保养、维修、维护和检定等的有效管理,从而减少意外停车、事故、损坏等情况发生,延长设备的使用寿命,提高设备的开工率和完好率,降低设备成本。

● 通过计件工资核算,提高按件计酬工种的员工绩效,降低员工成本。

● 通过预算管理，控制各生产部门的制造费用支出和资金支出，降低费用成本。

12. U8+资金管理为企业带来的好处

● 严格管控资金支付：U8+通过预算管理、网上报销、信用管理、付款申请等应用，可支撑企业完善的审批流程，严格控制预算执行，强化付款监控，保障企业资金安全。

● 清晰掌握资金流向：U8+通过资金预测等管理，可以对未来经营期间的资金回收和支付进行实时分析，合理调整资金计划；及时弥补资金缺口，合理安排资金盈余，避免资金闲置。

● 有效防范资金风险：U8+提供大量的预警，如应收账款预警、超预算预警、定期预警等，进行资金风险防范。

13. U8+进行内控与风险管理

● U8+适应企业加强内控与风险管理的需要，支持动态密码和 PKI/CA 认证。

● 拥有统一的授权模型，支持功能授权、数据授权、金额授权等，提供记录级和字段级的控制。

● 支持不相容权责规则，规范用户的授权行为。

● 支持详细的日志记录，实现操作的可追溯。

● 内置系统管理员、安全管理员和普通操作员三种不同的类型，实现信息系统的管理权、监督权和使用权相分离。

● 在业务执行过程中，设置了信用、价格、额度等众多控制点，覆盖业务处理全过程。

● 通过查询统计、分析报表、预算管理、商业分析等工具随时监控企业的经营执行情况，发现管理漏洞，及时采取管理措施。

1.5 财务系统方案概述

财务系统方案概述见表 4-4。

表 4-4 财务系统方案概述

主要解决的问题	
功能模块	

任务二 认知产品——供应链管理系统

情境说明

供应链管理系统是企业信息化管理的核心内容，是实现企业日常经营信息化管理的重要保障，服务于企业的采购、销售、库存、物料需求、供应商管理等业务；进行基于物流的数据管理、流程监控和与财务系统的信息共享，并形成各类管理报表和物料预警。

学习目标

应用对供应链管理系统的认知,概述其能够为客户解决哪些问题。

学习过程

具体见表 4-5。

表 4-5 学习过程

序号	学习步骤	时间(分钟)
1	阅读情境	2
2	小组讨论	15
3	课件学习	10
教师解析知识难点		10
4	在线提交“ERP 产品认知报告”	18
教师点评与总结		10
时间合计		65

2.1 供应链管理

1. 含义

供应链是由供应商、制造商、仓库、配送中心和渠道商等构成的物流网络。同一个企业可能构成这个网络中的不同节点,但更多的情况下是由不同的企业构成这个网络中的不同节点。例如,在某个供应链中,同一个企业可能既在制造商、仓库节点占有位置,又在配送中心节点等占有位置。在分工愈细、专业要求愈高的供应链中,不同节点基本上由不同的企业组成。在供应链各成员单位间流动的原材料、在制品和产成品等就构成了供应链上的货物流。

2. 主要特点

(1) 顾客权利

不断增加的顾客权利对供应链的设计和管理有着重要影响。因为顾客需要和期望相对迅速,所以供应链应该快速和敏捷,而不是缓慢和僵化。

(2) 长期定位

运作良好的供应链从整体上提高了单个公司和供应链的长期绩效。对长期绩效的强调表明供应链应该与供应商、顾客、中介及服务性企业等不同的参加者采取长期而不是短期合作。重要的是,长期定位倾向于关系型交换,而短期定位倾向于交易型交换。

(3) 杠杆技术

杠杆技术是对供应链产生影响变化的中心,计算能力和互联网这两个主要因素促成了大部分的变化。

(4) 跨组织沟通的增强

因为供应链依靠大量的实时信息,所以信息能够在组织间无缝的传递非常必要。

(5) 库存控制

包括库存控制范畴下的各种活动。在供应链中,库存控制的一个方面是从间断模式转变为连续模式。

(6) 组织间协作

因为供应链管理的一个主要目标是从整体上优化供应链的绩效,而不是优化单个企业的绩效,因此供应链参加者之间的协作非常重要。

3. 应用领域

供应链管理主要涉及四个领域:供应、生产计划、物流、需求。职能领域主要包括产品工程、产品技术保证、采购、生产控制、库存控制、仓储管理、分销管理;辅助领域主要包括客户服务、制造、设计工程、会计核算、人力资源、市场营销。

4. 基本模块

- 需求计划:预测;
- 订单满足:当一方保证向顾客交货时则必须考虑所需时间和制约因素;
- 商业战略计划:对何种市场的何种产品应以何种方式及何种营运服务进行管理(月度、年度);
- 供应商管理:月度、年度;
- 库存管理:日度、周度;
- 客户关系管理:日度、周度;
- 分销计划:协调整个企业的实际生产和分配计划(日度);
- 生产排程:针对单一节点制定弹性生产日程(以分钟计);
- 运输计划:针对网络中的多个供应、制造、分销和仓储节点;
- 运输执行:在批次的基础上制订长期计划,一般是通过代理组织等。

2.2 供应链管理系统

1. 含义

供应链管理系统(ICSCM)是基于协同供应链管理的思想,配合供应链中各实体的业务需求,使操作流程和信息系统紧密配合,做到各环节无缝链接,形成物流、信息流、单证流、商流和资金流五流合一的领先模式;实现了整体供应链可视化、管理信息化、整体利益最大化、管理成本最小化,从而提高了总体管理水平。

2. 功能

- 供应链管理系统能够帮助企业连接供应链的各个环节,建立标准化的操作流程;
- 各个管理模块可供相关业务对象独立操作,同时又通过第四方物流供应链平台整合连通各个管理模块和供应链环节;

● 缩短订单处理时间，提高订单处理效率和订单满足率，降低库存水平，提高库存周转率，减少资金积压；

● 实现协同化、一体化的供应链管理。

3. 使用价值

（1）数据传输安全，保证随时掌握情况

供应链管理系统将企业管理与外围企业管理有机地结合在一起，解决了因供应商分散不集中、产品品种太多、订单过于频繁等情况而导致的品牌营运商与供应商之间存在的沟通、数据传输及时性、数据安全性、数据完整性等问题，整合了品牌运营商与上游资源，实现了效率的极大提升。

（2）信息沟通及时，生产发货完美整合

品牌营运商通过供应链管理系统发布需求信息，从而使供应商能够及时组织生产、发货等工作；另外，通过供应链管理系统，品牌营运商能够知道产品从供应商到门店的整个物流过程。同时，供应商也能够通过供应链管理系统了解到自己所生产的产品在门店的库存及销售情况，从而达到供应商与营运商之间的互动。

（3）缩短生产周期，降低企业运营成本

企业采用供应链管理系统可以缩短与供应商之间的业务洽谈时间，大幅度降低采购成本。供应商也能够通过供应链管理系统了解自己所生产的产品的应用情况，以便做出合理的补货策略。

（4）促进愉快合作，建立良好的供应商关系

通过改善与供应商之间的业务处理流程，与供应商进行协同办公，进行密切的信息交换，加强了企业对例外事件管理的能力和响应速度，与供应商之间建立了稳固、长期的伙伴关系。

4. 适用对象

供应链管理系统的适用对象为供应链中的供应商、制造商、代理分销商、物流服务商、零售商以及终端客户等实体。

2.3 ERP 软件认知报告

ERP 软件认知报告见表 4-6。

表 4-6 ERP 软件认知报告

项目	内容
财务管理系统可以解决企业哪些问题	1.财务管理系统是企业信息化管理最基本的需求，绝大多数企业信息化都是从财务管理信息化入手的。 2.财务管理系统可以满足企业不同角色的财务人员处理日常财务管理工作，如资金管理、计划预算、应收（应付）款管理、成本核算等，并形成财务分析及相关的财务信息管理报表和预警。

（续表）

项目	内容
供应链管理系统可以解决企业哪些问题	1.供应链管理软件系统是企业信息化管理的核心内容：是实现企业日常经营管理信息化管理的重要保障。 2.供应链管理系统可以为企业解决以下问题： ● 采购管理：采购订单执行情况管理、采购员管理、供应商管理、库存管理等； ● 销售管理：销售订单执行情况管理、合同管理、销售人员绩效管理、分销体系管理等； ● 物料需求管理：生产物流需求和采购计划管理、库存量管理，实现合理安排采购提前期和生产物料需求预警等。
财务管理系统功能模块	总账、应收账款管理、应付账款管理、UFO 报表管理、出纳管理、现金流量表、网上报销、网上银行、报账中心、成本管理、标准成本管理 、预算管理、项目成本管理、资金管理、集团财务、合并报表、结算中心。
供应链管理系统功能模块	合同管理、售前分析、进口管理、出口管理、售后服务、销售管理、采购管理、委外管理、质量管理、库存管理、序列号管理、条码管理、存货核算。

项目五　准备销售

销售准备

● “不打无准备之仗”，销售准备是每个项目重要的前置工作；

● 根据产品或者方案，在目标客户群中筛选出理想客户，并对目标客户信息进行收集；

● 挖掘和确认有效商机；

● 对目标客户的现状和潜在需求进行分析，进行初次拜访前的准备。

在销售实践中的应用；

● 客户、沟通对象、场景、性格、需求不同，销售方法与策略自然也不同；

● 找到理想的目标客户是销售的起点；

● 应用激发客户兴趣、建立客户信任的方法以及有效约见理由成功约见客户，是销售迈进的第一步。

学习目标

具体见表 5-1。

表 5-1　学习目标

任务大类“准备销售”的学习目标	典型任务		时间(分钟)
	任务号	任务名称	
1. 识别商机，分析客户的潜在需求； 2. 应用激发客户兴趣、建立客户信任的方法，进行客户预约和拜访准备。	一	商机挖掘和分析	55
	二	拜访准备	220

→ 任务一　商机挖掘和分析

情境说明

● 根据区域市场的分析，定义理想目标客户模型，并进行目标客户的筛选，从而在其中找到能契合产品或者方案并能体现最大化价值的客户，进而对其开展有效的销售工作。

在销售实践中的应用

● 并不是所有的目标客户都是理想客户或存在销售机会；

● 若选择了一个非理想客户项目，将会导致销售资源的投入和产出不成正比；

● 只有选择正确的客户项目作为销售目标，销售人员所付出的行动和努力才会产生效益。

学习目标

具体见表 5-2。

表 5-2　学习目标

<table>
<tr><th colspan="4">学习目标</th><th>时间(分钟)</th></tr>
<tr><td colspan="4">1. 了解有效挖掘商机的方法，应用对理想目标客户模型和商机定义的认知，识别商机，阐述商机与销售机会的关系；
2. 理解选择理想客户和有效商机作为销售起点的重要性。</td><td rowspan="3">55</td></tr>
<tr><td>情境编号</td><td>情境任务(甲方)</td><td>情境编号</td><td>情境任务(乙方)</td></tr>
<tr><td>1</td><td>拟定绩效目标</td><td>2</td><td>商机挖掘和分析</td></tr>
<tr><td>知识点</td><td colspan="4">商机挖掘</td></tr>
</table>

学习过程

1. 拟定绩效目标

学习目标：

● 识别如下概念：理想目标客户模型、商机、销售机会。

● 了解商机挖掘的方式，以及企业战略发展目标分解成各业务部门绩效目标的过程，对形成乙方商机的影响。

学习过程具体见表 5-3。

表 5-3　学习过程

<table>
<tr><th>序号</th><th>学习步骤</th><th>时间(分钟)</th></tr>
<tr><td>1</td><td>阅读情境</td><td>2</td></tr>
<tr><td>2</td><td>小组讨论</td><td>15</td></tr>
<tr><td>3</td><td>课件学习</td><td>10</td></tr>
<tr><td colspan="2">教师解析知识难点</td><td>10</td></tr>
<tr><td>4</td><td>完成绩效目标表</td><td>18</td></tr>
<tr><td colspan="2">时间合计</td><td>55</td></tr>
</table>

2. 商机挖掘和分析

学习目标：

● 了解商机挖掘的方式，识别并应用理想目标客户模型、商机、销售机会，进行商机分析。

学习过程具体见表 5-4。

表 5-4　学习过程

序号	学习步骤	时间(分钟)
1	阅读情境	2
2	小组讨论	15
3	课件学习	10
教师解析知识难点		10
4	完成商机挖掘和分析表	18
时间合计		55

1.1　销售漏斗

销售漏斗具体见图 5-1。

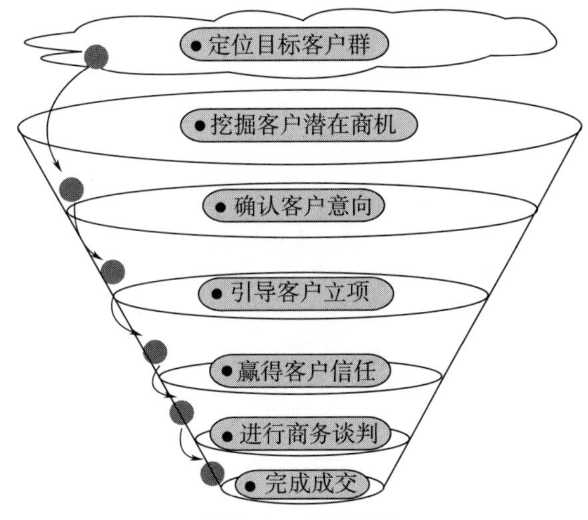

图 5-1　销售漏斗

商机：

- 定位目标客户群；
- 挖掘客户潜在商机；
- 确认客户意向。

销售机会：

- 引导客户立项；
- 赢得客户信任。

1.2　理想目标客户模型

1. 理想目标客户指标

- 客户声誉度如何？与其合作，对增强我们公司品牌价值有何帮助？
- 客户商业道德如何？与其合作是否存在回款风险？
- 客户是创新派还是保守派？与其合作是否有项目失败的风险？

● 客户对人的态度（员工、客户、供应商）如何？

● 客户忠诚度如何？与之合作潜力如何？是否能与之建立长期的战略合作关系？

● 历史合作关系如何？具体根据每个企业对理想目标客户模型的定义标准（如客户规模、效益等）来衡量，可以细化每个指标的占比来综合衡量。

2. 理想目标客户检核表

具体见表 5-5。

表 5-5　理想目标客户检核表

序号	理想目标客户指标	占比（%）
1		
2		
3		
4		
5		

3. 目标客户信息收集表

具体见表 5-6。

表 5-6　目标客户信息收集表

<table>
<tr><td rowspan="4">企业基本情况</td><td>单位名称</td><td colspan="4"></td><td>所属行业</td><td></td></tr>
<tr><td>企业性质</td><td></td><td>董事长</td><td colspan="2"></td><td>企业人数</td><td></td></tr>
<tr><td>主要产品及服务</td><td colspan="6"></td></tr>
<tr><td>上年产值/利润</td><td colspan="4">行业地位及影响</td><td colspan="2"></td></tr>
<tr><td>企业信息</td><td colspan="7"></td></tr>
<tr><td colspan="2">已用产品</td><td colspan="6"></td></tr>
<tr><td colspan="2">本次项目预算</td><td></td><td>项目范围</td><td colspan="2"></td><td>采购期限</td><td></td></tr>
<tr><td rowspan="4">联系方式</td><td>参与部门</td><td>联系人</td><td>职务</td><td>性别</td><td>年龄</td><td>联系方式</td><td>背景及爱好</td></tr>
<tr><td></td><td></td><td></td><td></td><td></td><td></td><td></td></tr>
<tr><td></td><td></td><td></td><td></td><td></td><td></td><td></td></tr>
<tr><td></td><td></td><td></td><td></td><td></td><td></td><td></td></tr>
<tr><td rowspan="4">跟进情况</td><td>接触部门</td><td colspan="3"></td><td>接触人员</td><td colspan="2"></td></tr>
<tr><td>客户需求</td><td colspan="6"></td></tr>
<tr><td>客户意向</td><td colspan="6"></td></tr>
<tr><td>销售难点</td><td colspan="6"></td></tr>
<tr><td rowspan="3">参与对手</td><td>参与厂商</td><td>介入机构</td><td colspan="2">客户偏好</td><td>优势</td><td>劣势</td><td>应对建议</td></tr>
<tr><td></td><td></td><td colspan="2"></td><td></td><td></td><td></td></tr>
<tr><td></td><td></td><td colspan="2"></td><td></td><td></td><td></td></tr>
</table>

1.3 商机与销售机会

逛淘宝网案例:浏览网站,不一定购买……

1. 判断商机的标准

- 我们的产品提供给哪些客户使用,是不是目标客户?
- 这些客户具备哪些特征,是否符合理想目标客户模型?
- 他们为什么需要我们的产品,目标、差距、能力、价值?
- 他们将如何应用这些产品,使用部门(人)?
- 他们将如何从中受益,价值?

2. 销售机会原则(MANT)

- "Money":有资金实力与预算,即钱从哪里来? 预算谁制定? 预算制定标准是什么?
- "Authority":有决策权;
- "Need":有需求;
- "Time":有明确的购买时间。

3. 商机挖掘的有效方式

"圈地"经营,积累经验、案例、人脉等,并进行相应的知识和工具准备。

1.4 商机的经营

- 销售要学会"圈地"并进行有序经营。
- "圈地"能够让销售人员有针对性地准备知识和销售工具,商机不是找来的,而是准备出来的。
- 将地盘里的客户分类,结合自身优势和资源,制定有效的策略,聚焦更易见成果。用低端产品覆盖目标客户,然后再慢慢经营到中高端产品,并结合短、中、长期经营目标,客户项目金额、重要程度等。
- 销售要多借名(行业标杆客户)、借势(市场活动等)、借力(第三方推荐)。

1.5 绩效目标表

完成绩效目标表(见表5-7)。

表5-7 绩效目标表

甲方岗位	
项目	
改进项目	
绩效目标	

1.6 商机挖掘和分析表

完成商机挖掘和分析表(见表 5-8)。

表 5-8 商机挖掘和分析表

组名	
项目	内容
挖掘渠道和方式	
知识准备	
工具准备	
潜在商机分析	

任务二 拜访准备

情境说明

- 分析客户概念和客户需求;
- 制定客户可能关心的问题清单;
- 拜访预约准备。

在销售实践中的应用

- 销售人员邀约拜访客户时被拒绝是大概率事件;
- 销售人员首次接触客户时会很紧张,不知道该和客户谈些什么;
- 做好充分的拜访准备,明确拜访客户的目的,找到激发客户兴趣的方法,制定有效的约见理由。

学习目标

具体见表 5-9。

表 5-9 学习目标

<table>
<tr><th colspan="4">学习目标</th><th>时间(分钟)</th></tr>
<tr><td colspan="4">1. 识别并应用客户概念、客户需求、问题清单,分析客户潜在需求;
2. 应用制定行动承诺、有效约见理由、自我介绍、成功故事、客户预约的方法,了解基本商务礼仪,进行客户预约和拜访准备。</td><td>55</td></tr>
<tr><td>情境编号</td><td>情境任务(甲方)</td><td>情境编号</td><td>情境任务(乙方)</td><td>时间(分钟)</td></tr>
<tr><td>1</td><td>分析差距和需求</td><td>2</td><td>客户潜在需求分析</td><td>75</td></tr>
<tr><td>3</td><td>采购沟通准备</td><td>4</td><td>拜访准备</td><td>145</td></tr>
<tr><td>知识点</td><td colspan="4">1. 客户概念; 2. 激发客户兴趣; 3. 客户需求; 4. 行动承诺; 5. 客户预约; 6. 基本商务礼仪。</td></tr>
</table>

学习过程

1. 分析差距和需求(甲方)

学习目标:

- 识别并应用客户概念、客户需求、问题清单,分析客户差距和需求;
- 了解如何应用自我介绍、问题清单、成功故事的方法,激发客户兴趣。

学习过程具体见表 5-10。

表 5-10 学习过程

序号	学习步骤	时间(分钟)
1	阅读情境	5
2	小组讨论	15
3	课件学习	30
教师解析知识难点		10
4	完成需求分析表	15
时间合计		75

2. 客户潜在需求分析(乙方)

学习目标:

- 识别并应用客户概念、客户需求、问题清单,分析客户潜在需求;
- 了解如何应用自我介绍、问题清单、成功故事的方法,激发客户兴趣。

学习过程具体见表 5-11。

表 5-11 学习过程

序号	学习步骤	时间(分钟)
1	阅读情境	5
2	小组讨论	15
3	课件学习	30
教师解析知识难点		10
4	完成客户潜在需求分析表	15
时间合计		75

3. 采购沟通准备(甲方)

学习目标:

应用制定行动承诺、激发客户兴趣、建立客户信任的方法,判断乙方客户预约的方法和拜访准备工作是否专业和有效。

学习过程具体见表 5-12。

表 5-12 学习过程

序号	学习步骤	时间(分钟)
1	阅读情境	5
2	小组讨论	15
3	课件学习	30
教师解析知识难点		30
4	小组讨论	30
5	在线收取首轮拜访预约邮件,讨论并回复确认	20
6	在线提交首轮采购沟通准备表	15
时间合计		145

4. 拜访准备(乙方)

学习目标:

应用制定行动承诺、有效约见理由,自我介绍、成功故事、客户预约的方法,了解基本商务礼仪,进行客户预约和拜访准备。

学习过程具体见表 5-13。

表 5-13 学习过程

序号	学习步骤	时间(分钟)
1	阅读情境	2
2	小组讨论	5
3	课件学习	10
教师解析知识难点		5

（续表）

序号	学习步骤	时间(分钟)
4	完成行动承诺表	10
5	讨论如何成功邀约客户	20
6	课件学习	8
教师解析知识难点		30
7	完成并发送首轮拜访预约邮件	30
8	在线和客户相互回复确认	15
9	在线提交首轮客户拜访准备表	10
时间合计		145

2.1　客户概念

1. 客户概念的定义

客户概念是客户对处境、问题、方案及价值的认知,包括内心的感受、评价、愿景、想法等,内在的逻辑关系见图 5-2。

图 5-2　冰山理论——客户概念

2. 客户概念的特点

● 概念是个人的。

在同一个企业的采购项目中,每个人的概念是不同的(见表 5-14)。

表 5-14　个人概念

业务结果/组织需求	个人概念
A 业务需求	A 个人概念
B 业务需求	B 个人概念

● 概念是不断变化的。

● 概念有时是无法清晰表达的。

● 客户基于方案,在符合其概念时做出决定。

3. 客户概念的内容

(1) 愿景

双方共同探讨目标、问题和需求并对如何解决达成共识。

(2) 明确需求

● 需求(客户的解决方案):客户很清楚自己需要什么,在与销售人员接触前就能够清楚的表达。

● 问题(影响目标实现的具体问题或障碍):客户承认有一个问题、困难或挑战,但不知道该如何解决。

● 目标(引起情绪、产生动机):客户分享目标或动机,但不能清晰地表达如何实现。

(3) 潜在需求

客户觉得不重要,或未意识到该目标是可以实现的(见图 5-3)。

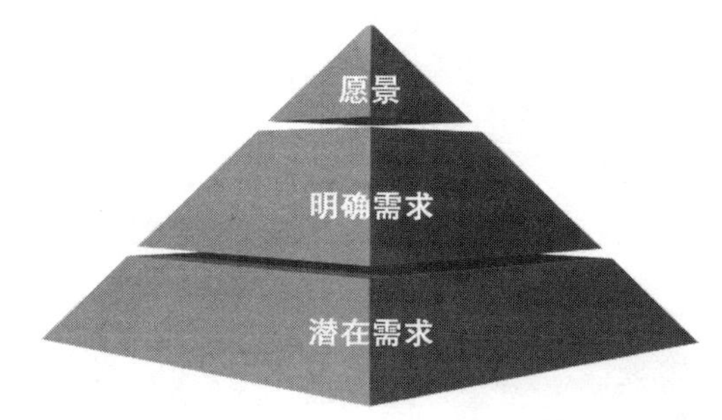

图 5-3　客户概念的内容

4. 客户概念的区分和表述

● 明显性需求:客户能将其要求或期望做出清楚的陈述。

● 隐藏性需求:客户经常以抱怨、不满、抗拒或误解做出陈述(见图 5-4)。

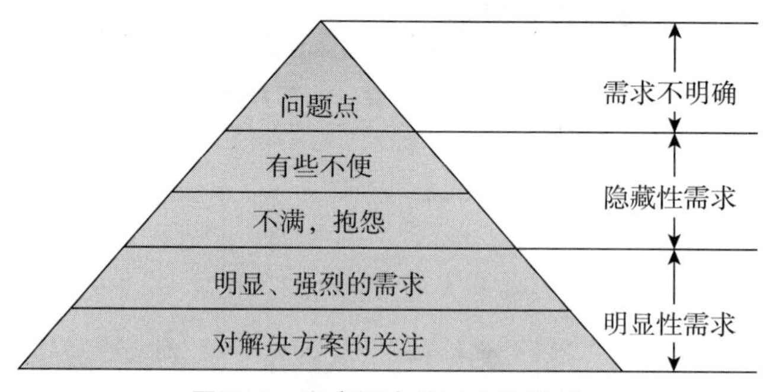

图 5-4　客户概念的区分和表述

5. 客户概念的表述

● 实现什么?

● 解决什么？

● 避免什么？

6. 激发客户兴趣的方式

在陌生拜访开场时，销售人员要让客户大概了解自己的基本信息，并获得和客户平等交流和提问的权利，一般可以通过以下方式。

（1）自我介绍

① 自我介绍的目的

● 自我介绍是每一个销售人员都必然要经历的一件事；

● 自我介绍是与陌生人建立关系、展示自己、打开局面的一种非常重要的手段；

● 自我介绍是给客户的第一印象，关系到能否建立信任，影响后期交往的顺利进行；

● 自我介绍是打消客户防卫心理、激发客户兴趣的一种非常重要的销售技术。

② 自我介绍的内容

● 我是谁：我在哪家公司、做什么工作。

● 我有什么经历和经验：意味着能帮客户做什么，暗示自己的专业性。

● 我们见过面没有，是怎么知道你的：释放客户对自己的顾虑和陌生感，并解答对方的疑惑。

（2）成功故事

成功故事是与客户同行业或同类经营模式企业成功合作的经验，内容包括具体该企业角色关心的目标和需求，我们是通过怎样的方式帮助该企业实际解决问题的。需要具体的解决问题的方式的情境描述，用以激发客户兴趣。

成功故事的话术："由于（某些业务现状），（同行业客户名称）公司的（业务上的）问题非常突出。我们帮他们解决了这个问题，现在他（的应用场景）。同时，我们帮助很多客户解决了类似问题，包括（同行业客户名单），不知道您是否有兴趣深入了解？（或者不知道您对此是否感兴趣？）"

（3）问题清单

问题清单是列举客户可能的关注点或问题、管理难点或未来工作的挑战，这些问题通常具有一定的典型性和普遍性，与客户的概念和期望实现的目标相关，并且是客户所关心的而不是销售所关心的问题，也可表现为客户的目标清单。

① 问题清单的罗列方法——杜彬方法

● 预测客户的关注点：在销售拜访之前，问自己"如果我是客户，对这次销售拜访，我可能会关注什么？"将客户的关注点列成一张清单，并确定其中你认为对客户来说最为重要的关注点。

● 转换关注点为问题：将最为重要的关注点转换为你认为客户最有可能会提出的问题。

● 回答客户的问题：针对从上述两个步骤得到的问题，准备你的回答（见表 5-15）。

客户的关注点是本次见面时客户的具体困惑，可能是困惑你这个人，可能是困惑为什么要见你,可能是困惑销售会给其带来怎样的帮助,可能是困惑他和你将要推荐的产品有什么关系,可能是对你们所提供产品的顾虑或担心,可能是好奇你们这家公司究竟是做什么的……也可能不是其真正的业务上的困惑。这并不是客户真正关心的问题,而是销售没有办法知道客户真正想法时所做出的推测。

表 5-15　杜彬方法

预测 你认为客户可能对此次拜访持有的疑虑	转换 将每一个疑虑都转换成一个你认为客户可能会提出的问题	回答 针对这些问题,准备你的回答

② 问题清单使用示例

客户行业	设备制造	客户名称	
关键角色	目　标		
总经理	1. 提高利润率; 2. 扩大市场份额; 3. ……		
营销总监	1. 完成收入业绩指标; 2. 提高人员单产; 3. 缩短销售周期; 4. 提高销售成功率; 5. ……		
HR 经理	1. 提高关键人才到位率与保留关键人才; 2. 控制人员成本; 3. ……		
培训经理	1. 提高学员培训满意度; 2. 提高培训需求满足率; 3. ……		

7. 激发客户兴趣的方法

(1) 分享客户目标法

我是谁	________您好…… 我是________公司的________……
是否见过	这是第一次和您联系…… 或者我们曾在(时间、地点)的(场合,如会议、论坛等)见过。
资历经验	我在________行业工作________年,一直从事________方面的________工作。
激发兴趣	通过我曾经服务的客户,我了解到由于(某些业务现状),(同行业客户名称)等公司都非常关心(目标1、目标2、目标3)。 我们帮很多客户解决了这些问题,比如(同行客户名称),不知道您是否遇到了同样的情况? 或者不知道您是否有兴趣深入了解?

(2) 分享客户故事法

我是谁	________您好…… 我是________公司的________……
是否见过	这是第一次和您联系…… 或者我们曾在(时间、地点)的(场合,如会议、论坛等)见过。
资历经验	我在________行业工作________年,一直从事________方面的________工作。
激发兴趣	是(同行业客户)的(某领导)建议我与您联络的…… 由于(某些业务现状),(同行业客户名称)公司的(业务上的)问题非常突出,也让(引荐人)非常困惑。我们帮他们解决了这个问题,(引荐人)也非常满意,所以他推荐我和您联系…… 同时,我们帮助很多客户解决了类似问题,包括(同行客户名单)……不知道您是否遇到了同样的情况? 或者是不知道您是否有兴趣深入了解?

(3) 激发客户兴趣示例

我是谁	蔡部长,您好…… 我是某公司的销售经理小张……
是否见过	这是第一次和您联系……
资历经验	我在企业管理软件行业工作3年,一直从事为某行业提供企业管理软件的销售和咨询服务……
激发兴趣	某行业企业因为供应商和采购物品非常多,非常关心如何更有效地对采购订单执行情况进行管理,如需要及时了解采购订单下达给哪个供应商了,发货了没有,货到哪里了等,我们帮很多客户解决了这些问题,比如A企业…… 不知道您是否遇到了同样的情况?……

8. 客户需求

客户需求的六个方面：

目标、差距、能力、价值；

目标：总目标、分目标、子目标（组织级、部门级、个人级）；

差距：障碍、问题、原因、需求；

能力：管理（业务流程优化、绩效考核）、人、产品/服务/解决方案；

价值：投资效益分析；

需求的三个维度：产品/服务/解决方案、技术标准、合作关系。

9. 需求分析表

完成需求分析表（见表 5-16）。

表 5-16 需求分析表

项目	内容	需求	问题清单
实现			
解决			
避免			

10. 客户潜在需求分析表

完成客户潜在需求分析表（见表 5-17）。

表 5-17 客户潜在需求分析表

客户角色	概念分析 （实现、解决、避免）	潜在需求
总经理		
企管经理		
信息经理		
采购经理		
生产经理		
财务经理		
销售经理		

11. 问题清单分析表

完成问题清单分析表（见表 5-18）。

表 5-18 问题清单分析表

客户角色	预测 你认为客户可能对此次拜访持有的疑虑	转换 将每个疑虑都转换成客户可能会提出的问题	回答 针对这些问题准备你的回答
总经理			
企管经理			
信息经理			
采购经理			
生产经理			
财务经理			
销售经理			

2.2 首轮采购沟通准备表

完成首轮采购沟通准备表(见表 5-19)。

表 5-19 首轮采购沟通准备表

甲方部门角色	
项目	内容
需求	
问题清单	
期望提供的材料	
期望交流的对象	
期望交流的形式	
准备的提问	

2.3 行动承诺表和首轮客户拜访准备表

1. 行动承诺

完成行动承诺表(见表 5-20)。

表 5-20 行动承诺表

项目	内容
拜访对象	
最佳行动承诺	时间： 地点： 人物： 方式： 目的：
最小行动承诺	时间： 地点： 人物： 方式： 目的：

2.首轮客户拜访准备表

完成首轮客户拜访准备表(见表 5-21)。

表 5-21 首轮客户拜访准备表

项目	内容
拜访对象	
自我介绍	
成功故事	
约见理由	
收尾总结辞	
客户潜在需求	
需要的材料、工具	
客户的“问题清单”	
客户可能有的提问	
准备的回答	
准备获取的最佳行动承诺	
准备获取的最小行动承诺	
准备的提问	
我方参与人员	
交流形式	

项目六 销售沟通

销售沟通

● 与客户确认商机，了解客户的概念和需求，将客户的潜在需求、隐藏性需求转化为明显性需求；

● 向客户呈现优势，解决客户顾虑，达成对解决方案的共识，获得客户的认可、支持和行动承诺，并建立客户信任。

在销售实践中的应用

● 实际的大项目销售过程中，客户对企业面临的问题和需求不一定清晰和明确，未必能够意识到某问题是可以解决以及有相应的解决措施的。销售人员需要和客户共同分析和界定目标，明确问题、差距、需求，并探讨改进策略、计划和机会，和客户一起研讨解决方案，帮助客户完成采购，并在此过程中为客户创造价值。

● 在互联网经济时代和各供应商的产品同质化、差异优势不明显的情况下，产品的价值已经从产品本身转移到如何帮助客户降低采购风险和采购成本，获得最佳解决方案和服务支持上。销售沟通就是在创造客户价值方面发挥作用，客户采购过程越长，销售沟通创造客户价值的空间就越大。

● 每次拜访完客户后，销售人员需要进行拜访总结和评估，以便分析下一步待解决问题，制订行动计划。

学习目标

具体见表 6-1。

表 6-1 学习目标

任务大类“销售沟通”的学习目标	典型任务		时间(分钟)
	任务号	任务名称	
1. 应用了解客户概念、呈现优势、获得承诺的流程和方法，进行销售沟通，建立客户信任。 2. 应用拜访总结与评估的方法，进行拜访总结和客户信任度评估。 3. 应用识局、拆局、布局的方法，分析竞争优势、劣势，制定竞争策略，获得竞争优势。	一	了解客户概念	205
	二	呈现优势	290
	三	获得承诺	245
	四	拜访总结与评估	55
	五	关键人拜访	295

任务一 了解客户概念

情境说明

- 对客户商机、潜在需求进行沟通确认；
- 了解客户真正的目标、问题和需求。

管理问题

- 在规定的时间内，甲方参考情境资料，通过小组讨论，明确自身的问题和需求，拟订采购计划；
- 在规定的时间内，乙方参考情境资料，通过小组讨论，尝试与甲方沟通，获得客户的基本需求状况，识别目标与角色。

在销售实践中的应用

- 任何成交的销售都是基于客户自己的概念和需求完成的；
- 通过了解客户需求，找到客户的问题所在，因为需求是表面的，问题是原因；
- 确认真正的目标、问题和需求。

学习目标

具体见表 6-2。

表 6-2 学习目标

<table>
<tr><th colspan="4">学习目标</th><th>时间（分钟）</th></tr>
<tr><td colspan="4">1. 通过与供应商的首轮沟通，应用客户概念、客户需求识别、问题清单的方法，明确问题，评估需求。
2. 识别并应用暖场类问题、信息类问题、态度类问题、确认类问题、倾听技巧、黄金沉默技巧，对供应商的首轮拜访沟通效果进行评估。</td><td rowspan="4">205</td></tr>
<tr><td>情境编号</td><td>情境任务（甲方）</td><td>情境编号</td><td>情境任务（乙方）</td></tr>
<tr><td>1</td><td>明确问题和需求</td><td>2</td><td>了解客户概念</td></tr>
<tr><td>3</td><td>拟订采购计划</td><td>4</td><td>识别目标与角色</td></tr>
<tr><td>知识点</td><td colspan="4">1. 提问技巧；2. 倾听技巧；3. 单一销售目标；4. 项目阶段；5. 采购角色。</td></tr>
</table>

学习过程

1. 明确问题和需求

学习过程具体见表 6-3。

表 6-3 学习过程

序号	学习步骤	时间(分钟)
1	阅读情境	5
2	小组讨论	5
3	线下行动	15
4	小组讨论	10
反馈、点评、总结		20
5	课件学习	20
教师解析知识难点		10
6	在线提交首轮采购沟通反馈表	15
时间合计		100

2. 了解客户概念

学习过程具体见表 6-4。

表 6-4 学习过程

序号	学习步骤	时间(分钟)
1	阅读情境	5
2	小组讨论	15
3	线下行动	30
4	小组讨论	10
反馈、点评、总结		20
5	课件学习	20
教师解析知识难点		10
6	在线提交首轮客户拜访反馈表	10
时间合计		120

3. 拟订采购计划

学习过程具体见表 6-5。

表 6-5 学习过程

序号	学习步骤	时间(分钟)
1	阅读情境	2
2	小组讨论	15
3	课件学习	30
教师解析知识难点		10
4	在线提交采购计划表	18
教师点评与总结		10
时间合计		85

4. 识别目标与角色

学习过程具体见表6-6。

表6-6 学习过程

序号	学习步骤	时间(分钟)
1	阅读情境	2
2	小组讨论	15
3	课件学习	30
教师解析知识难点		10
4	在线提交单一销售目标表	18
教师点评与总结		10
时间合计		85

1.1 梳理知识点

1. 提问技巧

通过暖场类问题先“破冰”,再通过确认类问题试“水温”,然后通过信息类问题“拨云见日”,最后通过态度类问题探索客户概念的核心。

注意:

- 正确的寒暄与暖场方法要适度;
- 用确认类问题确认客户关心的问题;
- 用信息类问题探索概念和信息;
- 用态度类问题探索客户概念的核心;
- 灵活使用四类问题的方法。

2. 倾听技巧

放下手中所有的事情,才是倾听的开始。提问后清空自己的预设答案,合理回应,激活客户思维,巧用肢体语言表达关注。

最终能真正操控拜访局面的,不是滔滔不绝的那个人,而是真正倾听的那个人,那个用心观察和琢磨对方的人。

客户的感觉源于销售人员对他们的关注,关注和倾听会让客户感觉自己很有魅力。

关注不只是倾听,但全身心地倾听一定是关注。以下是一些倾听的具体技巧:

- 边记录边倾听,肢体语言;
- 看对方的眼、眉、额三角区。

3. 合理回应

证明你在听。几种回应方式如下:

- 普通式回应:“嗯”“好啊”“没错”“说说看”“哦,是吗?”“真的吗?”……

● 信息追踪式回应："能多讲些具体情况吗？""能举个例子吗？""当时是怎样想的？"……

● 征求看法式回应："您是怎么想的？""您觉得怎么样？"……

● 极限式回应："您最喜欢哪个功能？"……

● 魔法式回应："如果能……，您希望能……"……

4. 黄金静默

黄金静默的作用(见图 6-1)：

● 增加客户反馈的次数和长度；

● 使获得的信息更可靠；

● 增加客户的问题；

● 增加探索式思维；

● 给客户思考的时间；

● 焦点转移可能性大。

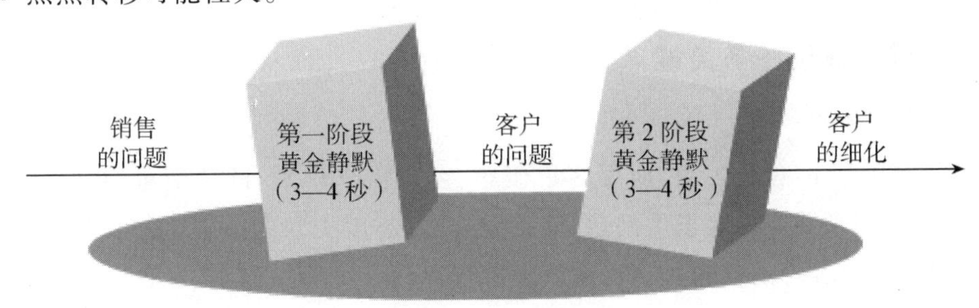

图 6-1 黄金静默

5. 单一销售目标

单一销售目标(Single Sales Objective,SSO)——比提问更厉害的招数。

单一销售目标的具体表述为"将在(何时)卖(多少)数量的(什么)给(谁)以实现(多少)收入"。

明确单一销售目标时，需要问自己：

● 是否跟我有关系：是不是与我们的产品(方案、服务)直接相关？

● 是否具体：给谁、给什么、给哪些，谁用、用它干什么？

● 是否有预算：客户准备花多少钱？

● 是否有期限：具体截止到什么时间要完成？

● 是否有竞争：除了我和客户，还有其他选择吗？

● 反复问自己：这是我的认知，还是客户的认知？

6. 项目阶段

销售项目的进程可以根据销售漏斗划分为不同的项目阶段，每个项目阶段的销售任务和目标各不相同。销售阶段的划分，对项目判断的把控具有关键作用，对销售的标准化运作具有参考价值。

销售漏斗是基于销售过程划分的，销售过程只有与客户采购流程相匹配，才能够站在客户的角度，与客户完成采购。在判断项目所处阶段时，销售人员应该以“客户是否完成与销售阶段相匹配的采购进程”为判断目标，而不是以“我是否完成该阶段的动作”为判断目标。

7. 采购角色

客户在销售项目中扮演着对采购决策具有不同程度影响力的角色。在大项目销售中，客户通常有以下四类角色：

- 最终决策者(EB)：做出决策不需要再请示他人；
- 技术选型者(TB)：规范的制定者或执行者；
- 应用选型者(UB)：使用我们的产品或方案并从中受益；
- 销售顾问(Coach)：能够在销售中指导我们。

在同一客户中，不同项目同一岗位的采购角色是变化的；在不同客户中，同一或不同项目同一岗位的采购角色也是变化的。

1.2 教师解析任务关键点

1. 明确问题和需求

通过与供应商的首轮沟通，应用客户概念、客户需求识别、问题清单的方法，明确问题，评估需求；识别并应用暖场类问题、信息类问题、态度类问题、确认类问题、倾听技巧、黄金沉默技巧，对客户的首轮拜访沟通效果进行评估。

2. 了解客户概念

应用问题清单，进行与客户的第一次拜访沟通，了解客户概念和需求，应用对暖场类问题、信息类问题、态度类问题、确认类问题、倾听技巧、黄金沉默技巧的学习，对首轮客户拜访沟通进行效果评估。

3. 拟订采购计划

应用对单一销售目标、项目阶段、采购角色的概念学习，分析制订采购计划。

4. 识别单一销售目标

应用对单一销售目标、项目阶段、采购角色的概念学习，分析制定单一销售目标。

1.3 第一轮拜访的点评要点

1. 拜访准备情况

- 甲方的问题清单和回答准备，以及团队的分工与配合情况；
- 拜访过程与约见理由是否一致。

2. 沟通过程

是否存在如下情况：乙方不顾甲方感受，不了解甲方信息，强势推销或者介绍优势，没有提问技巧和倾听，打断甲方说话。

3. 是否获得行动承诺

4. 是否符合行动承诺的标准，是谁在行动

5. 商务礼仪

握手、递送名片、入座（客户示意让坐才能坐）、坐姿、告别。

6. 拜访结束时的表现

是否回顾沟通内容，达成共识以及确认行动承诺。

资料阅读6-1

拜访客户面谈技巧

客户拜访工作是一门集营销艺术、广告宣传、语言表达于一体的综合活动，如报名量的多少，课程的推广程度，不仅取决于课程自身的吸引力、广告的渗透力，而且在很大程度上取决于销售人员语言上的表达能力。因此，掌握一些谈话的技巧，提高讲话的质量，对客户经理来说是非常有必要的。

在现今的工作模式下，要想实现畅通的交流，提升自身的谈话技巧，就必须把握好谈话的方式及特点。

第一，谈话内容要充实周到。这是谈话的先决条件。这就要求销售人员在推销课程时，不能单纯地谈论课程的种类和价格，还要了解所推销课程的各项内在指标，要清楚课程的优缺点以便于更全面、更详尽地向客户介绍课程。

第二，谈话内容要真实具体。这是取信于人、树立自身形象的关键。首先，谈话不要吞吞吐吐，说一些似是而非的话，要一是一、二是二，把要表达的意思说清楚，尽量让客户明白你的意图，客户才有可能按你的意愿做事。其次，不能弄虚作假，要讲求真实，无论是做人还是做事，付出真诚才能换取真诚。

第三，谈话方式要简洁干脆。幽默干脆的谈话可以吸引客户，引出更多的话题。诙谐幽默的谈话可以使谈话的气氛更加活跃轻松，即使偶有争执，一句幽默的话也胜过十句苍白的辩解。当然，幽默是出于自然的，多一分便成为油滑，少一分便成为做作，这就要求销售人员平时要注重自身学习，多方涉猎，提高自身谈话的含金量。

第四，谈话对象要因人而异。对不同身份、不同性格的人采取不同的谈话方式和策略，是实现谈话目的的关键。这就要求掌握他们的性格特点、了解他们的志趣爱好，投其所好，“对症下药”，从他们感兴趣的话题入手，以此作为一个重要的切入点来实现谈话目的。

第五，谈话结果要言行一致。不能轻易向客户许诺，但许下的诺言必须付诸行动。“君子讷于言而敏于行”，许下诺言就一定要守信履行。一次违约毁信，就有可能毁掉你个人乃至整个企业的信誉。

总之,高质量的谈话,是实现谈话目的的首要条件。掌握并熟练地运用谈话技巧,肯定会取得事半功倍的效果。提升自身的谈话技巧,会更有利于自身业务能力的提升,能以更加良好的业务水平去服务客户,以及更加有效地拉近客户与企业的距离,提升客户对企业的忠诚度。

资料阅读6-2

面谈注意事项

1. 销售人员的着装细节

销售人员西装革履公文包,能够体现公司形象,在任何时候都是不错的选择,但有时候还是要看被拜访的对象,双方着装反差太大反而会使对方不自在,无形中拉开了双方的距离。

2. 永远比客户晚放下电话

销售工作压力大,时间也很宝贵,尤其是在与较熟悉的客户电话交谈时,很容易犯早放下电话的这个毛病。与客户预约见面时间,还没等对方挂断电话自己就先挂上了,客户心里肯定不愉快。永远比客户晚放下电话也体现了对客户的尊重。也有一些销售人员有好的习惯,如他们会说:"张工,没什么事我就先挂了。"

3. 与客户交谈中不接电话

销售人员与客户交谈的过程中没有电话好像不可能。不过我们的大部分销售人员都很懂礼貌,他们在接电话前会形式上请对方允许,一般来说对方也会大度地说没问题。如果接电话太久,那么对方会在心底里泛起:"好像电话里的人比我更重要,为什么他会讲那么久。"所以销售人员在初次拜访或进行重要拜访时,决不接电话。若打电话的是重要人物,也要接了后迅速挂断,等会谈结束后再打过去。

4. 多说"我们"少说"我"

销售人员在说"我们"时会给对方一种心理暗示:销售人员和客户是在一起的,是站在客户的角度想问题的,虽然"我们"只比"我"多了一个字,但却多了几分亲近。

5. 随身携带记事本

拜访中随手记下时间、地点以及客户的姓名、头衔,记下客户需求,答应客户要办的事情,下次拜访的时间,以及自己的工作总结和体会,对销售人员来说绝对是一个好的工作习惯。还有一个好处就是当你虔诚地一边做笔记一边听客户说话时,除了能够鼓励客户更多地说出他的需求,一种受到尊重的感觉也会在客户心中油然而生,你接下来的销售工作就不可能不顺利。

6. 保持相同的谈话方式

这一点我们一些年轻的销售人员可能不太注意,他们思路敏捷、口若悬河,说话更是不分对象，像开机关枪般快节奏，若是碰到上年纪思路跟不上的客户，则根本不知道你在说些什么，容易引起客户的反感。

1.4 第一轮拜访的记录表单

1. 首轮采购沟通总结表

完成首轮采购沟通总结表1、2（见表6-7、表6-8）。

表6-7 首轮采购沟通总结表1

组名	
项目	内容
沟通的需求	
解决了哪些问题	
探讨的解决方案	
给予的行动承诺	
下一步待解决的问题	
沟通中自我存在的问题	

表6-8 首轮采购沟通总结表2

乙方名称	比较好的方面	可以更好的方面	对销售进程的影响	点评	反馈
我方					

2. 首轮采购沟通反馈表

完成首轮采购沟通反馈表(见表 6-9)。

表 6-9　首轮采购沟通反馈表

来访乙方组名						
乙方参与岗位						
甲方岗位						
类别	项目	反馈内容	序号	分值	得分	关键记录与反馈
沟通过程	商务表现	仪表及肢体语言合理	1	5		
		时间控制合理	2	5		
	拜访内容	探讨我方关注的问题清单	3	5		
		通过提问了解我方概念、信息	4	10		
		有确认和态度征询	5	10		
		针对明确的问题讲述和回答	6	10		
		说服力强、可信度高	7	10		
		逻辑清晰合理、思路连贯	8	10		
		合理使用材料工具	9	10		
		拜访过程与约见理由一致	10	10		
沟通效果	达成共识	需求分析准确	11	5		
		建议的解决方案合理	12	5		
		获取行动承诺	13	5		
合计				100		

3. 首轮客户拜访总结表

完成首轮客户拜访总结表 1、2(见表 6-10、表 6-11)。

表 6-10　首轮客户拜访总结表 1

组名	
项目	**内容**
客户需求	
了解客户的哪些问题	

（续表）

组名	
项目	内容
探讨的解决方案	
获取的行动承诺	
下一步待解决的问题	
拜访中自我存在的问题	

表 6-11　首轮采购拜访总结表 2

乙方名称	比较好的方面	可以更好的方面	对销售进程的影响	给予的点评、反馈
我方				

4. 首轮客户拜访反馈表

完成首轮客户拜访反馈表(见表 6-12)。

表 6-12　首轮客户拜访反馈表

<table>
<tr><td>甲方岗位</td><td colspan="7"></td></tr>
<tr><td>乙方参与岗位</td><td colspan="7"></td></tr>
<tr><td>类别</td><td>项目</td><td>反馈内容</td><td>序号</td><td>分值</td><td>得分</td><td>关键记录与反馈</td></tr>
<tr><td rowspan="6">拜访过程</td><td>商务表现</td><td>仪表及肢体语言合理</td><td>1</td><td>10</td><td></td><td></td></tr>
<tr><td rowspan="5">拜访内容</td><td>表达自己关心的问题</td><td>2</td><td>15</td><td></td><td></td></tr>
<tr><td>内容表达清晰</td><td>3</td><td>10</td><td></td><td></td></tr>
<tr><td>考察和确认我方能力</td><td>4</td><td>10</td><td></td><td></td></tr>
<tr><td>逻辑清晰合理、思路连贯</td><td>5</td><td>10</td><td></td><td></td></tr>
<tr><td>拜访过程与约见理由一致</td><td>6</td><td>10</td><td></td><td></td></tr>
<tr><td rowspan="2">拜访效果</td><td rowspan="2">达成共识</td><td>明确存在的问题和需求</td><td>7</td><td>15</td><td></td><td></td></tr>
<tr><td>确认行动承诺</td><td>8</td><td>20</td><td></td><td></td></tr>
<tr><td colspan="4">合计</td><td>100</td><td></td><td></td></tr>
</table>

5. 拟订采购计划表

完成采购计划表(见表 6-13)。

表 6-13　采购计划表

<table>
<tr><td>目前项目阶段</td><td></td></tr>
<tr><td>需采购的产品(服务、解决方案)</td><td></td></tr>
<tr><td>使用部门(领域)</td><td></td></tr>
<tr><td>数量(单位)</td><td></td></tr>
<tr><td>预算</td><td></td></tr>
<tr><td>可以实现</td><td></td></tr>
<tr><td>合同签订时间</td><td></td></tr>
<tr><td colspan="2">采购小组成员</td></tr>
<tr><td>决策者(EB)</td><td></td></tr>
<tr><td>技术把关者(TB)</td><td></td></tr>
<tr><td>使用者(UB)</td><td></td></tr>
</table>

6. 单一销售目标表

完成单一销售目标表(见表 6-14)。

表 6-14 单一销售目标表

目前项目阶段	
竞争态势	
采购角色	**客户角色**
决策者(EB)	
技术把关者(TB)	
使用者(UB)	
教练(Coach)	
项目	**内容**
销售的产品(服务、解决方案)	
使用部门(领域)	
数量(单位)	
合同额	
首付款	
签订合同时间	
首付款到账时间	

任务二 呈现优势

情境说明

- 向客户展示能力,证明与竞争对手相比的独特差异优势;
- 与客户共同制定满足客户概念的需求标准,共同创造一个达成共识的解决方案。

管理问题

- 在规定的时间内挖掘产品优势和公司优势,向客户展示实力,证明与竞争对手相比的独特差异优势;
- 与客户共同制定满足客户概念的需求标准,共同创造一个达成共识的解决方案。

在销售实践中的应用

- 优势和劣势都是客户眼中的,产品只有特点,没有优点和缺点;
- 客户基于我们与竞争对手的差异做出决策;
- 和客户达成共识。

学习目标

具体见表 6-15。

表 6-15 学习目标

<table>
<tr><th colspan="4">学习目标</th><th>时间(分钟)</th></tr>
<tr><td colspan="4">1. 应用提问技巧和倾听技巧,进行第二轮客户拜访沟通;
2. 应用对呈现优势、拆解项目局势的流程和方法的学习,进行竞争局势分析,制定销售流程。</td><td rowspan="4">290</td></tr>
<tr><td>情境编号</td><td>情境任务(甲方)</td><td>情境编号</td><td>情境任务(乙方)</td></tr>
<tr><td>1</td><td>考察供应商优势</td><td>2</td><td>呈现优势</td></tr>
<tr><td>3</td><td>制定采购决策流程</td><td>4</td><td>分析流程与态度</td></tr>
<tr><td>知识点</td><td colspan="4">1. 独特差异优势; 2. 应用场景呈现; 3. 合作经营流程; 4. 客户态度; 5. 采购决策模型; 6. 竞争分析。</td></tr>
</table>

学习过程

1. 考察供应商优势

学习过程具体见表 6-16。

表 6-16 学习过程

<table>
<tr><th>序号</th><th>学习步骤</th><th>时间(分钟)</th></tr>
<tr><td>1</td><td>阅读情境</td><td>5</td></tr>
<tr><td>2</td><td>小组讨论</td><td>15</td></tr>
<tr><td>3</td><td>收取第二轮拜访预约邮件,讨论回复确认</td><td>15</td></tr>
<tr><td>4</td><td>完成练习第二轮采购沟通表</td><td>30</td></tr>
<tr><td>5</td><td>线下行动</td><td>30</td></tr>
<tr><td>6</td><td>小组讨论</td><td>10</td></tr>
<tr><td colspan="2">反馈、点评、解析</td><td>20</td></tr>
<tr><td>7</td><td>课件学习</td><td>30</td></tr>
<tr><td colspan="2">教师解析知识难点</td><td>10</td></tr>
<tr><td>8</td><td>在线提交采购沟通反馈表</td><td>10</td></tr>
<tr><td colspan="2">时间合计</td><td>175</td></tr>
</table>

2. 呈现优势

学习过程具体见表 6-17。

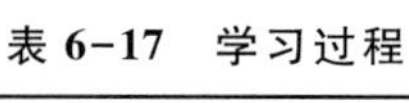

表 6-17　学习过程

序号	学习步骤	时间(分钟)
1	阅读情境	5
2	小组讨论	15
3	完成并发送第二轮拜访预约邮件	15
4	在线和客户相互回复确认	15
5	完成第二轮客户拜访准备表	30
6	线下行动	30
7	小组讨论	10
反馈、点评、解析		20
8	课件学习	30
教师解析知识难点		10
9	在线提交第二轮客户拜访反馈表	10
时间合计		190

2.1　梳理知识点

1. 独特差异优势

独特差异优势不仅需要体现产品、方案与竞争对手之间的差异，更在于与客户概念紧密结合的独特优势。独特差异优势是客户眼中的，而不是产品或方案本身的，产品只有特点，没有优点和缺点；是在特定的项目里和情况下针对某个对手的某个方案的优势，和客户(个人)概念、需求、关注目标相关联。面对不同客户、特定项目，以及同一客户项目中不同的人，需要呈现的独特差异优势也是不同的。客户在决策过程中看重的优势是不同的。在关注决策结果的同时，我们更会在客户理性分析阶段体现我们的优势，从而影响结果的形成。

● 理性差异：面向客户具体问题时，可分析、可比较、可验证的，可具体化描述，呈现在某种情境下便捷有效地解决客户问题的独特方式、方法、保障措施等。

● 感性差异：一种不同的“感觉”，当理性差异不大时，感性差异就发挥关键作用。有时候也会源于感性差异，寻找并强调理性差异。

● 独特差异优势的证明，需要回答：有什么优势？针对谁的优势？谁眼中的优势？我可以，别人不可以吗？那又怎么样？何以证明？

● 独特差异优势的可验证方式：

材料示例类：行业成功案例、技术标准说明、客户证言等；

陈述论证类：地理优势、公司背景(经营年限、行业经验、专利成果、规模、发展趋势等)、专家团队(从业年限、资历、人数)、客户群基础、技术先进性、专业经验、行业咨询能力、服务能力、方案适用性、实施计划、后续服务成本、针对性培训、战略合作、客户考察等。

独特差异优势具体示例见表 6-18。

表 6-18 独特差异优势示例

<table>
<tr><td colspan="3">客户名称:某互联网公司</td><td colspan="3">解决方案:计算机及网络设备</td></tr>
<tr><td colspan="3">对客户意味着什么</td><td>什么优势</td><td colspan="2">何以证明</td></tr>
<tr><td>关键角色</td><td>目标
(实现什么)</td><td>关键能力
(解决什么、避免什么)</td><td>需要的独特优势</td><td>验证方式</td><td>辅证资料</td></tr>
<tr><td>IT 部
刘经理</td><td>1. 分公司日常办公、研发、通信需求;
2. 实现统一通信功能;
3. 保证分公司的工作效率;
……</td><td>提供个性化的解决方案,有效配置各部门硬件及网络设备,保证员工随时随地能够办公(避免过度的资源浪费,网络通信的不稳定,从而降低公司运营效率)。</td><td>丰富的产品系列满足各部门的工作需求,有针对性的全方位的解决方案,先进成熟的统一通信硬件设备和网络集成方案。</td><td>唯一能够提供完整解决方案的厂家,产品包括各种档次计算机、网络硬件、配套软件和集成服务;
世界 500 强企业,并为多家 500 强企业提供个性化解决方案;
统一通信标准制定者,技术全球领先……</td><td>产品资料及展示、样板客户参观;
成功案例及客户感言;
现场演示、技术验证。</td></tr>
</table>

2. 应用场景呈现

应用场景呈现常用 SPAR 方式,即在某个时候(Some Time),当某个角色(Player),做了某个动作(Action),会有怎样的结果和感觉(Reaction or Result),是在客户某种具体的业务场景下,某人做某事达到某种效果。这是一种结合客户概念或关注的目标进行的属于客户的 SPAR 呈现。它的标准模式可表述为:“在……情况下……做……后会有……效果,你觉得怎么样?”

需要强调的是:

● 动作既包括具体动作,也包括动作带来的价值,SPAR 完成后要给客户呈现可验证方式。

● 影响既包括对客户企业和业务的影响,也包括对他个人的影响。当客户被你带入一个场景中时,你解决问题的方法或措施就成为其认可你的关键因素。

● 事先一定要和客户确认他的概念、关注的目标,强调场景化、具体化、感性化,需要确认客户感觉,最后展现“何以证明”

SPAR 呈现方式具体示例见表 6-19。

表 6-19 SPAR 呈现方式示例

<table>
<tr><td>客户名称</td><td>某公司</td><td>解决方案</td><td>采购管理系统</td></tr>
<tr><td>角色</td><td>采购部魏部长</td><td>目标</td><td>1. 实现随时了解采购订单执行情况;
2. ……</td></tr>
<tr><td>S</td><td colspan="3">当您给供应商下达采购计划之后;</td></tr>
</table>

（续表）

P	您只需要打开我们的采购管理系统，进入采购计划管理平台，打开采购订单执行情况表单；
A	就可以看到您下达的采购订单供应商是否接受，哪些已经入库，哪些没有发货，货物到哪里了，即将在什么时候送达，还有哪些处于供应商生产过程中，需要下达催货函；
R	那样的话，就能够做到保证采购订单执行情况及时知晓，并按需催货，减少因为采购件供应不及时对生产进度和交货延期的影响，从而增加订单和提高履约率。 您觉得，这样会对您有什么帮助吗？……
何以证明	软件界面演示、客户证言、成功客户案例……

3. 合作经营流程

合作经营（Cooperation Process）是以客户为中心，遵循客户概念形成（目标设定、需求形成、标准制定）的思维决策规律，和客户共同探讨形成满足需求标准的解决方案。

合作经营的特征是：

- 和客户共同创造的解决方案，才是客户认同的方案。
- 客户感觉拥有这个方案的所有权。

合作经营的流程如下：

- 通过提问，探索和了解客户的概念（目标、需求）；
- 诊断客户现状；
- 和客户一起研讨和制定满足需求的标准、方式、方法；
- 将我们的独特差异优势与客户的概念和标准关联起来，即寻找匹配点；
- 根据概念，呈现我们的产品或方案。

合作经营具体示例见表 6-20。

表 6-20 合作经营示例

<table>
<tr><td colspan="3" rowspan="3">合作经营流程</td><td>职位：</td><td>采购部魏部长</td></tr>
<tr><td>目标：</td><td>实现随时了解采购订单执行情况</td></tr>
<tr><td>方案：</td><td>采购管理系统</td></tr>
<tr><td colspan="2">获取信息</td><td colspan="3">给予信息</td></tr>
<tr><td>了解概念</td><td>您在采购订单执行管理方面面临什么挑战？（沉默 4 秒）</td><td>探索需求</td><td colspan="2">您觉得都有什么方式可以实现呢？（沉默 4 秒）</td></tr>
<tr><td colspan="2">诊断现状（差距和障碍）
梳理标准（提问，了解，探索，讨论）</td><td colspan="3">呈现独特差异优势（把我们的产品、方案联系起来）</td></tr>
</table>

（续表）

问题 1：无法随时了解采购物品什么时候能够送到仓库。 1. 现在有多少家供应商？ 2. 每月需采购的物品品种是多少？ 3. 现在及时送货率是多少？ 4. 您期望随时了解采购物品的哪些信息？		S：当您给供应商下达采购计划之后； P：您只需要打开我们的采购管理系统，进入采购计划管理平台，打开采购订单执行情况表单； A：就可以看到您下达的采购订单供应商是否接受，哪些已经入库，哪些没有发货，货物到哪里了，即将在什么时候送达，还有哪些处于供应商生产过程中，需要下达催货函； R：那样的话，就能够做到保证采购订单执行情况及时知晓，并按需催货，减少因为采购件供应不及时对生产进度和交货时间造成的影响，从而增加订单和提高履约率。 E：您看，这是我们的软件界面演示、客户证言、成功客户案例……	
确认：	您现在比较关注的是……吗？	**确认：**	如果您具备了上述能力、达到了这样的效果，对实现您的目标有帮助吗？

4. 客户态度

客户态度包括反馈态度和支持程度两个方面。

（1）反馈态度

客户的反馈态度是对事或项目的态度，指客户对感知的处境的态度，是对“现实”与“期望”的态度。反馈态度不是总体态度或性格，是客户的看法，不是销售人员自己的看法或感觉。

① 四类反馈态度的含义

● 如虎添翼：增值模式“G”，我期望能够变得比现在好。

● 亡羊补牢：困境模式“T”，我遇到麻烦需要解决，否则后果很严重。

● 我行我素：平衡模式“EK”，我觉得现在挺好的，没有必要改变。

● 班门弄斧：自满模式“OC”，我比别人强多了，要改变什么？说不定会改变。

② 四类反馈态度的核心特点

● G 型：增值模式。

客户态度特征：采取行动的可能性高；四种反馈模式中最易于销售的对象；不要把公司的成长与客户个人的成长混为一谈；这是从客户“自身利益”出发对你的建议方案。

● T 型：困境模式。

客户态度特征：急切地购买；但不一定买你的；不要最便宜的，而要最能解决他问题的方案；谈“技术优势”往往难以奏效，就想知道怎么解决；以解决当下问题为主，不太追求先进与创新。

● EK 型：平衡模式。

客户态度特征：不在意你的方案与他的现实之间的区别；你的方案是打破平衡的“祸

根”；没事找事！

● OC 型：自满模式。

客户态度特征：我已经相当不错了；你的建议及带给他的预期还不如现在；不允许你做出任何破坏目前良好状态的事情；既可能源于认识水平，也可能源于对你的抵制。

（2）支持程度

客户的支持程度是针对销售方销售方案的态度，不是针对销售方个人的，也不是针对销售方公司的，支持程度没有“零”，总会有些许赞同或反对。不是销售人员的直觉，而是要用具体的证据来证明客户的支持程度，未接触者的支持程度要标注“警示”，支持程度的定义需要由具体的行为表现来解释（见表 6-21）。

表 6-21 支持程度等级与分值

支持等级	支持分值	程度标识
热情拥护	+5	
大力支持	+4	
支持	+3	
感兴趣	+2	
认知相同	+1	
应该不会拒绝	-1	
不感兴趣	-2	
做负面评价	-3	
抗拒你的建议	-4	
坚决抵制你的销售	-5	

5. 采购决策模型

客户采购的四个项目阶段关注需求点的变化决定四类角色的参与阶段与程度、关注潜在影响者。

6. 竞争分析

判断竞争优劣势的标准不是客户做了什么，而是客户的态度，反馈态度和支持程度，以及问题清单是竞争优劣势分析的依据（见图 6-2）。

客户外部 （多家供应商选择）	客户用其他替代解决方案 （与我们的产品没有关联）
客户内部解决或集团内购买 （客户外部购买）	客户不购买

图 6-2 竞争优劣势分析

2.2　第二轮拜访的点评要点

- 应用提问技巧和倾听技巧,进行第二轮客户拜访沟通;
- 应用对呈现优势、拆解项目局势的流程和方法的学习,进行竞争局势分析,制定销售流程。

2.3　第二轮拜访的记录表单

1. 第二轮采购沟通准备表

完成第二轮采购沟通准备表(见表 6-22)。

表 6-22　第二轮采购沟通准备表

甲方部门角色	
项目	内容
需求	
问题清单	
期望提供的材料	
期望交流的对象	
期望交流的形式	
准备的提问	

2. 第二轮采购沟通总结表

完成第二轮采购沟通总结表 1、2(见表 6-23、表 6-24)。

表 6-23　第二轮采购沟通总结表 1

组名	
项目	内容
沟通的需求	
解决了哪些问题	

（续表）

组名	
项目	内容
探讨的解决方案	
给予的行动承诺	
下一步待解决的问题	
沟通中自我存在的问题	

表 6-24 第二轮采购沟通总结表 2

乙方名称	比较好的方面	可以更好的方面	对销售进程的影响	点评	反馈
我方					

3. 第二轮采购沟通反馈表

完成第二轮采购沟通反馈表(见表 6-25)。

表 6-25　第二轮采购沟通反馈表

来访乙方组名						
乙方参与岗位						
甲方岗位						
类别	项目	反馈内容	序号	分值	得分	关键记录与反馈
沟通过程	商务表现	仪表及肢体语言合理	1	5		
		时间控制合理	2	5		
	沟通内容	探讨我方关注的问题清单	3	5		
		通过提问了解我方概念、信息	4	10		
		有确认和态度征询	5	10		
		针对明确的问题讲述和回答	6	10		
		说服力强、可信度高	7	10		
		逻辑清晰合理、思路连贯	8	10		
		合理使用材料工具	9	10		
		沟通过程与约见理由一致	10	10		
沟通效果	达成共识	需求分析准确	11	5		
		建议的解决方案合理	12	5		
		获取行动承诺	13	5		
合计				100		

4. 第二轮拜访预约邮件

完成第二轮拜访预约邮件（见表 6-26）。

表 6-26　第二轮拜访预约邮件

组名	
收件人	
自我介绍	我是谁： 是否见过： 资历经验：
成功故事	由于＿（某些业务现状）＿，＿（同行业客户）＿公司的＿（业务上的）＿问题非常突出。我们帮他们解决了这个问题，现在他们公司＿（应用场景）＿。同时，我们帮助很多客户解决了类似问题，包括＿（同行客户名单）＿，不知道您是否有兴趣深入了解？或者不知道您对此是否感兴趣？
约见理由	目的： 过程： 收益：
收尾致辞	

5. 第二轮客户拜访准备表

完成第二轮客户拜访准备表(见表 6-27)。

表 6-27 第二轮客户拜访准备表

项目	内容
拜访对象	
自我介绍	
成功故事	
约见理由	
收尾致辞	
客户潜在需求	
需要的材料、工具	
客户的问题清单	
客户可能的提问	
准备的回答	
准备获取的最佳行动承诺	
准备获取的最小行动承诺	
准备的提问	
我方参与人员	
交流形式	

6. 第二轮客户拜访总结表

完成第二轮客户拜访总结表 1、2(见表 6-28、表 6-29)。

表 6-28 第二轮客户拜访总结表 1

组名	
项目	内容
客户需求	
了解客户的哪些问题	
探讨的解决方案	
获取的行动承诺	
下一步待解决的问题	
拜访中自我存在的问题	

表 6-29 第二轮客户拜访总结表 2

乙方名称	比较好的方面	可以更好的方面	对销售进程的影响	给予的点评、反馈
我方				

7. 第二轮客户拜访反馈表

完成第二轮客户拜访反馈表(见表 6-30)。

表 6-30 第二轮客户拜访反馈表

甲方岗位						
乙方参与岗位						
类别	项目	反馈内容	序号	分值	得分	关键记录与反馈
拜访过程	商务表现	仪表及肢体语言合理	1	10		
	拜访内容	表达自己关心的问题	2	15		
		内容表达清晰	3	10		
		考察和确认我方能力	4	10		
		逻辑清晰合理、思路连贯	5	10		
		拜访过程与约见理由一致	6	10		
拜访效果	达成共识	明确存在的问题和需求	7	15		
		确认行动承诺	8	20		
合计				100		

8. 采购决策流程表

完成采购决策流程表(见表 6-31)。

表 6-31 采购决策流程表

重点考察的供应商(1—3 家)			
采购小组组长		采购小组成员	
决策小组组长		决策小组成员	
决策小组各成员评分权重	行动类型	行动目标	动用资源
项目阶段			
潜在阶段			
意向阶段			
立项阶段			
方案阶段			
商务阶段			
成交			

9. 拟订销售流程表

完成销售流程表(见表 6-32)。

表 6-32 销售流程表

主要竞争对手(1—3 家)			
竞争态势(打√)	单一竞争□ 领先对手□ 平手□ 劣势□		
采购小组组长		采购小组成员	
决策小组组长		决策小组成员	
决策小组各成员评分权重	行动类型	行动目标	动用资源
项目阶段			
潜在阶段			
意向阶段			
立项阶段			
方案阶段			
商务阶段			
成交			

任务三 获得承诺

情境说明

- 处理客户顾虑，获得行动承诺；
- 逐步获得客户的行动承诺，是通往成功销售的阶梯。

在销售实践中的应用

- 分清顾虑和反对的区别，忽略或处理不好顾虑，就会使其变成反对。
- 把客户对方案、产品以及实施方面的质疑称为反对，而把客户自己对他的组织内部和对他个人的影响的担心称作顾虑。
- 在没有和客户确认的情况下，我们永远不要认为自己知道客户真正的顾虑是什么，不要假设，更不要臆断。
- 客户获取信息，是源于个人动机，根据自己的逻辑进行思考，做出自己的判断，形成自己的态度和决定。

学习目标

具体见表 6-33。

表 6-33 学习目标

<table>
<tr><th colspan="4">学习目标</th><th>时间（分钟）</th></tr>
<tr><td colspan="4">1. 应用呈现优势的流程和方法，在第三轮客户拜访中解决客户顾虑，获得客户承诺；
2. 应用获得承诺的流程和方法，对第三轮客户拜访沟通进行效果评估；
3. 应用对竞争策略的学习，分析制订销售行动计划。</td><td rowspan="4">245</td></tr>
<tr><td>情境编号</td><td>情境任务（甲方）</td><td>情境编号</td><td>情境任务（乙方）</td></tr>
<tr><td>1</td><td>解决顾虑</td><td>2</td><td>获得承诺</td></tr>
<tr><td>3</td><td>制定采购策略与计划</td><td>4</td><td>制定销售策略与计划</td></tr>
<tr><td>知识点</td><td colspan="4">1. 获得客户承诺；2. 处理客户顾虑；3. 关键人应对策略；4. 资源发展与使用；5. 竞争策略。</td></tr>
</table>

学习过程

1. 解决顾虑

学习过程具体见表 6-34。

表 6-34 学习过程

序号	学习步骤	时间(分钟)
1	阅读情境	5
2	小组讨论	15
3	收取第三轮拜访预约邮件,讨论回复确认	15
4	完成第三轮采购沟通表	30
5	线下行动	30
6	小组讨论	10
反馈、点评、解析		20
7	课件学习	30
教师解析知识难点		10
8	在线提交采购沟通反馈表	10
时间合计		175

2. 获得承诺

学习过程具体见表 6-35。

表 6-35 学习过程

序号	学习步骤	时间(分钟)
1	阅读情境	5
2	小组讨论	15
3	完成并发送第三轮拜访预约邮件	15
4	在线和客户相互回复确认	15
5	完成第三轮客户拜访准备表	30
6	线下行动	30
7	小组讨论	10
反馈、点评、解析		20
8	课件学习	30
教师解析知识难点		10
9	在线提交第三轮客户拜访反馈表	10
时间合计		190

3. 制定采购策略与计划

学习过程具体见表 6-36。

表 6-36 学习过程

序号	学习步骤	时间(分钟)
1	阅读情境	2
2	小组讨论	18
3	课件学习	30
教师解析知识难点		10
4	在线提交采购策略表	15
教师点评、总结		10
时间合计		85

4. 制定销售策略与计划

学习过程具体见表 6-37。

表 6-37 学习过程

序号	学习步骤	时间(分钟)
1	阅读情境	2
2	小组讨论	18
3	课件学习	30
教师解析知识难点		10
4	在线提交销售行动计划表	15
教师点评、总结		10
时间合计		85

3.1 梳理知识点

1. 获得客户承诺——根据拜访的行动承诺准备承诺类问题

(1) 目的

- 获得客户的行动承诺;
- 确定销售过程所处的阶段;
- 推动销售圆满成功。

(2) 何时使用

- 每次销售拜访结束时;
- 可以先征询客户的建议。

(3) 使用承诺类问题需要

- 针对行动承诺目标;
- 获得客户的行动承诺前围绕客户的概念和想法,征求客户的建议。

(4) 使用技巧

- 为了……
- 您看接下来是不是可以……
- 这样的话,您既可以……我们也可以……
- 您觉得呢? ……

(5) 获得行动承诺示例

具体见表 6-38。

表 6-38 获得行动承诺示例

客户名称	某公司	解决方案	物流管理系统
关键角色	承诺目标	承诺类问题	
采购部 魏部长	**最佳行动承诺** **时间:**明天下午 **地点:**财务部办公室 **人物:**财务部钱部长 **方式:**当面沟通 **目标:**了解钱部长对物流管理系统的期望和需求,同时获得钱部长的认可 **最低行动承诺** **时间:**明天下午 **地点:**采购部会议室 **人物:**面向采购部同人 **方式:**汇报下我们物流全过程控制管理的需求理解 **目标:**征求对我们的建议和对物流管理系统的要求	**承诺类问题** **为了**更好地了解采购管理系统对采购成本管理的期望和要求, **您看接下来是不是可以**在明天下午安排我们与钱部长沟通,了解下贵司目前原料采购的周期管理现状,以及对未来的期望和需求。 **这样的话,您既可以**从成本管理角度更好地把握需求, **我们也可以**针对物流的周期过程控制的需求提供解决方案的建议。 **您觉得呢?** …… **承诺类问题** **为了**更好地了解采购部对物流管理系统的全过程控制管理的需求, **您看接下来是不是可以**在明天下午安排我们向您的团队汇报下我们对您部门以及企业对全过程控制管理的分析, **这样的话,您既可以**更全面地了解您的团队对物流管理的要求, **我们也可以**获得您的团队的建议,并更好地完善物流管理解决方案。 **您觉得呢?** ……	

2. 处理客户顾虑——探索客户顾虑类问题

(1) 目标

- 发现未找出的问题;

● 探寻客户有顾虑的深层原因；

● 找出什么是销售进程阻滞的原因。

（2）使用技巧

● 您对……还有什么考虑吗？……

● 您出于什么原因担心……

● 您对……下一步还有什么建议……

（3）处理客户顾虑准备表

具体见表6-39。

表6-39　处理客户顾虑准备表

客户名称		解决方案
关键角色	顾虑类问题	LSC 句式
	找出问题：您对______还有什么考虑吗？…… **探询原因**：您出于什么原因担心______ **探讨进程**：您对______下一步还有什么建议……	**L**：还有呢？…… **S**：______也遇到过______，我很理解您的想法…… **C**：是什么原因让您担心______

3. 关键人物应对策略

（1）最终决策者策略

● 直接探问，请教 COACH，推测并验证；

● 做能帮阻挡者赢得老板信任的事；

● 多做功课；

● 每次接触都要有正当理由。

（2）应用选型者策略

● 重视和满足他的想法或需求。

（3）技术选型者策略

● 不能无视他的存在，必须尊重他。

（4）销售顾问策略

● 不要将朋友、信息提供者、客户内部推广者等混淆；

● 不要让其过多出面；

● 多渠道多方式确认真假。

（5）漠然消极的角色 EK 策略

● 共同建立新的期望，拉高期望；

● 共同感受糟糕的现状。

(6) 自满的角色 OC 策略

- 让其释放自满;
- 耐心等待;
- 破釜沉舟看对象。

4. 资源发展与使用

具体见表 6-40。

表 6-40 资源发展与使用

资源来源	资源类别	行动类型
内部资源	顾问专家 行业专家 销售人员的上司 公司的高管	需求调研、技术交流 产品演示、方案呈现 拜访、公关
外部资源	合作伙伴 样板客户	COACH 公关 客户参观
销售人员自己		拜访、了解信息、公关 需求调研、技术交流 产品演示、方案呈现
客户内部支持者		COACH、提供内部/对手信息 内部推荐、协助公关、传播对竞争对手不利的消息 制定门槛、改变规则
竞争对手		衬托自己的优势 抬高价格 搜集竞争对手的不利信息

5. 竞争策略管理问题

(1) 常用策略

- 先机——先发致人:创造需求、排他性评估、战略联盟、及早离开。
- 正面——直接攻击:方案优势、公司实力、假定的客户突发场景。
- 侧翼——改变规则:改变/扩展需求、采购流程,引入新人。
- 分化——分而置之:集中优势兵力重点突破,然后辐射、寻找战略联盟。
- 时机——拖延或加速:时机是策略的核心。

(2) 竞争策略表示例

具体见表 6-41。

表 6-41 销售资源使用竞争策略表

客户名称		某公司		解决方案		采购管理系统		竞争对手 B公司
客户角色	现状	客户态度和支持程度	业务结果	个人赢利	是否变成顾问	行动顺序	动用资源和行动类型	行动目标和支持程度目标
信息部邢部长	支持对手	期望改善现状，负面评价	提升软件系统管理效能	领导认可，提升地位	是	1	技术顾问，技术交流	了解其对软件系统的技术要求和期望，验证能力，征求建议，共同探讨编写技术解决方案；获得认可
采购部魏部长	期望看到我们的方案	求稳，感兴趣	提高采购效率、效益	提升权限，领导认可，提升地位	否	2	行业专家，需求调研	了解其采购订单执行情况管理的现状和期望，并共同探讨优化空间和解决方案，帮他实现对采购信息的集权管理；获得支持
财务部钱部长	性价比高的公司	保持平衡，应该不会拒绝	控制成本	领导认可	否	3	行业专家，呈现方案	征求对方案的建议，共同探讨性价比高的解决方案；获得支持

3.2 第三轮拜访的点评要点

- 注意提问和倾听了，但还是会沉不住气，急于呈现和解释；
- 会提问，不会使用信息类问题、确认类问题、态度类问题追问客户的概念和顾虑；
- 被问到客户的顾虑，不会处理，会急于否定，然后立即呈现自己的优势，接着就会被客户质疑，陷入被动局面，疲于解释。

3.3 第三轮拜访的记录表单

1. 第三轮采购沟通准备表

完成第三轮采购沟通准备表(见表 6-42)。

表 6-42 第三轮采购沟通准备表

甲方部门角色	
项目	内容
需求	

（续表）

甲方部门角色	
项目	**内容**
问题清单	
期望提供的材料	
期望交流的对象	
期望交流的形式	
准备的提问	

2. 第三轮采购沟通总结表

完成第三轮采购沟通总结表1、2(见表6-43、表6-44)。

表6-43 第三轮采购沟通总结表1

组名	
项目	**内容**
沟通的需求	
解决了哪些问题	
探讨的解决方案	
给予的行动承诺	
下一步待解决问题	
沟通中自我存在的问题	

表 6-44　第三轮采购沟通总结表 2

乙方名称	比较好的方面	可以更好的方面	对销售进程的影响	点评	反馈
我方					

3. 第三轮采购沟通反馈表

完成第三轮采购沟通反馈表(见表 6-45)。

表 6-45　第三轮采购沟通反馈表

来访乙方组名						
乙方参与岗位						
甲方岗位						
类别	项目	反馈内容	序号	分值	得分	关键记录与反馈
沟通过程	商务表现	仪表及肢体语言合理	1	5		
		时间控制合理	2	5		
	沟通内容	探讨我方关注的问题清单	3	5		
		通过提问了解我方概念、信息	4	10		
		有确认和态度征询	5	10		
		针对明确的问题讲述和回答	6	10		
		说服力强、可信度高	7	10		
		逻辑清晰合理、思路连贯	8	10		
		合理使用材料工具	9	10		
		沟通过程与约见理由一致	10	10		
沟通效果	达成共识	需求分析准确	11	5		
		建议的解决方案合理	12	5		
		获取行动承诺	13	5		
合计				100		

4. 第三轮拜访预约邮件

完成第三轮拜访预约邮件(见表 6-46)。

表 6-46 第三轮拜访预约邮件

组名	
收件人	
自我介绍	我是谁: 是否见过: 资历经验:
成功故事	由于＿（某些业务现状）＿,＿（同行业客户）＿公司的＿（业务上的）＿问题非常突出。我们帮他们解决了这个问题,现在他们公司＿（应用场景）＿。同时,我们帮助很多客户解决了类似问题,包括＿（同行客户名单）＿,不知道您是否有兴趣深入了解?或者不知道您对此是否感兴趣?
约见理由	目的: 过程: 收益:
收尾致辞	

5. 第三轮客户拜访准备表

完成第三轮客户拜访准备表(见表 6-47)。

表 6-47 第三轮客户拜访准备表

项目	内容
拜访对象	
自我介绍	
成功故事	
约见理由	
收尾致辞	
客户潜在需求	
需要的材料、工具	

（续表）

项目	内容
客户的问题清单	
客户可能的提问	
准备的回答	
准备获取的最佳行动承诺	
准备获取的最小行动承诺	
准备的提问	
我方参与人员	
交流形式	

6. 第三轮客户拜访总结表

完成第三轮客户拜访总结表 1、2(见表 6-48、表 6-49)。

表 6-48　第三轮客户拜访总结表 1

组名	
项目	内容
客户需求	
了解客户的哪些问题	
探讨的解决方案	
获取的行动承诺	
下一步待解决的问题	
拜访中自我存在的问题	

表 6-49 第三轮客户拜访总结表 2

乙方名称	比较好的方面	可以更好的方面	对销售进程的影响	给予的点评、反馈
我方				

7. 第三轮客户拜访反馈表

完成第三轮客户拜访反馈表(见表 6-50)。

表 6-50 第三轮客户拜访反馈表

甲方岗位						
乙方参与岗位						
类别	项目	反馈内容	序号	分值	得分	关键记录与反馈
拜访过程	商务表现	仪表及肢体语言合理	1	10		
	拜访内容	表达自己关心的问题	2	15		
		内容表达清晰	3	10		
		考察和确认我方能力	4	10		
		逻辑清晰合理、思路连贯	5	10		
		拜访过程与约见理由一致	6	10		
拜访效果	达成共识	明确存在的问题和需求	7	15		
		确认行动承诺	8	20		
合计				100		

任务四 拜访总结与评估

情境说明

拜访总结与评估是指在每次销售拜访后,对基于拜访目的和行动承诺的达成情况、客户态度等拜访效果进行评估,以分析客户信任建立情况,评估销售目标的达成机会。

管理问题

● 甲方在采购过程中,在与乙方就问题和需求进行沟通确认后,需要对问题和需求,以及探讨的解决方案进行可行性及风险分析,以评估解决问题的策略。此任务情境即甲方进行项目风险分析;

● 在复杂销售中,乙方的销售过程管理和策略制定更多的是面向建立竞争优势、赢得订单合同"机会"的评估和管理。因此乙方需要分析和评估客户关系是否赢得了客户信任。此任务情境即乙方进行销售机会评估。

在销售实践中的应用

在复杂销售中,客户为了掌握采购过程的控制权,往往会特意让供应商"两眼一抹黑",不想让供应商发觉没有机会而主动退出,从而缺少了制造供应商之间竞争、压价、备选的机会,或为了彰显公平、公正以及欠缺相关知识,不能向供应商表达准确的信息。

事实证明,销售人员往往都是天生的乐天派,对项目局势的分析和判断更多的是凭感觉。但在实际竞争激烈的复杂销售中,很多销售人员在仅凭感觉的盲目乐观下,即便丢单都不知道原因,或困惑于为什么在项目后期和决策前,和自己关系很好的客户开始和自己"躲猫猫",或事后发现客户是和自己玩起了"无间道"。因此,在和客户沟通的过程中,销售人员会得到很多错误信息,这是无法避免的。而信息是策略的雷达,所以不管什么人就什么事情所说的话,都不可过于轻信,要坚持对每次销售拜访的效果和不同来源收集的信息彼此对照,进行评估,只有这样才能发现真相,进而分析机会和客户信任程度,判断是否在每次拜访中顺利达到了拜访目的,获得了有效承诺,从而一步步搭建通向成功的阶梯。

学习目标

具体见表 6-51。

表 6-51　学习目标

<table>
<tr><th colspan="4">学习目标</th><th>时间(分钟)</th></tr>
<tr><td colspan="4">1. 应用对拜访总结与评估方法的学习,通过问题清单对供应商提供的信息进行评估,做项目风险分析。
2. 应用拜访总结与评估的标准和方法,结合与客户前三轮的沟通结果,通过问题清单评估客户信任建立情况,进行销售机会评估。</td><td rowspan="3">55</td></tr>
<tr><td>情境编号</td><td>情境任务(甲方)</td><td>情境编号</td><td>情境任务(乙方)</td></tr>
<tr><td>1</td><td>项目风险评估</td><td>2</td><td>销售机会评估</td></tr>
<tr><td>知识点</td><td colspan="4">拜访评估</td></tr>
</table>

学习过程

1. 项目风险评估

学习过程具体见表 6-52。

表 6-52　学习过程

序号	学习步骤	时间(分钟)
1	阅读情境	2
2	小组讨论	5
3	课件学习	15
教师解析知识难点		10
4	完成项目风险分析表	15
教师点评与总结		8
时间合计		55

2. 销售机会评估

学习过程具体见表 6-53。

表 6-53　学习步骤

序号	学习步骤	时间(分钟)
1	阅读情境	2
2	小组讨论	5
3	课件学习	15
教师解析知识难点		10
4	完成销售机会评估表	15
教师点评与总结		8
时间合计		55

4.1　梳理知识点

拜访总结与评估是对拜访沟通效果和客户信任程度的评估。评估效果源于拜访计划的有效准备,拜访过程需要和约见理由一致,拜访过程中需要先了解客户概念,然后再呈现自己的产品和方案,同时,需要铭记此次拜访的目的,获得客户的行动承诺。

拜访总结与评估的标准和方法:

1. 拜访准备评估

- 已经了解到客户的什么概念?
- 已经收集了哪些有用的信息?
- 拜访的目的是否清晰?

- 准备了哪些独特差异优势？
- 是否制定了有效的约见理由？
- 准备了什么好的提问？
- 是否制定了获得客户的最佳行动承诺？
- 可接受的最小行动承诺是什么？

2. 拜访过程评估

- 呈现产品和方案前是否了解客户的概念？
- 使用黄金静默有多成功？
- 客户给出了哪些行动承诺？你呢？可行吗？
- 呈现独特差异优势后做证明了吗？认同了吗？
- 拜访内容和有效约见理由一致吗？
- 帮客户解决了哪些顾虑？还有哪些？
- 客户接受最佳行动承诺了吗？
- 客户承诺与我们的最佳行动承诺相关性有多大？

3. 客户信任程度评估

（1）赢得客户信任的情况

- 谈论你的产品或服务和他需求的关系；
- 问“如何”，精力放在方案上；
- 提供高度个性化的数据和信息；
- 给你提供一些内部情况；
- 分享他的想法和建议；
- 沟通非常专注和明确；
- 内心开放的肢体语言。

（2）未赢得客户信任的情况

- 让你跳入其设好的圈套；
- 追问你“为什么”，不听解释和回答；
- 保持沉默，或警惕性很高，只言片语；
- 不让你按你认为合理的沟通进程开展；
- 对你的思路有疑问；
- 有明显的敌对性，或是防卫性；
- 心态封闭的肢体语言。

4.2 教师点评要点

- 掌握并正确应用拜访总结与评估的标准和方法，结合前三轮的沟通结果，进行销售机会评估。
- 正确应用对拜访总结与评估方法的学习，通过问题清单对供应商提供的信息进行评估,做项目风险分析。

4.3 记录表单

完成以下记录表单(见表 6-54、表 6-55)。

表 6-54 项目风险分析表

需求部门	期望实现	需求内容	需求标准	预算	优先供应商	待考察内容	未知风险
总经理							
企管经理							
信息经理							
采购经理							
生产经理							
财务经理							

表 6-55 销售机会评估表

组名				
序号	项目	评估内容	分值	自评分
1	拜访评估	客户概念把握度	5	
2		客户需求把握度	5	
3		建议方案满足度	5	
4		有用信息收集度	5	
5		约见理由认可度	5	
6		独特差异优势认可度	5	
7		合作经营效果	5	
8		提问效果	5	
9		黄金静默效果	5	
10		获得行动承诺效果	5	
11		解决顾虑效果	5	
12		最佳行动承诺获取度	5	
13		最小行动承诺获取度	5	

（续表）

组名				
序号	项目	评估内容	分值	自评分
14	信任表现	谈论你的产品或服务和他需求的关系	5	
15		问“如何”，精力放在方案上	5	
16		提供高度个性化的数据和信息	5	
17		给你提供一些内部情况	5	
18		分享他的想法和建议	5	
19		沟通非常专注和明确	5	
20		内心开放的肢体语言	5	
合计			100	

备注：

100 分（热情拥护），90 分（大力支持），80 分（支持），70 分（感兴趣），60 分（认知相同），50 分（应该不会拒绝），40 分（不感兴趣），30 分（做负面评价），20 分（抗拒你的建议），10 分（坚决抵制你的销售）

任务五 关键人物拜访

情境说明

● 扬长补短、固强制弱、绝地反击，寻求关键决策影响者的认可和支持。

● 面向“总”字头级人物销售，并获得支持和认可。销售人员没有办法将产品销售给没有最终决策权的人。

管理问题

● 基于拜访目的和行动承诺的达成情况，在规定的时间内分析客户信任建立情况；

● 评估销售目标的达成机会。

在销售实践中的应用

当客户为了掌握采购过程的控制权，而特意让供应商“两眼一抹黑”时，销售人员的应对措施有：

● 销售人员往往都是天生的乐天派，对项目局势的分析和判断不仅要凭感觉，还需要更加客观的方法。

● 信息是策略的雷达，对从客户那里获得的信息，需要多方核对其真实性，验证哪个信息和客户是可信的，进而分析机会和客户信任程度。

学习目标

具体见表 6-56。

表 6-56 学习目标

<table>
<tr><th colspan="4">学习目标</th><th>时间（分钟）</th></tr>
<tr><td colspan="4">1. 根据拟订的销售行动计划表，进行最后两次客户拜访；
2. 验证竞争策略和行动计划的有效性；
3. 获得关键决策影响者的认可和支持，建立竞争优势。</td><td rowspan="3">295</td></tr>
<tr><td>情境编号</td><td>情境任务（甲方）</td><td>情境编号</td><td>情境任务（乙方）</td></tr>
<tr><td>1</td><td>评估供应商</td><td>2</td><td>关键人物拜访</td></tr>
<tr><td>知识点</td><td colspan="4">高层拜访</td></tr>
</table>

学习过程

1. 评估供应商

学习过程具体见表 6-57。

表 6-57 学习过程

序号	学习步骤	时间（分钟）
1	阅读情境	5
2	小组讨论	15
3	向拜访角色发送第四轮拜访预约邮件	15
4	在线和客户相互回复确认	30
5	完成第四轮客户拜访准备表	5
6	线下行动	30
7	在线提交第四轮客户拜访反馈表	15
8	向拜访角色发送第五轮拜访预约邮件	30
9	在线和客户相互回复确认	30
10	完成第五轮客户拜访准备表	30
11	线下行动	30
12	小组讨论	10
反馈、点评、总结		20
13	课件学习	10
教师解析知识难点		10
14	在线提交第五轮客户拜访反馈表	10
时间合计		295

2. 关键人物拜访

学习过程具体见表 6-58。

表 6-58 学习过程

序号	学习步骤	时间(分钟)
1	阅读情境	5
2	小组讨论	15
3	向拜访角色发送第四轮拜访预约邮件	15
4	在线和客户相互回复确认	30
5	完成第四轮客户拜访准备表	5
6	线下行动	30
7	在线提交第四轮客户拜访反馈表	15
8	向拜访角色发送第五轮拜访预约邮件	30
9	在线和客户相互回复确认	30
10	完成第五轮客户拜访准备表	30
11	线下行动	30
12	小组讨论	10
反馈、点评、总结		20
13	课件学习	10
教师解析知识难点		10
14	在线提交第五轮客户拜访反馈表	10
时间合计		295

5.1 梳理知识要点

1. 关键人物拜访

- 根据拟订的销售行动计划表,进行最后两次客户拜访;
- 验证竞争策略和行动计划的有效性;
- 获得关键决策影响者的认可和支持,建立竞争优势。

扬长补短、固强制弱、绝地反击,寻求关键决策影响者的认可和支持,面向“总”字头级人物销售,并获得支持和认可。销售人员没有办法将产品销售给没有最终决策权的人。

关键人物拜访的要点如下:

获得客户方其他关键角色的认可和支持、参与;我方参与角色资源准备,并知会项目情况,客户关键角色的反馈态度和支持程度,沟通目标、过程、内容;方案、材料准备。

如何不被拒绝,有效约见理由;借力我方高层;周期性提供有用信息和简报;如何不被阻挡,探询并处理阻挡者的顾虑;关注阻挡者的“结果”;做能够帮阻挡者赢得老板信任的事。

2. 评估供应商

根据制定的采购策略，进行第四轮和第五轮采购沟通，评估供应商优劣势。

5.2 第四轮和第五轮拜访的点评要点

关键人物拜访准备：

- 明确拜访关键人物的目的，有效约见理由；
- 明确关键人物关心的实现目标的关键成功要素；
- 拜访关键人物前，汇总此前与其他决策者沟通的内容与解决方案，向关键人物汇报，征询其态度和核心关注点；
- 客户方关键人物的认可、支持、参与；
- 我方角色资源的准备和知会；
- 方案、材料准备。

和关键人物谈什么：

- 了解关键人物关心的组织目标以及实现目标的关键成功要素；
- 明确方案如何帮助客户具备这些要素，分析并量化给客户带来的价值；
- 关键人物关心的问题清单和目标清单的解决方案；
- 谈关键人物关心的实现目标的关键成功要素，不要谈过于细节的问题。

5.3 第四轮和第五轮拜访的记录表单

完成以下记录表单（见表 6-59 至表 6-66）。

表 6-59 第四轮客户拜访准备表

项目	内容
拜访对象	
自我介绍	
成功故事	
约见理由	
收尾致辞	
客户潜在需求	
需要的材料、工具	
客户的问题清单	
客户可能的提问	
准备的回答	
准备获取的最佳行动承诺	

（续表）

项目	内容
准备获取的最小行动承诺	
准备的提问	
我方参与人员	
交流形式	

表 6-60　第四轮客户拜访总结表 1

组名	
项目	内容
客户需求	
了解客户的哪些问题	
探讨的解决方案	
获取的行动承诺	
下一步待解决的问题	
拜访中自我存在的问题	

表 6-61　第四轮客户拜访总结表 2

乙方名称	比较好的方面	可以更好的方面	对销售进程的影响	给予的点评、反馈
我方				

表 6-62 第四轮客户拜访反馈表

甲方岗位						
乙方参与岗位						
类别	项目	反馈内容	序号	分值	得分	关键记录与反馈
拜访过程	商务表现	仪表及肢体语言合理	1	10		
	拜访内容	表达自己关心的问题	2	15		
		内容表达清晰	3	10		
		考察和确认我方能力	4	10		
		逻辑清晰合理、思路连贯	5	10		
		拜访过程与约见理由一致	6	10		
拜访效果	达成共识	明确存在的问题和需求	7	15		
		确认行动承诺	8	20		
合计				100		

表 6-63 第五轮客户拜访准备表

项目	内容
拜访对象	
自我介绍	
成功故事	
约见理由	
收尾致辞	
客户潜在需求	
需要的材料、工具	
客户的问题清单	
客户可能的提问	
准备的回答	
准备获取的最佳行动承诺	
准备获取的最小行动承诺	
准备的提问	
我方参与人员	
交流形式	

表 6-64 第五轮客户拜访总结表 1

组名	
项目	内容
客户需求	
了解客户的哪些问题	
探讨的解决方案	
获取的行动承诺	
下一步待解决的问题	
拜访中自我存在的问题	

表 6-65 第五轮客户拜访总结表 2

乙方名称	比较好的方面	可以更好的方面	对销售进程的影响	给予的点评、反馈
我方				

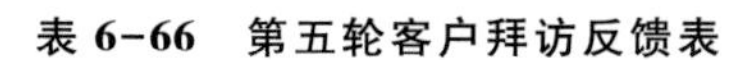

表 6-66 第五轮客户拜访反馈表

甲方岗位						
乙方参与岗位						
类别	项目	反馈内容	序号	分值	得分	关键记录与反馈
拜访过程	商务表现	仪表及肢体语言合理	1	10		
	拜访内容	表达自己关心的问题	2	15		
		内容表达清晰	3	10		
		考察和确认我方能力	4	10		
		逻辑清晰合理、思路连贯	5	10		
		拜访过程与约见理由一致	6	10		
拜访效果	达成共识	明确存在的问题和需求	7	15		
		确认行动承诺	8	20		
合计				100		

项目七 方案制作与呈现

方案制作与呈现

- 对甲方的目标、差距、能力、需求进行分析和理解，提出整体解决方案；
- 解决方案是对前期工作的总结，是展现公司、产品实力的契机；
- 解决方案必须有明确的对象，或施行的范围和领域。

在销售实践中的应用

- 不仅要清晰地把握甲方的问题和整体需求，而且要分析关键人物和部门的需求并给予响应；
- 同样的需求，不同的客户企业，其需求背后的问题和原因也会有所不同。

学习目标

具体见表 7-1。

表 7-1 学习目标

任务大类“方案制作与呈现”的学习目标	典型任务		时间（分钟）
	任务号	任务名称	
1. 了解解决方案的内容架构，根据解决方案标准模板和实际客户需求，撰写解决方案； 2. 应用解决方案呈现技巧，呈现解决方案。	一	需求汇总与分析	50
	二	解决方案撰写	135
	三	方案呈现准备	60
	四	解决方案呈现	155

任务一 需求汇总与分析

情境说明

就甲乙双方经过沟通，达成的需要实现的目标和需求进行汇总、分析和确认。

在销售实践中的应用

- 防止甲乙双方对需求的遗漏和相互理解偏差；

- 逐一明确具体可量化的目标和需求；
- 对期望实现的目标和需求的重要性进行排序。

学习目标

具体见表 7-2。

表 7-2 学习目标

<table>
<tr><th colspan="4">学习目标</th><th>时间（分钟）</th></tr>
<tr><td colspan="4">应用与客户在五轮拜访中获得的信息，梳理汇总客户期望实现的目标和需求。</td><td rowspan="3">50</td></tr>
<tr><td>情境编号</td><td>情境任务（甲方）</td><td>情境编号</td><td>情境任务（乙方）</td></tr>
<tr><td>1</td><td>目标和需求梳理</td><td>2</td><td>客户目标和需求梳理</td></tr>
</table>

学习过程

1. 目标和需求梳理

学习目标：应用与供应商在五轮采购沟通中的结果，梳理期望通过 ERP 实现的目标和需求。

学习过程具体见表 7-3。

表 7-3 学习过程

<table>
<tr><th>序号</th><th>学习步骤</th><th>时间（分钟）</th></tr>
<tr><td>1</td><td>阅读情境</td><td>5</td></tr>
<tr><td>2</td><td>小组讨论</td><td>30</td></tr>
<tr><td>3</td><td>完成目标和需求汇总表</td><td>15</td></tr>
<tr><td colspan="2">时间合计</td><td>50</td></tr>
</table>

2. 客户目标和需求梳理

学习目标：应用与客户在五轮拜访中获得的信息，梳理汇总客户期望实现的目标和需求。

学习过程具体见表 7-4。

表 7-4 学习过程

<table>
<tr><th>序号</th><th>学习步骤</th><th>时间（分钟）</th></tr>
<tr><td>1</td><td>阅读情境</td><td>5</td></tr>
<tr><td>2</td><td>小组讨论</td><td>30</td></tr>
<tr><td>3</td><td>完成客户目标和需求汇总表</td><td>15</td></tr>
<tr><td colspan="2">时间合计</td><td>50</td></tr>
</table>

1.1 客户需求概念

客户需求的六个方面:目标、差距、能力、价值;目标:总目标、分目标、子目标(组织级、部门级、个人级);差距:障碍、问题、原因、需求;能力:管理(业务流程优化、绩效考核)、人、产品/服务/解决方案;价值:投资效益分析;需求的三个维度:产品/服务/解决方案、技术标准、合作关系。

1.2 目标和需求汇总表

完成目标和需求汇总表(见表 7-5)。

表 7-5 目标和需求汇总表

目标	企业级目标: 部门级目标:
产品/服务/解决方案	企业级需求: 部门级需求:
需求/技术标准	企业级关注: 部门级关注:
关系及合作需求	企业级关注: 部门级关注:

1.3 客户目标和需求汇总表

完成客户目标和需求汇总表(见表 7-6)。

表 7-6 客户目标和需求汇总表

目标	企业级目标: 部门级目标:
产品/服务/解决方案	企业级需求: 部门级需求:
需求/技术标准	企业级关注: 部门级关注:
关系及合作需求	企业级关注: 部门级关注:

任务二 解决方案撰写

情境说明

将和客户共同探讨确认的全部企业问题、目标、需求，与公司产品及服务进行链接，形成整体解决方案。

在销售实践中的应用

- 以客户为中心，方案的撰写要符合客户的认知形成过程；
- 从客户企业战略、行业竞争环境、市场趋势及管理优化等高度着眼；
- 包括战略目标和绩效指标的理解分析，问题和原因调研，需求确认，产品应用，技术标准，规划实施及风险保障等方面；
- 避免将解决方案变成产品功能说明书。

学习目标

具体见表 7-7。

表 7-7 学习目标

<table>
<tr><th colspan="4">学习目标</th><th>时间（分钟）</th></tr>
<tr><td colspan="4">了解解决方案的撰写标准、内容架构，根据解决方案标准模板和实际客户需求，撰写解决方案。</td><td rowspan="3">135</td></tr>
<tr><td>情境编号</td><td>情境任务（甲方）</td><td>情境编号</td><td>情境任务（乙方）</td></tr>
<tr><td>1</td><td>供应商关键指标对比</td><td>2</td><td>解决方案撰写</td></tr>
<tr><td>知识点</td><td colspan="4">解决方案销售</td></tr>
</table>

学习过程

1. 供应商关键指标对比

学习目标：应用梳理汇总的目标和需求，以及对供应商的优劣势分析，进行供应商关键指标对比。

学习过程具体见表 7-8。

表 7-8 学习过程

序号	学习步骤	时间（分钟）
1	阅读情境	5
2	小组讨论	15
3	课件学习	10

（续表）

序号	学习步骤	时间(分钟)
教师解析知识难点		15
4	完成供应商关键指标对比表	90
时间合计		135

2. 解决方案撰写

学习目标：了解解决方案的撰写标准、内容架构，根据解决方案标准模板和实际客户需求，撰写解决方案。

学习过程具体见表 7-9。

表 7-9 学习过程

序号	学习步骤	时间(分钟)
1	阅读情境	5
2	小组讨论	15
3	课件学习	10
教师解析知识难点		15
4	撰写解决方案	90
时间合计		135

2.1 解决方案的作用

1. 回答客户

- 客户为什么购买？
- 为什么向我们购买？
- 为什么现在购买？
- 为什么花这个价钱购买？

否则：

- 客户对方案不感兴趣或不信任；
- 客户要求降价或选择竞争对手的方案；
- 拖延采购时间；
- 客户下不了决心，迟迟不行动。

2. 解决方案核心目标

- 让客户通过方案获得最大价值；
- 供应商获得最大利润；
- 客户和供应商获得双赢的结果。

2.2 解决方案的策略

● Problem:对客户问题的了解。

● Proposal:客户方案的价值。如何用我们的产品及服务解决客户的问题,带给客户的价值和效益,我们与竞争对手的不同之处。

● Price:客户方案的投资额、投资回报率、投资回收期。

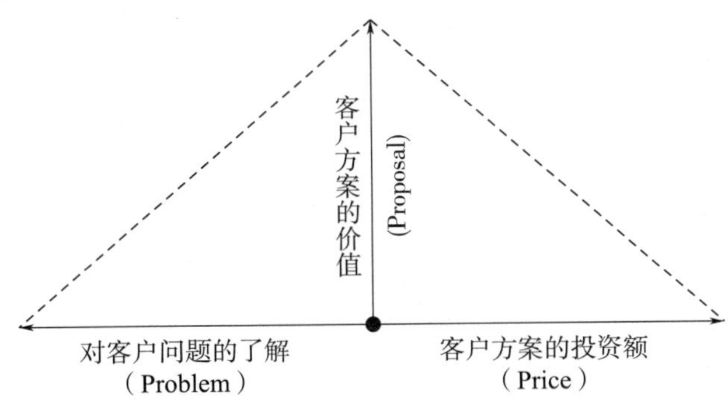

图 7-1 解决方案的策略

2.3 解决方案的销售方法

1. 方法

● 识别关键人物为完成组织目标必须实现的关键成功要素;

● 明确方案如何帮助客户具备这些要素;

● 分析并量化给客户带来的经济回报和投资收益;

● 以客户购买的逻辑,而不是销售的逻辑;

● 客户参与制定的方案更易被认同和执行。

2. 组织目标

● 是组织在某时间段内计划达成的事情;

● 通常带有指标;

● 一般由上往下分解,比如销售收入增加、质量改善、成本降低等。

3. 关键成功要素

是为了达成目标必须成功不许失败的关键任务。

2.4 解决方案的内容架构

解决方案的内容架构具体见表 7-10。

表 7-10 解决方案的内容架构

序号	架构	内容
1	感谢致辞	一些客套、感谢和自谦话
2	回顾方案制作历程	把调研访谈过的客户列在上面,增强方案的可信性,如"非常感谢以下领导对此方案制作和效益分析的大力支持",列示姓名、部门、职务

（续表）

序号	架构	内容
3	介绍效益分析流程	将解决方案效益分析流程图列示出来，告诉客户是有流程和方法的
4	总结商谈结果	将访谈时了解到的客户目标列示出来，总结提及的关键成功要素，分析障碍、问题、牵连影响和需求等，把需求与产品对应起来
5	解决方案介绍	阐述客户如何使用产品和解决方案，使用后如何解决问题从而实现目标，并将如何受益
6	分析投资效益	基于降低的成本和增加的收入，算出每年的投资效益，再结合报价和投入，算出投资回报
7	阐明优势与差异	分析竞争对手，列示自己的优势与差异
8	说明实施计划	列示项目阶段、实施任务、责任人、周期天数、阶段成果并标注里程碑
9	建议下一步行动	列举建议客户的行动计划，如一周内参观样板客户，召开评审会研讨关键问题并达成一致，双方高层会晤达成合作意向等
10	提问与答疑	接受听众的提问或质询，做出合理回答
11	总结与感谢	进行方案回顾总结，表示感谢

2.5 供应商关键指标对比表

完成供应商关键指标对比表（见表 7-11）。

表 7-11 供应商关键指标对比表

关键指标	关键指标内容	优先满足的供应商	不能满足的供应商	重要性占比
供应链系统				
财务系统				
实施与服务				
软件技术标准				
顾问专家能力				
战略合作关系				

2.6 解决方案

参照阅读材料 7-1 宝乐童车制造有限公司 ERP 项目实施方案，撰写解决方案。

阅读资料 7-1

（客户企业 LOGO）

××科技有限公司

××××年××月

保密声明

本份文档的制作版权属于××科技有限公司。文档所涵盖的信息仅提供给宝乐童车制造有限公司，接收方所得到的全部信息及相关知识均属于保密文件。

这份文档所包含的宝乐童车制造有限公司的生产经营信息同样也属于保密信息，××公司对其负责保密。这份文件仅供双方参与此次活动的人员阅读。在没有得到双方事先许可的情况下，不允许直接或间接地提供给与本项目无关的公司、内部人员或其他关系企业和个人。

××科技有限公司

××××年××月

前　言

宝乐童车制造有限公司（以下简称“宝乐”）为了提高本企业的整体管理水平，提高企业应对市场的快速响应能力和核心竞争力，将企业发展成为以机械为核心的世界一流机械装备制造企业，决定为集团引进一套具有先进管理理念、高度集成的企业资源计划（ERP）系统。

为此目的，××科技有限公司（以下简称“××公司”）一行 4 人于 2009 年 9 月 9 日至 11 日登门拜访了宝乐相关人员，就 ERP 项目进行了初步调研。××公司首先听取了集团公司________和________对企业的基本情况、组织结构、核心业务流程以及目前信息化建设等方面的介绍。对宝乐销售部、生产部、采购部、企管部、财务部、信息部进行了集中访谈，对目前各部门的组织职能、业务范围和工作中存在的一些主要问题，以及对信息化的需求等进行了了解。同时也进行了现场参观，初步了解了生产现场、工艺布局等情况。并在调研完成后向总经理进行了调研汇报。根据宝乐高层领导的指示，××公司为宝乐提出了有针对性的 ERP 项目建议方案。

近期，宝乐在对信息化需求重新梳理之后，提出了两期、四个阶段的规划路线，并对各个阶段的工作重点做了说明。为此，××公司结合前期调研了解的情况，宝乐的规划以及需求，对宝乐 ERP 项目的建议方案重新进行了整理。

______年____月，××公司包括______在内的一行____人到宝乐讲解建议方案并对需求做进一步沟通，在此基础上，将建议方案细化为实施指导方案，此方案是今后实施的框架性指导文件，具体操作方法在实施过程中还会有更细致的实施方案做专门指导。

该方案是根据我们对宝乐主要业务的了解，结合宝乐的实际情况，从宝乐面临的机遇和挑战、管理现状、问题分析、改革建议、系统架构等多个角度进行全面的、系统的论证，从而提出的宝乐 ERP 项目的整体解决方案。其中对于后期新提出的需求，由于没有进行对应业务内容的调研，以介绍产品为主。

由于走访调研的深度、广度非常有限，有部分需求还需要进一步明确，所以方案难免有不足之处，敬请批评指正。

目　录

正 文

1 宝乐 ERP 项目背景

1.1 宝乐概述

1.1.1 公司的综合状况

宝乐是江苏省一家大型民营企业……

1.1.2 公司的组织机构

宝乐现有组织结构如图 1 所示。

1.1.3 公司理念与文化

“管理咨询+ERP”。

2 宝乐解决方案

2.1 方案的总体目标与范围

2.2 方案的总体思路

2.2.1 管理咨询与 ERP 相结合的总体思路

根据宝乐的实际情况，我们建议宝乐采用管理咨询与 ERP 相结合的综合解决思路（如图 2 所示）：首先，通过与 ERP 相结合的管理咨询，确定适合宝乐的管理模式，理顺和优化宝乐的业务流程，整合宝乐的各项资源，降低宝乐的整体经营成本，提高宝乐的生产效率和客户服务水平，加强宝乐的核心竞争力，进而实现宝乐的战略目标，推进宝乐快速和良性发展。其次，通过 ERP 系统的实施，建立一个能够覆盖整个宝乐公司产供销、人财物的主要业务流程、数据共享、管理规范的统一的信息平台，实现物流、资金流、信息流、工作流的同步监控，形成有效的供应链管理，为公司管理层和决策层提供及时、真实的业务数据和辅助决策信息，让 ERP 服务于公司发展愿景和最终目标。

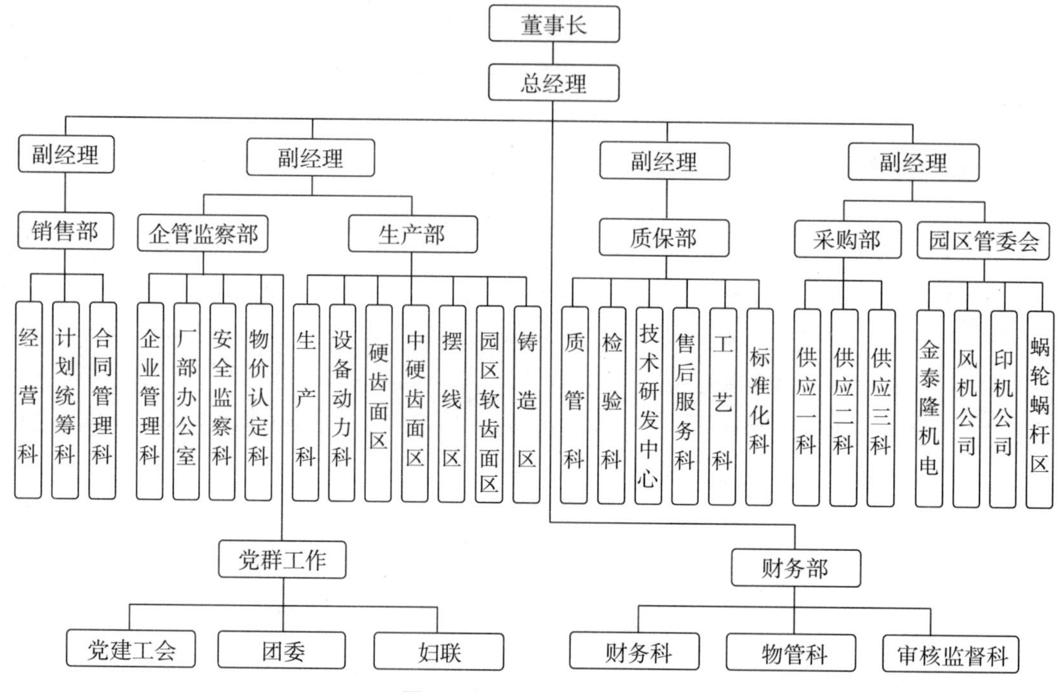

图 1　宝乐公司组织结构

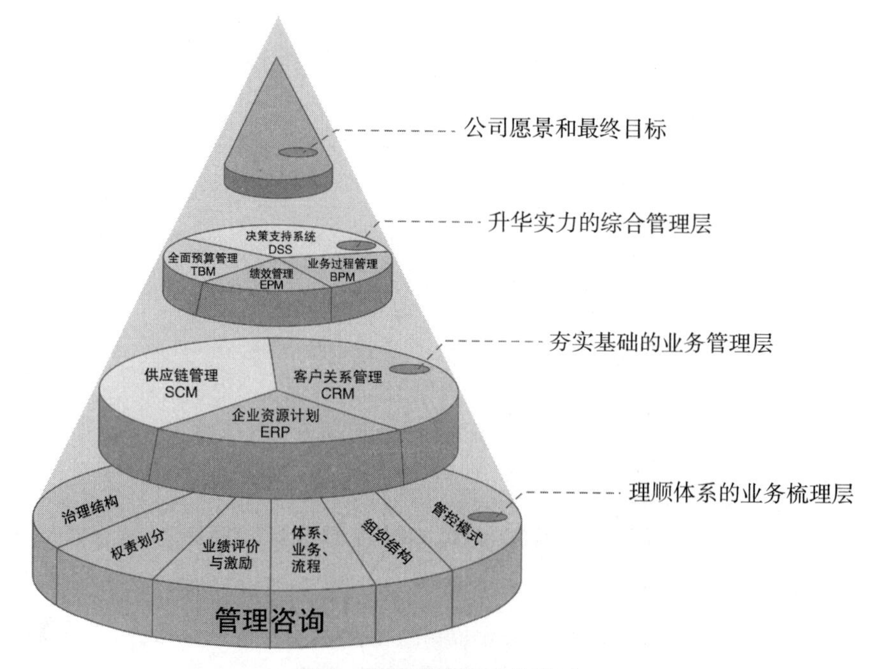

图 2　解决方案的总体模型

2.3 U8 系统的总体架构

2.3.1 U8 系统的总体架构图

U8 系统的总体架构如图 3 所示，包括决策管理平台、运营管理平台、协同商务平台和底层架构平台四个部分。

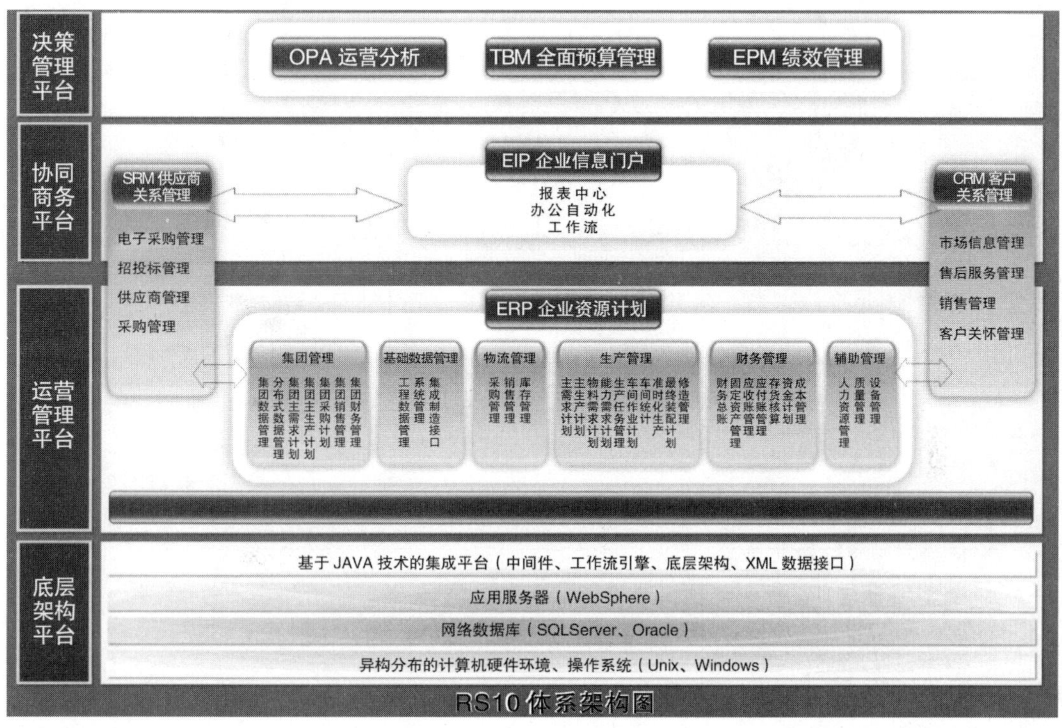

图 3 U8 总体架构

2.4 ××公司管理咨询方案的阐述

2.4.1 管理咨询的框架内容

××公司开展企业管理咨询业务已经有多年的历史。在这些年里，我们为多家企业的管理进行了多方位的诊断与咨询。如南车集团长江车辆有限公司、石家庄车辆有限公司、武汉重工集团有限公司等。我们的咨询不同于一般意义上的咨询，我们立足于制造业，将企业咨询与 IT 有效结合，将咨询过程与企业管理软件的实施相结合，为企业提供全面的管理和 IT 解决方案。通过管理咨询，梳理企业的业务流程和管理模式，进行必要的职能调整，制定与管理模式和业务流程相配套的绩效评估体系和管理控制体系，并通过管理软件固化业务流程，确保管理咨询成果能够落实到企业日常管理工作中去。

管理咨询总体框架如图 4 所示。

3 ××ERP 项目的实施保障

3.1 项目实施策略

考虑到××业务的复杂性和管理难度，ERP 的实施需要采用合适的策略，才能确保 ERP 项目的实施按进度、按预算、保质地开展。因此，我们建议宝乐采用如下实施策略；

- 总体规划、分步实施；

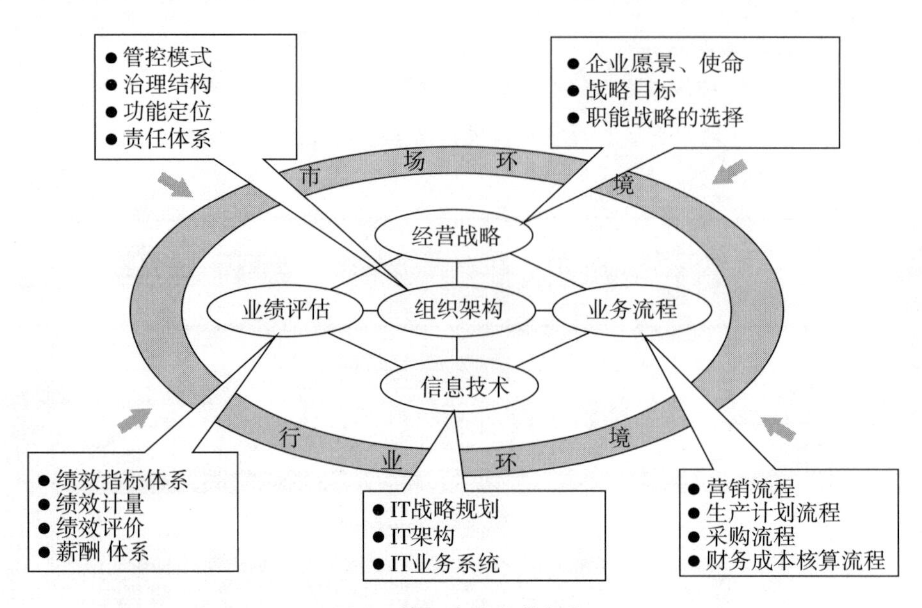

图 4 管理咨询总体框架

- 重点突破、效益驱动；
- 咨询在先、实施在后；
- 狠抓培训、知识转移；
- 成立项目团队、建立组织保障体系；
- 重视基础数据的准备；

……

3.5 项目实施管理

3.5.3 项目风险管理

宝乐 ERP 项目所面临的风险分析

任何 ERP 项目的实施都存在一定的风险，所以如何避免上述风险，将风险的影响降到最低，并能在遇到风险时从容不迫？必须制定识别风险和控制风险的对策。项目风险及控制措施如下。

3.5.3.1 风险识别

首先要识别整个项目过程中可能存在的风险。可以根据项目的性质，从潜在的事件及其产生的后果和潜在的后果及其产生的原因来检查风险。收集、整理项目可能的风险并充分征求各方意见就形成了项目的风险列表（见表 1）。

表 1 项目风险列表

项目风险	风险分析	级别	防止措施	控制措施
目标、范围不明确，不知项目何时终结	合同、工作任务书中没有明确规定	A	规范销售，采用标准合同、工作任务书模板	签订补充协议、说明、备忘录

（续表）

项目风险	风险分析	级别	防止措施	控制措施
计划没有得到切实执行，实施进度延期，不能如期完成阶段工作	多方面原因	A	制订计划时尽量考虑全面，留有余地； 让计划成为公司文件下发执行，落实责任人； 得到企业高层的支持和推动，克服障碍； 遇到问题及时沟通，在问题进一步恶化前得到解决	及时调整下一步工作计划，并将计划调整原因形成备忘录，提交项目领导小组，如涉及工作量的增加，考虑是否追加实施费用
项目组人员变动（包括双方人员）	工作调动、缺乏激励措施、个人原因等	B	在项目组成立时要求所有项目组成员保持固定，建议××项目组成员最好全职投入； 健全项目组成员的激励措施	发生人员变动前及早安排其他人员接替工作，离开时办理工作交接
需求、实施范围变动	经营战略、业务、组织机构、关键负责人等发生变化，需求调研不彻底	A	实施范围在工作任务书中明确定义； 确认需求调研结果	需求、实施范围的调整必须执行项目变动控制程序，考虑是否追加实施费用、签订补充协议
对实施人员、最后应用效果不满意，发生投诉的情况	实施人员经验、服务水平不高、问题解决不及时、方案设计不完善	B	提高顾问的素质和工作能力； 对项目实施质量管理，由有经验的顾问对方案进行审核	及时调整顾问，由资深顾问对方案进行优化调整
……	……	…	……	……

3.5.3.2 风险分析

确定了项目的风险列表之后，接下来就可以进行风险分析了。风险分析的目的是确定每个风险对项目的影响大小，如果损失的大小不容易直接估计，可以将损失分解为更小部分再去评估它们。项目组在实施过程中会将损失大小折算成对计划影响的时间表示。

风险值＝风险概率×风险影响

风险概率是风险发生可能性的百分比表示，是一种主观判断。如某一风险概率是25%，一旦发生会导致项目计划延长4周，因而，风险值＝25%×4周＝1周。

3.5.3.3 风险应对

风险分析后，就已经确定了项目中存在的风险以及它们发生的可能性和对项目的风险冲击，并可排出风险的优先级。此后就可以根据风险性质和项目对风险的承受能力制定相应的应对策略。制定风险应对策略主要考虑以下四个方面的因素：可规避性、可转移性、可缓解性、可接受性。风险的应对策略在某种程度上决定了采用什么样的项目开发方案。对于应“规避”或“转移”的风险在制定项目策略与计划时必须加以考虑。

然后根据风险应对策略编制风险应对计划，它主要包括：已识别的风险及其描述、风险发生的概率、风险应对的责任人、风险应对策略及行动计划、应急计划等。

3.5.3.4　风险监控

制订了风险应对计划后，风险并非不存在，在项目推进过程中还可能会增大或者衰退。因此，在项目执行过程中，项目组还要时刻监督风险的发展与变化情况，并确定随着某些风险的消失而带来的新的风险。

风险监控包括两个层面的工作：其一是跟踪已识别风险的发展变化情况，包括在整个项目周期内，风险产生的条件和导致的后果的变化，衡量风险减缓计划需求。其二是根据风险的发展变化情况及时调整风险应对计划，并对已发生的风险及其产生的遗留风险和新增风险及时识别、分析，并采取适当的应对措施。对于已发生和已解决的风险也应及时从风险监控列表中调整出去。

风险控制方法之一就是“前 10 个风险列表”，它是一种简便易行的风险监控活动，是按风险值大小将项目的前 10 个风险作为控制对象，密切监控项目的前 10 个风险。每次风险检查后，形成新的“前 10 个风险列表”。

风险贯穿于项目的整个生命周期，因而风险管理是一个持续的过程，建立良好的风险管理机制以及基于风险的决策机制是项目成功的重要保证。

……

任务三　方案呈现准备

情境说明

- 方案呈现策略；
- 演讲呈现技巧。

在销售实践中的应用

- 项目推进过程中的一个重要里程碑；
- 准确、清晰地将方案内容传递给甲方；
- 强化我方优势，弱化劣势；强化甲方问题，引发思考和重视，放大方案价值；
- 针对甲方的评审成员的关注点，有针对性的陈述。

学习目标

具体见表 7-12。

表 7-12　学习目标

<table>
<tr><th colspan="4">学习目标</th><th>时间(分钟)</th></tr>
<tr><td colspan="4">应用解决方案呈现技巧,拟定方案呈现策略。</td><td rowspan="3">60</td></tr>
<tr><td>情境编号</td><td>情境任务(甲方)</td><td>情境编号</td><td>情境任务(乙方)</td></tr>
<tr><td>1</td><td>拟定方案评审策略</td><td>2</td><td>拟定方案呈现策略</td></tr>
<tr><td>知识点</td><td colspan="4">演讲呈现技巧</td></tr>
</table>

学习过程

1. 拟定方案评审策略

学习目标:应用演讲呈现技巧,制定方案评审策略。

学习过程具体见表 7-13。

表 7-13　学习过程

<table>
<tr><th>序号</th><th>学习步骤</th><th>时间(分钟)</th></tr>
<tr><td>1</td><td>阅读情境</td><td>5</td></tr>
<tr><td>2</td><td>小组讨论</td><td>15</td></tr>
<tr><td>3</td><td>课件学习</td><td>10</td></tr>
<tr><td colspan="2">教师解析知识难点</td><td>10</td></tr>
<tr><td>4</td><td>完成方案评审策略表</td><td>20</td></tr>
<tr><td colspan="2">时间合计</td><td>60</td></tr>
</table>

2. 拟定方案呈现策略

学习目标:应用演讲呈现技巧,制定方案呈现策略。

学习过程具体见表 7-14。

表 7-14　学习过程

<table>
<tr><th>序号</th><th>学习步骤</th><th>时间(分钟)</th></tr>
<tr><td>1</td><td>阅读情境</td><td>5</td></tr>
<tr><td>2</td><td>小组讨论</td><td>15</td></tr>
<tr><td>3</td><td>课件学习</td><td>10</td></tr>
<tr><td colspan="2">教师解析知识难点</td><td>10</td></tr>
<tr><td>4</td><td>完成方案呈现策略表</td><td>20</td></tr>
<tr><td colspan="2">时间合计</td><td>60</td></tr>
</table>

3.1 演讲呈现技巧

1. 声音

- 响亮:比平常讲得大声些,让你的声音传至房间的后排。
- 清晰:不要吞字。
- 语调:变换声调和声频,可以是充满激情的、亲密的或欢欣鼓舞的。
- 读法:注意重音,注意难词,留心不要误用词语。
- 发音:过分强调,加重音节。
- 重复:用不同的强调声调重复关键词组。
- 语速:使用语速控制听众,快速用来鼓励和激发他们;慢速用来强调、惊叹,产生戏剧效果以及控制局面。

2. 肢体语言训练——手势

- 范围:手指手掌的协调动作。
- 目的:放大内容。
- 位置:腰部以上,身体躯干以外。
- 要求:充分伸展,勿动作过小;勿挡住与听众的目光接触。
- 忌讳:手势僵硬,阅兵式、抱胸式、搓掌势、遮羞布式等,玩弄手中的教具或纸张,单指点人。

常见手势:

- 数字:一至十。
- 表扬认可:拇指显示、OK 式、鼓掌。
- 控场:掌心向上、向下,邀请式。
- 倾听:十指交叉、塔尖式、托腮式。
- 正面积极:向上、向前、向外。
- 负面消极:向下、向后、向外。

3. 肢体语言训练——眼神

- 重要性:人际间最能传神的非语言交流。
- 类型:环视、注视、盯视、虚视。
- 忌讳:专注投影,找天找地,飘来移去,专注一边,死盯不放。

3.2 现场答疑技巧

- 正面理解听众的提问,站在听众的角度思考与回答问题。
- 回答提问的态度和方法比内容更重要,要让听众感觉受到了很好的尊重。
- 只就问题的本身进行探讨,避免挣扎和冲突。
- 对于难以回答的问题,善于调动现场的资源,或记录下来会后回复。

3.3 演讲注意事项

- 控制紧张情绪。

- 激发听众的兴趣。
- 与听众建立和谐的关系。
- 充满自信地处理问题。
- 与听众的眼神交流，关注听众的每一个角色，注意互动。
- 肢体站姿得体。
- 配合手上动作。
- 避免对听众言语攻击和对听众使用“你们”。

3.4　方案评审策略表

完成方案评审策略表（见表 7-15）。

表 7-15　方案评审策略表

方案评审小组成员	
供应商名称	**评审策略**
	准备的提问及提问人顺序：
	准备的提问及提问人顺序：
	准备的提问及提问人顺序：
	准备的提问及提问人顺序：
	准备的提问及提问人顺序：

3.5　方案呈现策略表

完成方案呈现策略表（见表 7-16）。

表 7-16　方案呈现策略表

甲方可能参加方案评审的人员	
我方参与人员	
甲方关键需求排序	
我方劣势	

（续表）

甲方可能对我们的质疑	
我方对甲方质疑应对方案	
团队分工和时间安排	
优势呈现方式	
互动技巧	

任务四 解决方案呈现

情境说明

甲方根据供应商的解决方案同企业采购计划和目标的契合程度，确定最符合企业采购计划和目标的供应商和解决方案。

销售实践中的应用

在实际大项目销售中后期，当参与的供应商仍超过 3 家以上时，甲方经常通过方案呈现和评审来筛选进入下一阶段的供应商。

学习目标

具体见表 7-17。

表 7-17　学习目标

<table>
<tr><th colspan="4">学习目标</th><th>时间（分钟）</th></tr>
<tr><td colspan="4">应用解决方案呈现技巧，拟定方案呈现策略。</td><td rowspan="3">60</td></tr>
<tr><td>情境编号</td><td>情境任务（甲方）</td><td>情境编号</td><td>情境任务（乙方）</td></tr>
<tr><td>1</td><td>拟定方案评审策略</td><td>2</td><td>拟定方案呈现策略</td></tr>
<tr><td>知识点</td><td colspan="4">演讲呈现技巧</td></tr>
</table>

学习过程

1. 拟定方案评审策略

学习目标：应用方案评审策略，进行解决方案汇报评审。

学习过程具体见表7-18。

表 7-18 学习过程

序号	学习步骤	时间(分钟)
1	阅读情境	5
2	小组讨论	15
3	方案评审	90
4	小组讨论	15
反馈、点评、总结		20
4	在线提交方案呈现反馈表	10
时间合计		155

2. 拟定方案呈现策略

学习目标:应用方案呈现策略,进行解决方案呈现。

学习过程具体见表7-19。

表 7-19 学习过程

序号	学习步骤	时间(分钟)
1	阅读情境	5
2	小组讨论	15
3	方案评审	90
4	小组讨论	15
反馈、点评、总结		20
4	完成方案呈现总结表	10
时间合计		155

4.1 方案呈现点评要点

- 甲方企业行业竞争环境、SWOT分析要和企业现状问题逻辑紧扣;
- 整体解决方案(含产品战略、营销策略)需要结合相对应的产品落地;
- 解决方案对每个客户角色最关心的需求的响应。

4.2 方案呈现反馈

完成方案呈现反馈表(见表7-20)。

表 7-20　方案呈现反馈表

乙方名称	比较好	可以更好	对销售进程的影响	甲方反馈

4.3　方案呈现总结表

完成方案呈现总结表(见表 7-21)。

表 7-21　方案呈现总结表

呈现目标		
前期准备总结	评审角色分析	
	评审期望分析	
	评审态度分析	
	优先考虑的观众	
	客户背景和思维分析	
	客户评判标准	
	呈现内容是否全面	
呈现过程总结	仪表、资料及设备准备	
	演讲方式选择	
	PPT 展示效果	
	开场与结尾	
	内容展现效果	
	时间控制	
	互动效果	
	声音、肢体语言运用	
答疑环节	回答提问的过程	
	客户提问内在原因分析	
	答疑环节效果分析	

项目八　招标和投标

招标和投标

● 在 B2B 销售过程中，招标和投标是一般企业一定会采取的手段和过程。

● 甲方根据项目目标和采购需求，说明采购的商品名称、规格、数量及其他条件，即制定招标参数和招标书，向社会公开或参与该项目采购的供应商发送招标通知，邀请乙方在规定的时间、地点，按照一定的程序进行应标和投标的过程。也有一些企业通过招标代理公司完成以上过程。

在销售实践中的应用

招标和投标是依据企业采购制度和《招标投标法》，规避采购风险，体现公平、公正、公开原则的重要手段。

学习目标

具体见表 8-1。

表 8-1　学习目标

任务大类“招标和投标”的学习目标	典型任务		时间(分钟)
	任务号	任务名称	
1. 了解招标和投标的流程与方法，以及招投标文件的标准、内容和相关招投标的过程管理与控制。 2. 根据招投标文件模板，完成招投标文件，并封装和现场招投标。	一	制定标准参数	80
	二	发标与应标	90
	三	投标与评标	60

任务一　制定标准参数

情境说明

制定标准参数是指招投标文件中，甲方制定用以竞争性评估乙方，乙方在投标文件中匹配以获得竞争优势的参数(条款、条件、要求等)。

在销售实践中的应用

在实际大项目销售中，正式开始招投标前获得竞争优势或被甲方有倾向性选择的乙方，会和甲方一起制定招投标参数，用以屏蔽竞争对手。

学习目标

具体见表 8-2。

表 8-2　学习目标

<table>
<tr><th colspan="4">学习目标</th><th>时间（分钟）</th></tr>
<tr><td colspan="4">根据招投标书标准模板里的招投标参数表，以及实际项目需求和采购标准，制定招投标参数。</td><td rowspan="3">80</td></tr>
<tr><td>情境编号</td><td>情境任务（甲方）</td><td>情境编号</td><td>情境任务（乙方）</td></tr>
<tr><td>1</td><td>制定招标参数</td><td>2</td><td>制定投标参数</td></tr>
<tr><td>知识点</td><td colspan="4">1. 招投标流程；2. 招标文件准备；3. 投标文件准备。</td></tr>
</table>

学习过程

1. 制定招标参数

学习目标：根据招标书标准模板里的招标参数表，应用供应商关键指标对比和实际项目需求以及采购标准，制定招标参数。

学习过程具体见表 8-3。

表 8-3　学习过程

<table>
<tr><th>序号</th><th>学习步骤</th><th>时间（分钟）</th></tr>
<tr><td>1</td><td>阅读情境</td><td>5</td></tr>
<tr><td>2</td><td>小组讨论</td><td>15</td></tr>
<tr><td>3</td><td>课件学习</td><td>20</td></tr>
<tr><td colspan="2">教师解析知识难点</td><td>10</td></tr>
<tr><td>4</td><td>完成练习招标参数表</td><td>30</td></tr>
<tr><td colspan="2">时间合计</td><td>80</td></tr>
</table>

2. 制定投标参数

学习目标：根据投标书标准模板里的投标参数表，应用梳理汇总的客户目标和需求表，制定投标参数。

学习过程具体见表 8-4。

表 8-4　学习过程

序号	学习步骤	时间(分钟)
1	阅读情境	5
2	小组讨论	15
3	课件学习	20
教师解析知识难点		10
4	完成练习投标参数表	30
时间合计		80

1.1　制定标准参数的含义

制定标准参数是指在招投标文件中,甲方制定用以竞争性评估乙方,乙方在投标文件中匹配以获得竞争优势的参数(条款、条件、要求等)。

阅读资料 8-1

招标参数表具体见表 8-5。

表 8-5　招标参数表

序号	系统需求	需求指标
1	信息系统技术需求	……
2	销售管理关键需求	……
3	基础数据管理关键需求	……
4	生产管理关键需求	……
5	采购管理关键需求	……
6	质量管理关键需求	● 支持以工作流驱动的全面质量计划管理; ● 支持自定义检验标准; ● 支持自定义质量等级; ● 支持自动生成质检检验单; ● 支持对产成品的质量检验; ● 支持对生产过程的质量检验; ● 支持来料检验的退货及超差管理,并进行统计; ● 支持按照车间、班组、人员、时间、产品进行质量数据、成本的统计; ● 支持用户的质量信息反馈以及质量成本的统计和分析。
7	财务管理关键需求	● 支持集团公司全面预算管理,年度预算、月度预算、预算控制点、超预算申请、调整预算、特殊预算处理,执行情况与预算对比,表和账的引出,以及与 Excel、Word 的兼容转换; ● 支持所有业务与财务的数据对接以及数据传递、调取,及时生成凭证及报表,能够在凭证上进行数据追溯,全面支持财务与所有业务系统的无缝集成;

（续表）

序号	系统需求	需求指标
		• 支持财务、业务和物流部门的信息及时共享，财务部门能够实时查询到业务部门的相关数据； • 支持集团公司多法人、多事业部、多成本中心的财务核算模式，所有往来科目的核销按任意条件查询，跨核算中心多维度查询，账龄分析以及分析表格的导出和打印，要求准确； • 统一会计科目，根据不同需要设置不同科目的级次，各核算主体可以在统一科目下建立明细科目，科目要有多个辅助核算项目，并能够按层次导出； • 支持固定资产核算功能，建立固定资产电子卡片，月末自动计算固定资产折旧，生成相应的会计凭证，按使用情况归集各成本中心折旧金额，并能打印相应的明细清单生成凭证； • 支持根据公司费用报销的格式，对费用报销凭证设置相应的标准格式，能够看到原始数据明细； • 支持集团公司核算模式下内部交易的实体之间自动生成对应的往来凭证； • 支持多币种业务、多币种账户的核算； • 支持资金全面、统一管控，银企对接； • 存货的库龄管理，能够支持库存和财务的实时对接，自动生成相关凭证，系统支持存货的红线存量控制，并提供相应的预警功能，收、发、存及时生成相应凭证，月末生成盘点表； • 支持根据公司管理需要，提供符合国家规定规范的各类财务报表（资产负债表、损益表、现金流量表、费用明细表、销售收支结构表、营业外收支明细表、增值税申报表、科目余额表……），能够根据需要自定义报表，并按多维度进行报表的生成和查询； • 财务报表有分析功能，支持收入、成本、费用的期间对比，以及财务的核算； • 根据需求，凭证、各类表格的套打。
8	人力资源管理关键需求	

1.2 工作流程

1. 招投标流程

招投标流程见图 8-1。

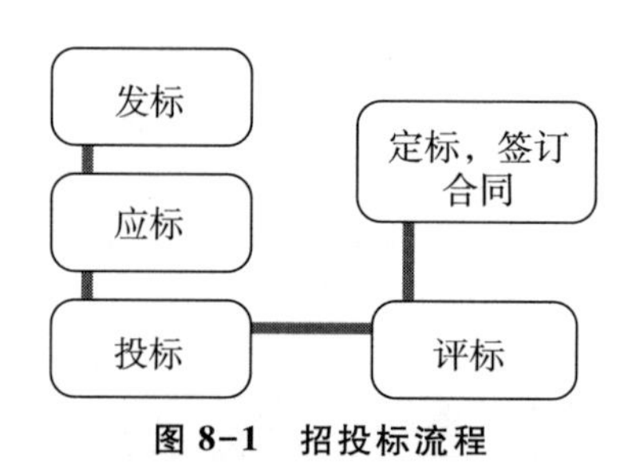

图 8-1 招投标流程

2. 供应商投标流程

供应商投标的具体流程见图 8-2。

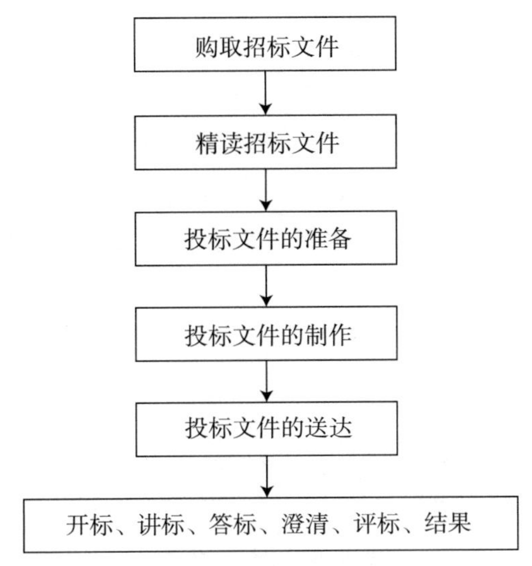

图 8-2 供应商投标流程

1.3 招标文件

招标文件是整个招标过程所遵循的法律性文件，是投标和评标的依据，是合同的组成部分。招标人应十分重视招标文件的编制工作，并本着公平、互利的原则，务必使招标文件严密、周到、细致、内容正确。招标文件准备的具体流程见图 8-3。

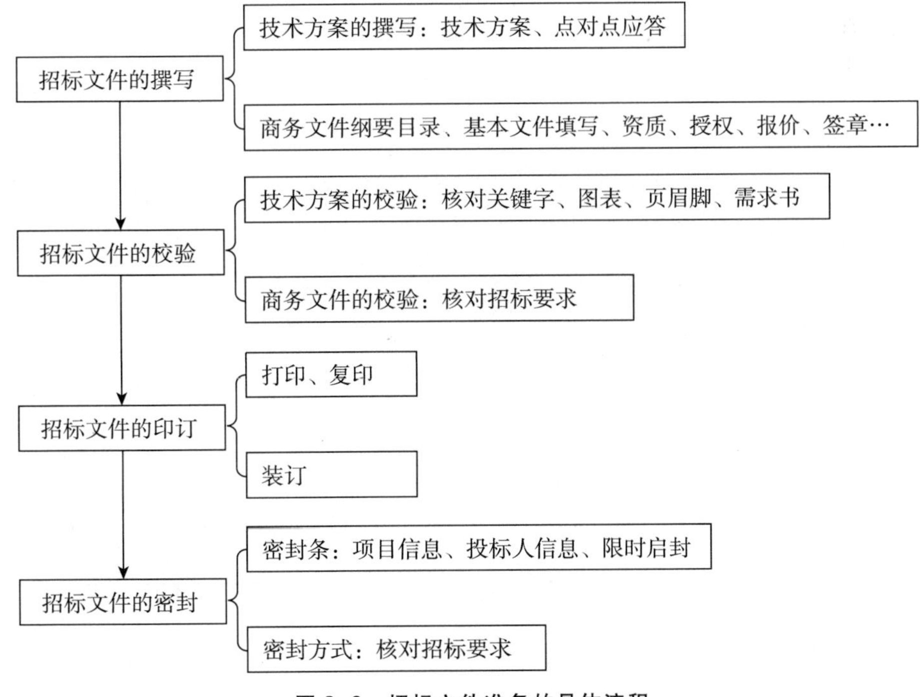

图 8-3 招标文件准备的具体流程

招标文件一般分为以下五个部分：

- 投标邀请；
- 投标人须知；
- 合同的主要条款；
- 投标文件格式；
- 技术规格与要求。

制作招标文件是招投标活动中的重要环节，其制作过程需要与投标流程相结合。

投标人应当按照招标文件的要求编制投标文件。投标文件应当对招标文件提出的实质性要求和条件做出响应。

投标文件的制作需要根据招标文件中的相关规定严格响应和制作，谨防由于标书格式不规范导致废标。

1.4 招标参数表

完成招标参数表（见表 8-6）。

表 8-6 招标参数表

序号	系统需求	需求指标
1	信息系统技术需求	
2	销售管理关键需求	
3	基础数据管理关键需求	
4	生产管理关键需求	
5	采购管理关键需求	
6	质量管理关键需求	
7	财务管理关键需求	
8	人力资源管理关键需求	

1.5 投标参数表

完成招标参数表（见表 8-7）。

表 8-7　投标参数表

序号	指标	参数
1	信息系统技术关键指标	
2	销售管理关键指标	
3	基础数据管理关键指标	
4	生产管理关键指标	
5	采购管理关键指标	
6	质量管理关键指标	
7	财务管理关键指标	
8	人力资源管理关键指标	

阅读资料 8-2

宝乐童车制造有限公司财务与供应链管理系统实施项目招标文件

招标编号：CG2018001

第一卷　投标人须知

第 1 章　总则

1.1　项目说明

1.1.1　项目背景(可根据实际项目情况自行编写)

宝乐童车制造有限公司(以下简称“宝乐公司”)是天都省龙头企业之一，是国内知名的生产中高端童车的民营企业，拥有国内最先进的年生产力 60 万台的童车生产线，员工 800 人，其中全国管理层 80 人、销售人员 120 人。

宝乐公司拥有自主研发设计的童车品牌两个：“宝贝”牌婴儿推车、“天使”牌儿童电动车。总计 20 大类 60 款车型，现年销售量 25 万台，年销售收入 30 亿元，利润 3 亿元……

1.1.2　项目范围(可根据实际项目情况自行编写)

宝乐公司本次信息系统构建，包括但不限于宝乐公司管理信息系统财务、供应链、制造、人力资源信息子系统的规划咨询、流程优化、架构设计、软件开发、系统实施和售后服务……

1.1.3　项目内容

详见招标文件第二卷　系统需求说明。

1.2　定义及解释

招标人:宝乐童车制造有限公司。

投标人:被招标人邀请的、参与投标的合法公司。

日期和时间:日期指公历日,时间均指北京时间。

除在招标文件的技术要求中另有规定外,计量单位应使用中华人民共和国法定计量单位。

合同:指由本次招标所产生的合同或合约文件。

"招标人""投标人""成员"和"各方"等人或有关组织的用词均是指依法成立的公司或组织。

招标文件中所规定的"书面形式",是指任何手写的、打印的或印刷的文件。包括信函、电报和传真。

1.3　投标人资格条件(可根据实际项目情况自行编写)

合格的投标人必须具备以下条件:

● 注册于中华人民共和国境内,响应本招标文件、参加投标竞争的法人或者其他组织。

● 在中华人民共和国境内的投标活动均应严格遵守中华人民共和国法律和法规。

● 具有独立法人资格,注册资金不低于500万元(提供企业法人营业执照以供证明)。

● 具有良好的商业信誉,前3年内经营活动中无重大的违法记录。具有健全的财务会计制度,企业经营状况良好(提供2017年财务报表以供证明)。

● 具有财务、供应链管理信息系统工程的业绩,具有大型集团信息系统实际开发与实施经历,有关业主的评价是积极的(提供相关证明资料)。

● 必须具备ISO9000标准质量管理体系认证和计算机信息系统集成资质。

● 具有足够的完成本项目的财力和资金,以及相应的人员和技术,经营状况、商业信誉、资信良好。

● 投标人完成本项目所提供及使用的软件均具有合法版权及使用权。

● 本项目不允许投标人以投标联合体的形式参加投标。

1.4　合格的产品和服务

投标人提供的产品和服务应满足招标文件所提出的项目需求,并提出具体的承诺。

1.5　保证

投标人应保证所提交给招标单位和招标人的资料和数据是真实的,如发现造假行为,招标人有权追究其法律责任。

1.6　投标费用

投标人应承担所有参加投标有关的费用,不论投标的结果如何,招标人在任何情况下均无义务和责任承担这些费用。

第 2 章　招标文件

2.1　招标文件构成

要求提供的产品和服务、招标过程和合同条件在招标文件中均有说明。

招标文件主要包括以下三个部分:

- 宝乐童车制造有限公司财务与供应链管理系统实施项目招标文件第一卷　投标人须知;
- 宝乐童车制造有限公司财务与供应链管理系统实施项目招标文件第二卷　系统需求说明;
- 宝乐童车制造有限公司财务与供应链管理系统实施项目招标文件第三卷　招标文件附件。

2.2　招标文件的澄清(可根据实际项目情况自行编写)

任何要求对招标文件进行澄清的投标人,均应在 2018 年××月××日×时之前以书面形式通知招标人。

2.3　招标文件的修改(可根据实际项目情况自行编写)

在××××年××月××日前,无论出于何种原因,招标人可主动地或在解答投标人提出的需澄清的问题时,向投标人发出修改文件对招标文件进行修改。

招标文件的澄清和修改文件将以书面形式通知所有获得邀请的投标人,该澄清和修改文件也是招标文件的组成部分,并对投标人具有约束力。

为使投标人编写投标文件时有充分时间对招标文件的修改部分进行研究,在原定投标截止日期前招标人可自行决定,酌情延长投标截止日期,同时将决定以书面形式通知所有投标人。

投标人在收到招标人发给的任何澄清和修改文件时,都应在收到后立即以书面形式向招标人确认。

第 3 章　投标文件的编制

3.1　特别说明

对本招标文件的项目需求部分,不允许有实质性偏离。否则,招标人可将其投标书按照废标进行处理。

投标人应根据招标文件要求,提供详细的系统解决方案建议书。

3.2　投标语言

投标人提交的投标文件以及投标人与招标人就有关投标的所有往来函电均应使用中文。投标人提供的支持文件和印刷的文献可以使用另外一种语言,但相应的内容应附有中文翻译本,在解释时以中文翻译本为准。

3.3　投标文件的构成(可根据实际项目情况自行编写)

投标人编写的投标文件应包括下列部分:

第一卷:价格卷(略);

第二卷:商务卷(略);

第三卷:方案卷(略)。

3.4　投标报价(可根据实际项目情况自行编写)(略)

3.5　投标货币(略)

3.6　知识产权和专利权(略)

3.7　保密(略)

3.8　投标人知悉(略)

3.9　投标有效期(可根据实际项目情况自行编写)(略)

3.10　投标文件的编制要求(可根据实际项目情况自行编写)(略)

第4章　投标文件的递交

4.1　投标文件的递交方式(可根据实际项目情况自行编写)(略)

4.2　投标截止日期(可根据实际项目情况自行编写)(略)

4.3　迟交的投标文件(略)

4.4　投标文件的修改与撤回(略)

第5章　开标与评标(可根据实际项目情况自行编写)

5.1　评标委员会(略)

5.2　投标文件的评标原则和评标方法(略)

5.2.1　评标基本原则(略)

5.2.2　评标方法(略)

5.3　投标文件的澄清(略)

5.4　投标文件的初审(略)

5.5　投标文件的评价和比较(略)

第6章　授予合同

6.1　中标人的确定(略)

6.2　保留和拒绝任何或所有投标的权利(略)

6.3　中标通知书(略)

6.4　履约担保(略)

6.5　签订合同(略)

第7章　项目实施、验收、售后服务和培训要求

7.1　项目实施要求(略)

7.2　技术支持与售后服务保证(略)

7.3　项目验收(略)

7.4　培训要求(略)

7.4.1 培训总则（略）

7.4.2 培训内容、人数、时间、地点、课程要求（略）

7.4.3 培训费用（略）

7.4.4 关于培训的特别声明（略）

第8章 其他说明

● 投标方应确保其技术建议以及所提供的软件的完整性和可用性，保证软硬件能够投入正常运行。若出现由于投标方提供的软件不满足要求或者所提供的技术支持和服务不全面而导致技术部分要求的功能无法实现或者不能完全实现，招标方有权无条件废除合同。

● 由于投标方原因造成的工期延误，投标方需赔偿招标方的损失。

● 投标方应向招标方保证不同时期提供的软件兼容。

● 如果技术应答书中的技术文件太简单以致无法评估，投标方必须提供相关的技术附件（手册）以陈述其技术细节。

● 投标方应说明所建议的每个软件的名称。

宝乐童车制造有限公司财务与供应链管理系统实施项目招标文件

招标编号：CG2018001

第二卷 系统需求说明

第1章 宝乐童车制造有限公司需求整体介绍

1.1 企业基本情况介绍（略）

1.2 信息系统规划一期总体需求

● 宝乐公司IT规划；

● 宝乐公司ERP规划；

● 宝乐公司集团财务系统规划；

● 宝乐公司集团人力资源系统规划。

1.3 信息系统关键需求说明

以下关键需求说明及要求是ERP厂商必须满足的，因为宝乐公司虽然本次并不实施所有的ERP模块，但未来必将扩展成整个集团和整体的ERP系统，乃至整个企业的信息化系统。

● 宝乐公司目前孤立地应用了多个信息化系统，相互之间没有数据信息共享，无法进行协同业务处理，并且很难处理相互之间的交易关系。

● 宝乐公司本次系统建设将立足于宝乐公司整体信息化规划，因直属经营实体、投资公司各自内部和实体之间关联业务比较频繁，所以任一业务实体的信息化都不是孤立的，必然带动其他业务实体的“信息化关联”，因此，单一实体的信息化很难涵盖本次信息化的管理需求。

● 方案规划的延展性要求，方案应满足宝乐公司未来发展需求，并能够随时根据宝乐公司组织架构的调整和业务流程的重组（Business Process Reengineering，BPR）随需而动，重新组合、排列各应用系统管理功能，形成新的业务流程，以满足企业异常变动带来的管理目标变化的需求。

第2章　信息系统技术需求

2.1　技术需求总体原则

根据宝乐公司的现状、需求和未来的发展规划，宝乐公司对选用的 ERP 系统功能需求如下：

● 统一性；

● 可行性和适用性；

● 前瞻性和实用性。

2.2　集成性和开发性要求

● 集成性和开放性；

● 经济性；

● 可靠性和稳定性。

2.3　可拓展性和易维护性要求（略）

2.4　安全性和保密性要求

系统上线后，系统、数据的安全将对企业的运营产生很大的影响，软件供应商应提供系统、数据的安全性保障，通过有效地实施网络、硬件、软件和数据方面的安全措施，为系统提供全方位的安全保障。

● 数据安全；

● 应用安全；

● 系统安全；

● 网络安全；

● 物理安全；

● 人员安全。

第3章　销售管理 ERP 建设的目标与关键需求

3.1　销售管理建设目标

目标是建立以客户为导向的市场与销售管理体系，从宝乐公司配线集中销售接单、分散多工厂协同制造的管理特点出发，宝乐公司经常存在边设计边生产以及设计、生产过程中客户要求的修改变更问题，所以计划需要经常修订和变更，当多个工厂协同制造时，计划的变更牵一发而动全身，给管理带来了很大的难度。

3.2　销售管理关键需求

● 销售订单的管理需求；

● 销售发票的管理需求；

● 销售的其他管理需求；

● 销售发运的管理需求。

第4章 基础数据管理ERP建设的目标与关键需求

4.1 基础数据管理建设目标

宝乐公司属于集团型制造企业,集团型制造企业的物料管理有着许多需要特别设计和创新的特性,针对宝乐公司迫切需要的多工厂协同制造的物料信息,应用系统需提供较好的支持,实现宝乐公司物料信息能够在全集团以及各个分厂共享。实施ERP后,宝乐公司能够进行基础资料的共享,提高效率,解决数据管理、共享的管理难点。

4.2 基础数据管理关键需求

● 物料及编码的管理需求;

● BOM的管理需求;

● 工艺管理的核心需求。

第5章 生产管理ERP建设的目标与关键需求

5.1 生产管理建设目标

生产管理是宝乐公司迫切需要提升解决的业务部分。宝乐公司期望通过ERP系统的实施,获得关于生产管理和质量管理各方面的数据,首先在操作层面实现规范管理和信息共享。在此基础上,通过ERP系统综合各方面信息,提供分析和预警能力,帮助企业从效益分析、成本分析、生产和库存关键指标分析等多方面为管理层提供决策支持,这也是ERP系统实施所要实现的目标之一。

5.2 生产管理关键需求

● 协同制造管理的核心需求;

● 在制品库存管理需求;

● 车间管理需求。

第6章 采购管理ERP建设的目标与关键需求

6.1 采购管理建设目标

目标是建立多组织的物资采购管理系统,实现集中+部分分散的多组织采购模式;建立标准化和规范化的物料管理流程;建立完善的供应商评估体系;通过系统建设满足宝乐公司灵活的多工厂企业结构,最终实现宝乐公司集中采购的管理模式。

6.2 采购管理关键需求

● 集采或分采的管理需求;

● 库存管理的核心需求。

第7章 质量管理ERP建设的目标与关键需求

7.1 质量管理建设目标

目标是建立宝乐公司规范的质量标准体系和质量计划管理体系,实现从物料进厂到成品出厂的全过程质量控制流程,利用系统收集和管理质量数据,将质量数据与生产过程数据、成本数据结合起来形成对生产控制的绩效考核。

7.2 质量管理关键需求

● 支持以工作流驱动的全面质量计划管理;

- 支持自定义检验标准；
- 支持自定义质量等级；
- 支持自动生成质检检验单；
- 支持对产成品的质量检验；
- 支持对生产过程的质量检验；
- 支持来料检验的退货及超差管理，并进行统计；
- 支持按照车间、班组、人员、时间、产品进行质量数据、成本的统计；
- 支持用户的质量信息反馈以及质量成本的统计和分析。

第8章　财务管理ERP建设的目标与关键需求

8.1　财务管理建设目标

目标是建立集中统一的集团财务管理体系。目前宝乐公司的业务系统与财务系统完全独立，随着企业的发展，企业领导要更深层次地思考企业的发展方向，而企业当前的财务核算数据已经不能满足领导决策的需求。通过系统建设，实现财务业务的一体化，深度挖掘数据、分析业务，找出差距，寻求策略，通过预算资金系统的集成应用进一步提高企业的财务管理水平，从而达到事前控制，资金更加合理、有效利用的目的。

8.2　财务管理关键需求（略）

第9章　人力资源管理的目标与难点需求

9.1　人力资源管理建设目标

目标是建立宝乐公司集团人力资源管理信息系统，搭建统一的人力资源管理信息平台，满足宝乐公司人力资源管理的多组织化、多权限化和多业务模式，并结合集团的特点，实现集团总部、下属分子公司不同人力资源管理的网络化、动态化和规范化，全面提高宝乐公司人力资源管理工作的效率和水平。

9.2　人力资源管理关键需求

1. 满足集团人力资源管理需要

- 支持集团组织架构和岗位体系的构建，职位管理，组织职责与岗位说明书的快速维护，组织关系的清晰展示及快捷穿透查询，以及虚拟组织的管理；
- 支持组织变动管理，以及转移、撤销、合并等，包括相关岗位、人员的个体或批量转移业务；
- 支持集团人力资源规划及用工总量控制；
- 支持集团用工成本管控及月度工资总额控制；
- 支持集团多薪资方案、多考核方案；
- 支持集团多种培训体系管理；
- 支持集团各成员企业的人力资源统计分析数据自动生成汇总报表，及时掌握集团整体人力资源状况；
- 支持集团与分子公司间灵活的多权限、多角色设置；
- 支持集团与分子公司间资源的有效共享；
- 支持集团外派人员的多重管理；

- 支持集团人员的多重角色管理。

2. 满足各模块基础管理要求

- 人事管理；
- 招聘管理；
- 培训管理；
- 绩效管理；
- 薪酬保险；
- 干部管理。

3. 特性需求（略）

宝乐童车制造有限公司财务与供应链管理信息系统实施项目招标文件

招标编号:CG2018001

第三卷　招标文件附件

附件 1　投标函

致:(招标人名称)

根据贵方(项目名称、招标编号)招标采购(货物名称)的投标邀请,(姓名和职务)被正式授权代表投标人(投标人名称、地址),向贵方提交下述文件正本____份,副本____份,光盘介质一份。

(1) 开标一览表;

(2)《投标人须知》要求投标人提交的全部文件。

据此函,投标人兹宣布同意如下:

(1) 按招标文件规定提供交付的服务的投标总价为(大写)元人民币。

(2) 我们将根据招标文件的规定,承担完成合同的责任和义务。

(3) 我们已详细研究了全部招标文件,包括招标文件的修改书(如果有的话)、参考资料及有关附件,我们已完全理解并同意放弃提出对招标文件误解的权利。

(4) 我们同意在"投标人须知"规定的开标日期起遵循本投标书,并在"投标人须知"规定的投标有效期满之前均具有法律约束力。

(5) 同意向贵方提供贵方可能进一步要求的与本投标有关的任何证据或资料。

投标人确认的通信地址:

地址:

电话、传真:

邮政编码:

投标人授权代表签名:

投标人名称(公章):

日期:　　　年　　月　　日

附件 2　开标一览表（略）

附加 3　投标报价明细表

招标编号：　　　　　　　　　　　　　　　　　　单位：人民币万元

项目		软件版本	单价	数量(单位)	总价
软件	产品模块价格				
	许可数价格				
数据库	SQL Server 软件价格				
二次开发	二次开发价格				
	二次开发平台价格				
实施服务	实施价格				
运维	运维价格				
培训	培训价格				
其他					
合计					

投标方(盖章)：

法定代表人或其授权委托代理人(签字)：

日　期：　　　年　　月　　日

附件 4　投标保证金递交证明

宝乐童车制造有限公司收到投标保证金后出具的收据复印件。

投标方(公章)：

法定代表人或其授权委托代理人(签字)：

日　期：　　　年　　月　　日

附件 5　投标方基本情况表

单位名称(盖章)：

法定代表人		成立日期	
企业地址		注册资本	万元
经营范围			
职工人数		研发人数	
资产总额	万元	净资产	万元

（续表）

股东权益	万元	销售收入	万元
实现利润	万元		
营业面积 （含厂房面积）	平方米	其中：	自有面积　　平方米 承租面积　　平方米
单位简历及内设机构情况			
单位优势及特长			
近三年来完成或正在履行的重大合同情况			
最近两年内在经营过程中受到何种奖励或处分	（包括财政、工商、税务、物价、技监部门稽查情况和结果）		
最近三年内有无因服务或是其他原因被消费者投诉或起诉的情况及说明	（包括解决方式和结果）		
最近三年内主要负责人有无因经济犯罪被司法机关追究的情况及说明			
其他需要说明的情况			

附件6　项目实施人员名单

单位名称（盖章）：

姓名	年龄	职称	学历	本项目中的岗位	曾经承担过的项目

注：须提供项目主要负责人的证明材料。

附件7 技术需求

7.1 硬件平台

7.1.1 硬件平台的总体要求

在下列文档中,请说明运行应用系统所必需的硬件配置。

设备类型	厂商和型号(建议)

7.1.2 详细的服务器配置

部件	建议配置

7.2 系统和应用支持软件

操作系统[版本号和发布日期]	
系统有效期	
安全属性	
性能监测特点	
用户许可协议数量	

7.2.1　应用软件（略）

7.2.2　总体信息

软件发版日期	
目前软件的版本	
软件的开发语言	
其他相关信息	

附件 8　投标资格文件

8.1　关于资格文件的声明函

宝乐童车制造有限公司：

本单位愿就由贵单位组织实施的招标编号为 CG2018001 号的招标活动进行投标。本单位所提交的投标文件中所有关于投标资格的文件、证明和陈述均是真实的、准确的。若与真实情况不符，本单位愿意承担由此而产生的一切后果。

投标方(公章)：

法定代表人或其授权委托代理人(签字)：

年　　月　　日

8.2　法定代表人资格证明

法定代表人资格证明

单位名称：________________

地　　址：________________

姓　　名：________性别：______年龄：______职务：________身份证号：________系________的法定代表人。

投标单位名称(盖章)：

法定代表人(签章)：

8.3　法人代表授权委托书

致：________

兹委托________先生/女士作为本公司的合法代理人，以本公司名义参加贵中心____________项目(项目名称、招标编号)的投标。

委托权限：参加投标、开标，负责合同的签订、执行、完成和保修，以本公司名义处理一切与之有关的事务。

委托期间:本授权书自______年____月____日至______年____月____日有效。

委托人(公章):

法定代表人(签章):

委托人注册地/营业地:

邮政编码:

电话:

传真:

受托人(签章):

住所:

身份证号码:

邮政编码:

电话:

传真:

8.3.1　法人代表身份证扫描件

身份证(正面)扫描图片

身份证(反面)扫描图片

法人代表签字字样:

8.3.2　法人代表授权委托人身份证扫描件

身份证(正面)扫描图片

身份证(反面)扫描图片

法人代表授权委托人签字字样:

8.4　营业执照

8.5　税务登记证(国税、地税)

（国税）

（地税）

8.6　组织机构代码证

8.7　开户许可证

8.8　软件企业认定证书

8.9　根据招标文件第一卷1.3条投标人需具备的其他资质文件

8.10　投标人认为其他有必要提供的文件、资料或证明

宝乐童车制造有限公司财务与供应链管理信息系统实施项目招标文件

补充说明

(1)关于数据库的说明:必须在标书“投标报价明细表”中提供两种数据库(ORACLE, SQL Server)报价,用户可依据所提供软件用户数采用建议推荐,但必须满足后期管理信息系统正常运行。在“开标一览表”中提供推荐数据库(任选两种数据中之一种),该数据库报价将是投标报价之组成部分。数据库购买、安装、培训、维护将作为软件供应商综合能力评估项,在后期商务谈判中招标方可要求投标方采购、安装、培训、维护该数据库。

(2)关于招标编号的说明:本次招标编号为CG2018001,投标人在投标文件中涉及招标编号可使用项目名称宝乐童车制造有限公司财务与供应链管理信息系统实施项目予以替代招标编号,货物名称可填写:宝乐童车制造有限公司财务与供应链管理信息系统。

(3)关于投标函中招标采购货物名称的说明:货物名称可为宝乐童车财务与供应链管理信息系统、财务与供应链信息系统,如投标方提供认为其能清晰说明所提供货物的名称,请做特殊说明作为附件并加盖投标人公章。

(4)关于本次招标中软件用户数的说明:考虑到本次各投标人所提供软件用户数定义、名称难以统一,有按用户数、并发用户数、注册用户数、许可用户数等,如投标人采用其中任一类型用户数之定义,需在“投标报价明细表”中的合适位置注明,本次招标对用户数(投标方标价之推荐用户数)不做统一规定,但必须满足投标方本次项目各系统应用正常运行,如果造成因用户数不足影响招标方后期各使用单位工作正常运行,投标人应无条件提供招标方所需之用户数。关于用户数详细约定,投标人将在后期商务文件(合同)中做特殊约定。

(5) 关于培训的说明：投标人必须说明本次项目的培训方案，对是否提供相关培训文档不做统一要求，如投标人提供相关培训文档，招标方将对投标人所提交的相关培训文档予以保密。

(6) 关于招标文件附件“项目实施人员名单”的说明：该附件中明确注明须提供项目主要负责人的证明材料，投标人需提供项目主要负责人及实施人员简历作为投标文件之附件。

(7) 关于投标文件格式的说明：考虑到各投标人所提供的货物（软件、实施、培训、二次开发等）难以统一，投标人可对投标书“开标一览表”“投标报价明细表”“项目实施人员名单”及附件“项目主要负责人及实施人员简历”进行修改、备注，但必须能够清晰地说明招标方招标文件中所涉及的诸多内容，并加盖投标人或授权委托代理人（单位）印章，如投标人对招标方招标文件之各内容、条款、格式所进行的修改，造成招标方在评标过程中理解上的偏差，招标方不予以承担责任。

(8) 关于交标书地点的说明：标书于××××年×月×日上午×时之前统一交至宝乐公司1号会议室。

(9) 其他说明：投标人对于招标文件中相关条款所做响应，请在投标文件中予以备注，并加盖投标人或授权委托代理人（单位）印章。如投标人提供本次招标文件中未涉及之相关内容，造成招标方在评标过程中理解上的偏差，招标方不予以承担责任。

(10) 本补充说明仅为招标方宝乐童车制造有限公司财务与供应链管理信息系统实施项目招标文件第三卷 招标文件附件之补充说明。

(11) 招标方对本补充说明享有最终解释权。

任务二 发标与应标

情境说明

发标与应标是在甲方撰写好招标书以后，根据招标方式的不同，通过相应渠道发布招标通知，乙方根据招标内容分析判断是否应标的过程。

在销售实践中的应用

● 甲方具有了相应的倾向性选择后才会进行发标。

● 乙方在收到招标通知时，需要认真分析是否去投标；若不去投标，也需要对甲方进行礼貌的公函回复，表示感谢和歉意。

学习目标

具体见表8-8。

表 8-8 学习目标

<table>
<tr><th colspan="4">学习目标</th><th>时间(分钟)</th></tr>
<tr><td colspan="4">根据招投标书标准模板,制作招标书和投标书,并应用招标过程管理和投标过程控制,进行发标和应标。</td><td rowspan="3">90</td></tr>
<tr><td>情境编号</td><td>情境任务(甲方)</td><td>情境编号</td><td>情境任务(乙方)</td></tr>
<tr><td>1</td><td>发标</td><td>2</td><td>应标</td></tr>
<tr><td>知识点</td><td colspan="4">1. 招标过程管理;2. 投标过程控制;3. 报价策略。</td></tr>
</table>

学习过程

1. 发标

学习目标:根据招标书标准模板,制作招标书,并应用招标过程管理,进行发标。

学习过程具体见表 8-9。

表 8-9 学习过程

序号	学习步骤	时间(分钟)
1	阅读情境	5
2	小组讨论	15
3	课件学习	20
教师解析知识难点		10
4	在线发送招标书,完成标书评分表	40
时间合计		90

2. 应标

学习目标:应用投标过程控制,分析客户招标书是否对自己有利,判断是否应标,并完成应标。

学习过程具体见表 8-10。

表 8-10 学习过程

序号	学习步骤	时间(分钟)
1	阅读情境	5
2	小组讨论	15
3	课件学习	20
教师解析知识难点		10
4	在线接收招标书,制作投标书	40
时间合计		90

2.1 发标与应标的含义

发标与应标是在甲方撰写好招标书以后，根据招标方式的不同，通过相应渠道发布招标通知，乙方根据招标内容分析判断是否应标的过程。

阅读资料 8-3

标书评分表具体见表 8-11。

表 8-11 标书评分表(部分)

序号	评审项目	总分	内容	分值	投标单位 1		投标单位 2		投标单位 3		投标单位 4	
					说明	得分	说明	得分	说明	得分	说明	得分
1	资格评审		资格条件满足招标文件要求	合格								
			资格条件不满足招标文件要求	不合格								
2	投标技术要求响应		投标文件技术要求响应招标文件要求或无重大偏差	合格								
			投标文件技术要求与招标文件要求有重大偏差	不合格								
3	投标文件	3	投标文件内容完整，思路清晰，版面整洁，资料齐全	3 分								
			投标文件内容较完整，思路较清晰，版面较整洁，资料较齐全	2 分								
			投标文件内容不完整，思路混乱，版面不整洁，资料不全	1 分								
4	企业业绩	5	企业近三年业绩良好，未发生安全、质量事故	4—5 分								
			企业近三年业绩一般，未发生重大安全、质量事故	2—3 分								
			企业近三年业绩较差，发生重大安全、质量事故	0—1 分								
5	深化设计方案	5	设计方案完善，符合项目实情，可操作性强，计算数据准确，无重大漏项	4—5 分								
			设计方案较完善，基本满足项目要求，可操作性较强，计算数据较准确，无重大漏项	2—3 分								
			无设计方案或较差，不满足项目要求，可操作性差，计算数据错误，有重大漏项	0—1 分								

《投标书》

宝乐童车制造有限公司财务与供应链管理信息系统实施项目投标文件

招标编号:CG2018001

××××有限公司

附件 1　投标函

致:(招标人名称)

根据贵方(项目名称、招标编号)招标采购(货物名称)的投标邀请,(姓名和职务)被正式授权代表投标人(投标人名称、地址),向贵方提交下述文件正本_____份,副本_____份,电子介质一份。

(1) 开标一览表;

(2)“投标人须知”要求投标人提交的全部文件。

据此函,投标人兹宣布同意如下:

(1) 按招标文件规定提供交付的服务的投标总价为(大写)元人民币。

(2) 我们将根据招标文件的规定,承担完成合同的责任和义务。

(3) 我们已详细研究了全部招标文件,包括招标文件的修改书(如果有的话)、参考资料及有关附件,我们已完全理解招标文件并同意放弃提出对招标文件误解的权利。

(4) 我们同意在“投标人须知”规定的开标日期起遵循本投标书,并在“投标人须知”规定的投标有效期满之前均具有法律约束力。

(5) 同意向贵方提供贵方可能进一步要求的与本投标有关的任何证据或资料。

投标人确认的通信地址:

地址:

电话、传真:

邮政编码:

投标人授权代表签名:

投标人名称(公章):

日期:　　　　年　　　月　　　日

附件 2　开标一览表

1. 投标函
2. 项目建议书
3. 投标报价明细表
4. 投标保证金递交证明
5. 投标方基本情况表

6. 项目实施人员名单

7. 投标资格文件

(1) 关于资格文件的声明函；

(2) 法定代表人资格证明；

(3) 法人代表授权委托书；

(4) 营业执照；

(5) 投标人近三年财务状况。

附件3 投标报价明细表

招标编号：

单位：人民币万元

项目		软件版本	单价	数量(单位)	总价
软件	版权价格				
	许可证价格				
	维护升级价格				
数据库	ORACLE 软件价格				
	ORACLE 许可证价格				
	SQL Server 软件价格				
	SQL Server 许可证价格				
中间件	中间件价格				
二次开发	二次开发价格				
	二次开发平台价格				
实施服务	实施价格				
运维	后期运维价格				
培训	培训价格				
其他					
合计					

投标方(盖章)：

法定代表人或其授权委托代理人(签字)：

日　　期：　　　年　　月　　日

附件 4　投标保证金递交证明

××××有限公司收到投标保证金后出具的收据复印件。

投标方(公章):

法定代表人或其授权委托代理人(签字):

日　　期:　　　年　　月　　日

附件 5　投标方基本情况表

单位名称(盖章):

法定代表人		成立日期	
企业地址		注册资本	万元
经营范围			
职工人数		研发人数	
资产总额	万元	净资产	万元
股东权益	万元	销售收入	万元
实现利润	万元		
营业面积 (含厂房面积)	平方米	其中:	自有面积　　平方米 承租面积　　平方米
单位简历及内设机构情况			
单位优势及特长			
近三年来完成或正在履行的重大合同情况			
最近两年内在经营过程中受到何种奖励或处分	(包括财政、工商、税务、物价、技监部门稽查情况和结果)		
最近三年内有无因服务或是其他原因被消费者投诉或起诉的情况及说明	(包括解决方式和结果)		
最近三年内主要负责人有无因经济犯罪被司法机关追究的情况及说明			
其他需要说明的情况			

附件6　项目实施人员名单

单位名称(盖章):

姓名	年龄	职称	学历	本项目中的岗位	曾经承担过的项目

注:须提供项目主要负责人的证明材料。

附件7　投标资格文件

7.1　关于资格文件的声明函

宝乐童车制造有限公司:

本单位愿就由贵单位组织实施的招标编号为CG2018001号的招标活动进行投标。本单位所提交的投标文件中所有关于投标资格的文件、证明和陈述均是真实的、准确的。若与真实情况不符,本单位愿意承担由此而产生的一切后果。

投标方(公章):

法定代表人或其授权委托代理人(签字):

年　　月　　日

7.2　法定代表人资格证明

法定代表人资格证明

单位名称:________________

地址:________________

姓名：______________性别：_________年龄：__________职务：______________身份证号：______________系______________的法定代表人。

投标人名称（盖章）

7.3 法人代表授权委托书

致：_________________

兹委托_____________先生/女士作为本公司的合法代理人，以本公司名义参加贵中心_____________________项目（项目名称、招标编号）的投标。

委托权限：参加投标、开标，负责合同的签订、执行、完成和保修，以本公司名义处理一切与之有关的事务。

委托期间：本授权书自______年____月____日至______年____月____日有效。

委托人（公章）：	受托人（签章）：
法定代表人（签章）：	住所：
委托人注册地/营业地：	身份证号码：
邮政编码：	邮政编码：
电话：	电话：
传真：	传真：

7.3.1 法人代表身份证扫描件

身份证（正面）扫描图片

身份证（反面）扫描图片

法人代表签字字样：

7.3.2 法人代表授权委托人身份证扫描件

身份证（正面）扫描图片

身份证（反面）扫描图片

法人代表授权委托人签字字样：

7.4 营业执照

7.5 组织机构代码证

7.6 税务登记证(国税、地税)

7.7 其他文件、资料或证明

2.2 招标过程管理

企业采用招投标的方式进行采购,是一种较为科学、公平的方法,只有遵循科学完整的招投标过程和运作过程,企业的招标结论才经得起推敲。

招标过程主要包括以下步骤:

- 招标资格与备案;
- 确定招标方式;
- 发布招标公告或投标邀请书;
- 编制、发放资格预审文件;
- 资格预审;
- 编制、发放招标文件;
- 勘查现场;
- 答疑;
- 签收投标文件;
- 开标;
- 组建评标委员会;
- 评标;
- 招标投标情况书面报告及备案;
- 发出中标通知书;
- 签署合同。

2.3 报价

1. 报价的依据

报价的支撑来源于可能为客户创造的潜在价值。

填写报价组成计算表(见表 8-12)。

表 8-12 报价组成计算表

项目	相关系统模块	数量/并发	价格	备注
产品配置清单				
系统平台				
系统工具				
其他				
合计				

（续表）

项目	人员	单价	价格	备注
项目实施				
软件开发				
咨询服务				
其他				
合计				
总价				

2. 报价的原则

价格涉及客户的认同和期望、意识和态度，以及客户的心理和习惯。

（1）客户的认同是报价的前提和基础

解决方案或产品、销售人员带给客户的价值和愿景是报价的前提和基础。

（2）帮助客户建立价格预期

销售人员有意透露一些信息，包括经济效益和投资回报分析。

（3）价无定式，因势而定

根据不同客户、项目所处阶段、客户紧迫程度、竞争态势报价。

（4）其他客户的参照

如“附近某企业规模比你们小，同样的范围它们花了多少钱”。

（5）逻辑

基于之前沟通的需求、方案及带来的价值预期，且利于后续的商务谈判。

（6）差异

区别于其他客户价格，报两个价格，区别在哪里，为什么这个比那个高。

（7）理由

客户个人动机、概念或标准。

3. 报价的策略

（1）先发制人

“投资上有什么考虑？”“与其纠缠价格，不如将更多的精力用来考虑怎样把事情做好”“报低了对不起他们，报高了对不起你们”“咱们和他们又不太一样”……

（2）解剖麻雀法

细到每一个模块，每一个人的每一天，与客户的每一个目标、每一项具体应用、每一项实施服务任务及功能点关联起来。

（3）零敲碎打

把人员培训费，实施期间顾问的交通费、住宿费、通信费、宵夜等杂项分别报价，相当于项目总体报价的10%—20%。

（4）预留空间

考虑后续商务谈判时都会和哪些人交谈，哪些环节不降、哪些环节要降，见谁可以降价，以什么理由降价、降多少合适。

（5）数字策略

前面数字“宁 7 不 8”，尾数最好是 8 或 6（“宁 7 不 4、9”是小聪明）。

整体尽量不要“五入”而多找“四舍”的感觉。

阅读资料 8-4

软件产品报价清单具体见表 8-13。

U8V11.0 全产品报价清单

表 8-13　软件产品报价

<table>
<tr><th colspan="2">产品名称</th><th>模块基础价格（元）</th><th>选择与否</th><th>许可单价（元）</th><th>许可数</th><th>价格（元）</th></tr>
<tr><th colspan="2">Product Name</th><th>Basic Price of Module</th><th>YES or No</th><th>Price of Per-license</th><th>Total License</th><th>Price</th></tr>
<tr><td colspan="7">财务会计　Financial Accounting</td></tr>
<tr><td>总账</td><td>General Ledger</td><td>13 000</td><td></td><td rowspan="9">6 000</td><td rowspan="9"></td><td rowspan="9">¥0.00</td></tr>
<tr><td>UFO 报表</td><td>UFO Report</td><td>5 600</td><td></td></tr>
<tr><td>固定资产</td><td>Fixed Asset</td><td>7 000</td><td></td></tr>
<tr><td>应收款管理</td><td>Account Receivable</td><td>7 800</td><td></td></tr>
<tr><td>应付款管理</td><td>Account Payable</td><td>7 800</td><td></td></tr>
<tr><td>财务分析</td><td>Financial Analysis</td><td>6 000</td><td></td></tr>
<tr><td>网上银行</td><td>Web Banking</td><td>20 000</td><td></td></tr>
<tr><td>现金流量表</td><td>Cash Flow Report</td><td>4 000</td><td></td></tr>
<tr><td>出纳管理</td><td>Cashier Management</td><td>5 000</td><td></td></tr>
<tr><td>网上报销</td><td>Web Reimbursing</td><td>13 000</td><td></td><td>2 300</td><td></td><td>¥0.00</td></tr>
<tr><td colspan="7">管理会计　Management Accounting</td></tr>
<tr><td>资金管理</td><td>Capital Management</td><td>62 800</td><td></td><td rowspan="3">23 000</td><td rowspan="3"></td><td rowspan="3">¥0.00</td></tr>
<tr><td>成本管理</td><td>Cost Management</td><td>69 000</td><td></td></tr>
<tr><td>成本分项管理</td><td>Cost Subentry Management</td><td>49 800</td><td></td></tr>
<tr><td>标准成本</td><td>Standard Cost</td><td>42 800</td><td></td><td rowspan="2"></td><td rowspan="2"></td><td rowspan="2"></td></tr>
<tr><td>项目成本</td><td>Project Cost</td><td>48 800</td><td></td></tr>
</table>

（续表）

<table>
<tr><th colspan="2">产品名称</th><th>模块基础价格(元)</th><th>选择与否</th><th>许可单价(元)</th><th>许可数</th><th>价格(元)</th></tr>
<tr><th colspan="2">Product Name</th><th>Basic Price of Module</th><th>YES or No</th><th>Price of Per-license</th><th>Total License</th><th>Price</th></tr>
<tr><td>预算管理(企业版)</td><td>Budget Management (Enterprise)</td><td>69 000</td><td></td><td>23 000</td><td></td><td>¥0.00</td></tr>
<tr><td colspan="7">客户关系管理　Customer Relationship Management</td></tr>
<tr><td>营销管理</td><td>Marketing Management</td><td>59 800</td><td></td><td>9 800</td><td></td><td>¥0.00</td></tr>
<tr><td>服务管理</td><td>Service Management</td><td>41 800</td><td></td><td>9 800</td><td></td><td>¥0.00</td></tr>
<tr><td colspan="7">供应链管理　Supply Chain Management</td></tr>
<tr><td>采购管理</td><td>Purchasing Management</td><td>16 800</td><td></td><td rowspan="17">11 000</td><td rowspan="17"></td><td rowspan="17">¥0.00</td></tr>
<tr><td>电商订单中心</td><td>Electronic Commerce Order Center</td><td>56 800</td><td></td></tr>
<tr><td>销售管理</td><td>Sales Management</td><td>16 800</td><td></td></tr>
<tr><td>库存管理</td><td>Inventory Management</td><td>16 800</td><td></td></tr>
<tr><td>存货核算</td><td>Inventory Accounting</td><td>16 800</td><td></td></tr>
<tr><td>合同管理</td><td>Contract Management</td><td>32 000</td><td></td></tr>
<tr><td>售前分析</td><td>Pre-sale Analysis</td><td>25 800</td><td></td></tr>
<tr><td>质量管理</td><td>Quality Management</td><td>32 000</td><td></td></tr>
<tr><td>委外管理</td><td>Outsourcing Management</td><td>26 800</td><td></td></tr>
<tr><td>进口管理</td><td>Import Management</td><td>29 800</td><td></td></tr>
<tr><td>出口管理</td><td>Export Management</td><td>29 800</td><td></td></tr>
<tr><td>售后服务</td><td>Service Management</td><td>35 800</td><td></td></tr>
<tr><td>VMI</td><td>Vender Managed Inventory</td><td>34 800</td><td></td></tr>
<tr><td>序列号</td><td>Serial Number Management</td><td>15 800</td><td></td></tr>
<tr><td>采购询价</td><td>Purchasing Enquiry</td><td>11 800</td><td></td></tr>
<tr><td>借用归还</td><td>Borrow & Return Management</td><td>12 800</td><td></td></tr>
<tr><td>库存条码-PC版</td><td>Inventory Barcode-PC</td><td>42 800</td><td></td></tr>
<tr><td>库存条码-无线版</td><td>Inventory Barcode-wireless</td><td>52 800</td><td></td><td>15 000</td><td></td><td>¥0.00</td></tr>
</table>

（续表）

<table>
<tr><td colspan="2">产品名称</td><td>模块基础价格（元）</td><td>选择与否</td><td>许可单价（元）</td><td>许可数</td><td>价格（元）</td></tr>
<tr><td colspan="2">Product Name</td><td>Basic Price of Module</td><td>YES or No</td><td>Price of Per-license</td><td>Total License</td><td>Price</td></tr>
<tr><td colspan="7">生产制造管理 Manufacturing & Production Management</td></tr>
<tr><td>物料清单</td><td>Bill of Materials</td><td>36 000</td><td></td><td rowspan="9">21 600</td><td rowspan="9"></td><td rowspan="9">¥0.00</td></tr>
<tr><td>主生产计划</td><td>Master Production Schedule</td><td>47 800</td><td></td></tr>
<tr><td>需求规划</td><td>Materials Requirements Planning</td><td>47 800</td><td></td></tr>
<tr><td>产能管理</td><td>Capacity Management</td><td>47 800</td><td></td></tr>
<tr><td>生产订单</td><td>Production Order</td><td>47 800</td><td></td></tr>
<tr><td>车间管理</td><td>Workshop Management</td><td>62 800</td><td></td></tr>
<tr><td>工序委外</td><td>Processing Subcontracting</td><td>35 800</td><td></td></tr>
<tr><td>设备管理</td><td>Equipment Management</td><td>48 800</td><td></td></tr>
<tr><td>工程变更管理</td><td>Engineering Change Management</td><td>48 800</td><td></td></tr>
<tr><td colspan="7">人力资源管理 Human Resource Management</td></tr>
<tr><td>人事管理</td><td>Personnel Management</td><td>12 800</td><td></td><td rowspan="9">9 600</td><td rowspan="9"></td><td rowspan="9">¥0.00</td></tr>
<tr><td>人事合同管理</td><td>Personnel Contract</td><td>12 800</td><td></td></tr>
<tr><td>薪资管理</td><td>Payroll Management</td><td>12 800</td><td></td></tr>
<tr><td>计件工资（个人）</td><td>Piece Wage Management (Staff)</td><td>22 000</td><td></td></tr>
<tr><td>集体计件（集体）</td><td>Piece Wage Management (Group)</td><td>22 000</td><td></td></tr>
<tr><td>保险福利管理</td><td>Benefit Management</td><td>13 800</td><td></td></tr>
<tr><td>考勤休假管理</td><td>Attendance Management</td><td>43 800</td><td></td></tr>
<tr><td>招聘管理</td><td>Recruitment Management</td><td>22 000</td><td></td></tr>
<tr><td>培训管理</td><td>Training Management</td><td>22 000</td><td></td></tr>
<tr><td>绩效管理</td><td>Performence Management</td><td>88 000</td><td></td><td>9 800</td><td></td><td>¥0.00</td></tr>
<tr><td rowspan="2">经理自助</td><td rowspan="2">Manager Self-service</td><td>20 000</td><td></td><td rowspan="2">800</td><td rowspan="2"></td><td rowspan="2">¥0.00</td></tr>
<tr><td>（包括10个许可）</td><td></td></tr>
<tr><td rowspan="2">员工自助</td><td rowspan="2">Employee Self-service</td><td>22 000</td><td></td><td rowspan="2">500</td><td rowspan="2"></td><td rowspan="2">¥0.00</td></tr>
<tr><td>（包括30个许可）</td><td></td></tr>
</table>

（续表）

产品名称		模块基础价格(元)	选择与否	许可单价(元)	许可数	价格(元)
Product Name		Basic Price of Module	YES or No	Price of Per-license	Total License	Price
决策支持系统　Decision Support System						
商业分析	Business Analysis					
分析报表工具	Analysis Report Tool	32 800		12 800		¥0.00
安全库存模型	Safety Stock Model	9 800				¥0.00
关联分析	Relevance Analysis	19 800				¥0.00
集团管理　Group Company Management						
集团财务	Group Company Accounting	56 000		21 000		¥0.00
合并报表	Consolidated Report	56 000				
结算中心	Funds Settlement Center	56 000				
预算管理(集团版)	Budget Management (Group)	90 000				
商业智能(集团版)	Business Intelligence					
网上结算	Web Settlements	12 000		8 000		¥0.00
行业报表	Industrial Reports	28 800		12 000		¥0.00
网络分销　Network Distribution						
网络分销标准套件	Network Distribution Suite	300 000		8 000		¥0.00
	(Standard)	(包括10个许可)				
网络分销服装鞋帽行业套件	Network Distribution Suite	400000		10 000		¥0.00
	(Apparel and Footwear Industry)	(包括10个许可)				
网络分销电子电器行业套件	Network Distribution Suite	500 000		10 000		¥0.00
	(Electric & Electronic)	(包括10个许可)				
集成平台(网络分销与ERP集成)		100 000				¥0.00

（续表）

产品名称		模块基础价格（元）	选择与否	许可单价（元）	许可数	价格（元）
Product Name		Basic Price of Module	YES or No	Price of Per-license	Total License	Price
连锁零售　Chain-retail Management（不能单独使用，必须与网络分销或者 U8 供应链组合应用）						
零售管理端+零售数据交换服务器	Retail Manager & Exchange Server	40 000 元（支持 20 个门店以下，含 20 个） 80 000 元（支持 21—50 个门店） 120 000 元（支持 51—100 个门店） 160 000 元（支持 101 个门店及以上） 客户在使用过程中增加门店数量后根据最终的门店数量增加零售管理端和交换服务器的价格			门店数量请在下面空格内输入	¥0.00
门店客户端	Shop Front Management			6 000 元/1 个门店		¥0.00
目标管理	Management by Objectives	49 800				¥0.00
预定管理	Reservation Management	39 800				¥0.00
店内加工	In-store Processing	39 800				¥0.00
储值卡管理	Prepaid Card Management	49 800				¥0.00
礼券管理	Gift Certificate Management	12 800				¥0.00
赊销管理	Credit Sale Management	59 800				¥0.00
寄存管理	Storage Management	29 800				¥0.00
内部控制　Internal Control						
内部审计	Internal Audit	98 000		20 000		¥0.00
企业应用集成（EAI）　Enterprise Application Integration						
企业应用集成（EAI）	Enterprise Application Integration	36 000				¥0.00
UAP						
UAP 设计平台	UAP Design Tool	38 000		18 000		¥0.00
UAP 运行平台	UAP Runtime	12 800				¥0.00
远程接入						
U8 远程接入	U8 Remote Application Solution	2 800		2 800		¥0.00

（续表）

产品名称		模块基础价格(元)	选择与否	许可单价(元)	许可数	价格(元)
Product Name		Basic Price of Module	YES or No	Price of Per-license	Total License	Price
网银适配器						
网银适配器	UFBANK	6 000				¥0.00
即时通信						
UTU	You To You			9 000		¥0.00
移动应用						
移动消息管理	Mobile Messaging Management	26 800				¥0.00
U8 移动 CRM	U8 Mobile CRM	39 800		2 800		¥0.00
U8 移动销售订单	U8 Mobile Sales Order	29 800		1 800		¥0.00
U8 移动审批	U8 Mobile Approval	39 800		3800		¥0.00
U8 移动薪资	U8 Mobile Payroll	免费		免费		
U8 移动通讯簿	U8 Mobile Address Book	免费		免费		
OA						
U8-OA		80 000（包括 20 个许可）		7 000		¥0.00
高级 OFFICE 套件		20 000				¥0.00
电子签章套件		10 000		2 000		¥0.00
GKE 插件		10 000（包括 50 个客户端）		8 500		¥0.00
身份认证插件		10 000（包括 2 个客户端）		200		¥0.00
AD 应用		30 000				¥0.00
公文插件		10 000				¥0.00
OA 短信集成插件		4 000				¥0.00
OA 短信插件		12 000				¥0.00
安全传输插件		10 000				¥0.00
综合办公插件		5 000				¥0.00
U8-OA M1		22 500		2 500		¥0.00

（续表）

产品名称	模块基础价格（元）	选择与否	许可单价（元）	许可数	价格（元）
Product Name	**Basic Price of Module**	**YES or No**	**Price of Per-license**	**Total License**	**Price**
软件产品价格总计					¥0.00
咨询实施报价					¥0.00
培训报价					¥0.00
客户化开发报价					¥0.00
运行维护服务报价					¥0.00
行业标准插件报价					¥0.00
伙伴集成方案报价					¥0.00
U8V11.0 全产品报价					¥0.00

任务三 评标与投标

情境说明

投标与评标是乙方根据甲方招标书的要求，撰写投标书，准备相关投标资料和文件并封装投标文件包，然后递交给甲方，甲方对乙方的投标文件包按照招标要求，进行检核，公开拆包、评审标书的过程。

在销售实践中的应用

在实际大项目采购的招投标中，若甲乙双方中任何一方没有严格按照招投标要求操作，则会导致甲方废标，重新招标，或者某失误的乙方失去投标资格。

学习目标

具体见表 8-14。

表 8-14 学习目标

学习目标				时间（分钟）
根据投标书标准模板，制作投标书，并完成现场投标和评标。				60
情境编号	情境任务（甲方）	情境编号	情境任务（乙方）	
1	评标	2	投标	
知识点	1. 招标过程管理；2. 投标过程控制；3. 报价策略。			

学习过程

1. 评标

学习目标：阅读投标书，制定并应用标书评分表，完成评标。

学习过程具体见表 8-15。

表 8-15 学习过程

序号	学习步骤	时间(分钟)
1	阅读情境	5
2	投标现场准备	15
3	现场开标、答疑	30
小组讨论、反馈、点评、总结		10
时间合计		60

2. 投标

学习目标：根据投标书标准模板，制作和封装投标文件包，进行现场投标。

学习过程具体见表 8-16。

表 8-16 学习过程

序号	学习步骤	时间(分钟)
1	阅读情境	5
2	封装标书	15
3	现场投标、答疑	30
小组讨论、反馈、点评、总结		10
时间合计		60

3.1 评标与投标的含义

投标与评标是乙方根据甲方招标书的要求，撰写投标书，准备相关投标资料和文件并封装投标文件包，然后递交给甲方，甲方对乙方的投标文件包按照招标要求，进行检核，公开拆包、评审标书的过程。

3.2 投标现场开标流程

投标现场开标流程见阅读资料 8-5。

阅读资料 8-5

投标现场开标流程

（总预计时间大致是120分钟，每一项的时间都分别附有详细说明）

第一项内容　现场招投标前准备

（一）工作人员的准备工作

1. 开标场地的安排

1.1　把场地的桌椅布置好

1.2　将工作人员的位置安排好，防止现场混乱

2. 开标时间的安排

将招标流程及各步骤所需时间告诉大家。

3. 与会人员的沟通

3.1　安排好工作人员

例如，主持人、唱标人、监标人等，并将相关事项交代清楚。

3.2　与采购人的沟通

通知采购人招标的时间、地点等问题，指引采购单位的评标人员顺利到达开标地点。

3.3　与投标人的沟通

（1）不得向投标人透露已获取招标文件的潜在投标人的名称、数量以及可能影响公平竞争的有关招投标的其他情况。

（2）及时了解各投标单位的投标保证金交纳情况，并及时告知其按规定时间提交投标保证金。

（3）通知投标人开标时间，提醒投标人代表开标时携带身份证明及其他所需文件材料。

4. 相关记录文档的准备

准备好“投标人签到表”“开标记录表”等会议所用的文件。

5. 使用工具、物或设备的准备

剪刀、签字笔、订书机（钉）、打印纸、打印机（墨盒）、投影仪、电脑、U盘、插座、监控设备等（视具体情况而定）。

（二）投标人的准备工作

1. 准备投标文件及相关证明

2. 选定投标人代表和法人代表

3. 对可能出现的问题做充分准备

4. 熟悉招投标的相关流程及注意事项

（三）采购方的准备工作

1. 准备招标文件并进行公告

2. 对招标项目的性质、数量有明确的把握

3. 对投标法人或者其他组织进行预审

4. 熟悉招投标的相关流程及注意事项

(计划用时:40 分钟)

第二项内容　投标人投标流程

(一) 投标人

1. 投标人依次入场,按先后顺序在签到表上签字,并递交投标文件及投标保证金(虚拟)

投标人签到表

序号	投标单位	法人代表(被委托人代表)	联系电话	签到时间	资质证书号或法人身份证号	备注
1						
2						
3						
4						
5						
6						

2. 招标人在工作人员的指引下在相应席位落座

(二) 招标人

招标代表依次进入会场,在工作人员的指引下在相应席位落座等待招标开始。

(三) 工作人员

1. 引领来宾进入指定席位

2. 组织签到工作

3. 检查投标文件的密封情况是否符合要求和保证金的收纳工作

4. 确认已索取招标文件的投标人是否参加开标

5. 在招标文件要求递交投标文件截止时间拒收所有投标文件

6. 主持人等各位工作人员各就各位准备开始招标

(计划用时:10 分钟)

第三项内容　开标流程

(一) 主持人准备开场

宣布开标大会开始,介绍采购项目内容、出席开标会议的招标单位各有关部门的领导,以及参加投标的单位;宣布本次招标活动的主持人、监标人、唱标人、记录人、联络人等工作人员名单。

例如,谨代表×××(招标代理公司)欢迎各位投标人代表光临本次开标大会,同时对给予我们工作大力支持的×××(招标人)表示感谢,我是本次开标大会的主持人×××。为保证开标大会的顺利进行,敬请各位在开标过程中暂时关闭手机,保持会场安静,谢谢合作!

本次开标的监标人是×××,唱标人是×××,记标人是×××。

现在我向大家介绍本次招标的情况,×××(招标代理公司)受×××(招标人)委托就×××(项目名称)项目进行国内公开招标采购,我公司于××××年××月××日在中国政府采购网和北京政府采购网发布项目的招标公告,共有×家单位购买了项目的招标文件,截至投标时间共有×家单位进行了投标,所有投标文件已堆放在会议桌一侧,首先检查投标人出席开标会议情况及投标保证金缴纳情况。请各投标人法人代表或授权人及项目经理持身份证明、投标保证金收据至招标人处核验。

(计划用时:3分钟)

(二)检查标书的密封情况

主持人:请监标人检查投标文件的密封情况。

监标人:检查各投标单位投标文件的密封情况,并现场做出是否密封完好的结论。

主持人:在投标时间内各投标商均按时进行了投标,投标文件密封良好,请各位投标人代表在相应位置签字。

投标人:投标人代表签字。

记标人:对整个过程做详细记录。

(计划用时:10分钟)

(三)注意事项

主持人:下面我宣布本次招标大会的注意事项……

1. 会场纪律

(1)投标人进入会场按指定位置依牌入座;

(2)遵守开标纪律,不得大声喧哗,禁止吸烟,自觉爱护公共财物及设施;

(3)各投标单位之间不得交头接耳,交流信息;

(4)按秩序递交投标书,不得前拥后挤;

(5)自觉服从会场工作人员的指挥;

(6)主持人宣布会议结束后,投标人方可退场;

(7)违反投标须知及会场纪律的投标人,按扰乱投标秩序论处,将列入不良行为和黑名单。

2. 注意事项

(1)唱标次序:按投标次序依次唱标;

(2)唱标时每一位投标商的投标一览表将唱两遍;

(3)投标书中投标一览表若有缺项请文字确认;

(4)请各投标商唱标时注意唱标时的报价是否与投标书一致,若有不一致内容请文字确认,并提交资料管理员,唱标完毕后,由唱标人当场确认;

(5)开标大会期间招标公司恕不回答与各自投标无关的问题;

(6)开标大会结束时,请各投标人代表在开标记录表上签字,确认开标记录无误。

3. 评标原则

(1)评标委员会将会遵照公平、公正,科学择优的原则进行评标;

(2) 评标委员会将以招标文件进行评审,对投标文件的判断仅依据投标文件本身,而不依据投标文件以外的任何因素;

(3) 投标文件应对招标文件做出实质响应,招标方将拒绝被确定为非实质响应的投标及投标方通过修正或撤销不足之处而使投标变为实质响应的投标;

(4) 投标方对评标委员会的质疑应及时做出书面回答,评标委员会将会对各投标文件进行综合评比,最低报价不作为授予合同的唯一保证;

(5) 投标人不得以任何行为干扰评标,否则将导致废除其投标;

(6) 评标期间各投标方不得与评标委员会及工作人员直接联系,若有问题由会务组转达。

与会人员:注意听主持人的宣讲,并且严格遵守相应规定。

(计划用时:10 分钟)与开标时间重合,在开标的同时宣读。

(四) 开标

主持人:现在开标! 请资料管理员整理资料,开启投标文件。

资料管理员:开启投标文件。

记标人:认真填写开标记录表。

开标记录表

<table>
<tr><td>项目名称:</td><td>招标标号:</td></tr>
<tr><td colspan="2">送审单位:</td></tr>
<tr><td colspan="2">需要说明的事项:

送达人(签字):
单位(盖章):
送审日期:　　年　　月　　日</td></tr>
<tr><td colspan="2">招标人审批意见:

负责人(签字):
招标人(盖章):
审批日期:　　年　　月　　日</td></tr>
</table>

(计划用时:10 分钟)

(五) 唱标

主持人:现在开始唱标。

唱标人:宣读各投标方投标文件的相关内容。

投标人:注意听唱标过程是否有误,并做好相应记录。

招标人:对各方报价及相关内容做好记录。

主持人:唱标结束,如对唱标结果有异议请与工作人员联系,下面请各位投标人代表暂时退出会场,由各位专家进行审查,20分钟后我们开始答疑。

投标方有序离开会场,准备之后的答疑工作。

(计划用时:10分钟)

(六)专家审查

主持人:宣读评标专家须知……

(1)评委不得参加与自己有利害关系的项目评标,对与自己有利害关系的应当主动提出回避。有关行业监管部门和市招投标监督管理局也可要求评委回避。

(2)评委及评标现场工作人员所携带的手机等通信工具,应主动放在评标专家管理室寄存。评标期间发现带有手机等通信工具的,一律做违规违纪处理。

(3)评标委员会组长应在评标前组织全体评委理解招标文件的要义。

(4)评标报告由评标委员会全体成员签字。对评标结论持有异议的评委可以书面方式阐述其不同意见和理由,拒绝在评标报告上签字的且不陈述其不同意见和理由的,视为同意评审结论。评标委员会应当对此做出书面说明并记录在案。

(5)评委和工作人员在评标期间或结束后,均不得透露对投标文件的评审和比较,中标候选人的推荐情况,以及与评标有关的其他情况。

(6)业主评委是评标委员会中的一员,依法参与评标活动,提出个人意见的权利不受任何单位或个人非法控制、干预、干扰或影响。

招标方和专家:对各投标方的报价等内容进行审议。

(计划用时:10分钟)

(七)答疑

主持人:下面开始答疑,首先有请__________前来答疑。

招标人专家:与投标人详细交流自己的问题等。

投标人:就专家提出的问题或文件中的不足做出补充说明。

(计划用时:30分钟)依投标方的数量而定。

第四项内容　大会结束

(一)主持人宣布结束

此次开标大会结束,本公司将会在近期内电话通知中标单位,中标单位请尽快来本公司签订相关合同,对于未中标单位我们会按照相关规定按时、按量退还投标保证金。

再次感谢各位的参与和支持。

(二)与会人员

有秩序地退出会场。

(三)工作人员

将全过程做好记录总结,整理好大会的文件资料,维护好退场时会场的秩序。

(计划用时:5分钟)

阅读资料 8-6

宝乐童车项目投标记录表

招标人:宝乐童车制造有限公司

招标代理公司:政茂招投标代理公司

招标日期:××××年××月××日

序号	投标人	投标项目	招标编号	投标总价	备注
1	佳信科技有限公司	宝乐童车制造有限公司财务与供应链管理信息系统	CG2018001	¥1 347 569.00	
2	聚灵科技有限公司	宝乐童车制造有限公司财务与供应链管理信息系统	CG2018001	¥1 623 600.00	
3	宏创科技有限公司	宝乐童车制造有限公司财务与供应链管理信息系统	CG2018001	¥1 569 000.00	

唱标人:

监标人:

记标人:

项目九　商务谈判与成交

商务谈判与成交

- 谈判是双方的利益评审，非博弈，要双赢，而非零和；
- 谈判是一般企业完成交易前必经的过程。

在销售实践中的应用

商务谈判主要涉及三大部分内容的协商：技术部分、商务部分和法律部分。技术部分包括解决方案及其功能、交付和培训，以及如何验收；商务部分包括解决方案的使用范围，价格和支付方式，索赔和罚款等；法律部分包括侵权和保密、不可抗力因素、仲裁和合同生效方式等。

在商务谈判中，我们一方面要以价格为中心，坚持自己的利益，另一方面又不能仅仅局限于价格，应该拓宽思路，设法从其他方面争取应得的利益，使对方在不知不觉中让步。

学习目标

具体见表 9-1。

表 9-1　学习目标

任务大类“商务谈判与成交”的学习目标	典型任务		时间(分钟)
	任务号	任务名称	
应用商务谈判策略，进行商务谈判，根据合同标准模板，制定合同和签约，完成交易。	一	谈判准备	150
	二	商务谈判	150
	三	完成交易	105

任务一　谈判准备

情境说明

商务谈判的准备阶段是指在谈判开始之前，谈判者围绕谈判的议题进行准备工作的阶段。虽然雄辩的口才和随机应变的能力以及突发的偶然事件可能改变谈判的结果，但是谈判成功的主要因素是谈判之前制订好完整的谈判方案,周详地进行谈判前准备。

在销售实践中的应用

谈判双方为了维护自身的利益,必然会因产品和解决方案的价格等因素引发双方的对立,甚至造成谈判冲突或僵局。

商务谈判中要达到预期的目标,就要做好周密的准备工作,使各种矛盾与冲突大多化解在有准备之中,进而获得双赢的结局。

学习目标

具体见表 9-2。

表 9-2　学习目标

<table>
<tr><th colspan="4">学习目标</th><th>时间(分钟)</th></tr>
<tr><td colspan="4">制定并应用商务谈判准备表,拟定谈判策略。</td><td>150</td></tr>
<tr><td>情境编号</td><td>情境任务(甲方)</td><td>情境编号</td><td>情境任务(乙方)</td><td>时间(分钟)</td></tr>
<tr><td>1</td><td>采购谈判准备</td><td>2</td><td>销售谈判准备</td><td>70</td></tr>
<tr><td>3</td><td>拟定采购谈判策略</td><td>4</td><td>拟定销售谈判策略</td><td>80</td></tr>
<tr><td>知识点</td><td colspan="4">1. 谈判准备; 2. 价格谈判; 3. 成交技巧。</td></tr>
</table>

学习过程

1. 采购谈判准备

学习目标:识别谈判僵局、谈判陷阱、谈判冲突,制定采购谈判准备表。

学习过程具体见表 9-3。

表 9-3　学习过程

<table>
<tr><th>序号</th><th>学习步骤</th><th>时间(分钟)</th></tr>
<tr><td>1</td><td>阅读情境</td><td>5</td></tr>
<tr><td>2</td><td>小组讨论</td><td>15</td></tr>
<tr><td>3</td><td>课件学习</td><td>10</td></tr>
<tr><td colspan="2">教师解析知识难点</td><td>10</td></tr>
<tr><td>4</td><td>完成采购谈判准备表</td><td>30</td></tr>
<tr><td colspan="2">时间合计</td><td>70</td></tr>
</table>

2. 销售谈判准备

学习目标:识别谈判僵局、谈判陷阱、谈判冲突,制定销售谈判准备表。

学习过程具体见表 9-4。

表 9-4 学习过程

序号	学习步骤	时间(分钟)
1	阅读情境	5
2	小组讨论	15
3	课件学习	10
教师解析知识难点		10
4	完成销售谈判准备表	30
时间合计		70

3. 拟定采购谈判策略

学习目标:应用价格谈判策略和成交技巧,拟定采购谈判策略。

学习过程具体见表 9-5。

表 9-5 学习过程

序号	学习步骤	时间(分钟)
1	阅读情境	5
2	小组讨论	15
3	课件学习	20
教师解析知识难点		10
4	完成采购谈判策略表	30
时间合计		80

4. 拟定销售谈判策略

学习目标:应用价格谈判策略和成交技巧,拟定销售谈判策略。

学习过程具体见表 9-6。

表 9-6 学习过程

序号	学习步骤	时间(分钟)
1	阅读情境	5
2	小组讨论	15
3	课件学习	20
教师解析知识难点		10
4	完成销售谈判策略表	30
时间合计		80

1.1 谈判准备

商务谈判的准备阶段,是指在谈判开始之前,谈判者围绕谈判的议题进行准备工作的阶段。虽然雄辩的口才和随机应变的能力以及突发的偶然事件可能改变谈判的结果，但是谈判成功的主要因素是谈判之前制订完整的谈判方案，周详地进行谈判前准备。

1.2 谈判注意事项

1. 和谁谈判

同客户进行谈判，并提前了解以下情况：

- 对方有哪些人员、专家参与谈判？
- 谁是负责人？
- 对方掌握了多少情况？
- 对方谈判人员对谈判结果是否有决策权？
- 人物性格特质分析。

2. 客户策略分析

客户可能的策略：

- 希望（或被要求）有三家以上的报价；
- 一般在联系供应商谈判前，已经有倾向或内定：是竞争性谈判还是单一谈判以及竞争优劣势分析；
- 不让供应商知道他们是否赢；
- 按照逆向思维（偏好度）同供应商进行价格谈判；
- 可能捏造价格或折扣；
- 将所有的方案当作商品来谈判；
- 精心选择最佳谈判时机（月、季或年底）。

3. 客户可能问的“最贵”的问题

当客户要求降价时，你的回答将为本次谈判定调。最常见的（无力的）回答是：

- “您希望我们降多少？”
- “您觉得什么价格合适？”

这些问题使得客户：

- 可以控制谈判；
- 让销售人员承认打折是必需的；
- 断定销售人员是可以打折的；
- 预期成交价会低于客户期望的心理价位；
- 让销售人员相信客户出的价是“我们期望的价格”。

4. 确立价值

- 如果没有价值，价格就成为唯一谈判的变量；
- 让你的支持者争取更多的预算或者突破预算；
- 确立价值可以令你的让步最小化；
- 可以利用价值来说明拖期延误成本、不采取行动产生的财务影响。

5. 我方策略

- 让客户先发起谈判；
- 擅用沉默技巧；
- 关注客户在意什么比关注自己做了什么更有效；
- 客户想通过谈判获得什么；
- 向对的人让步，否则宁可拖着不签合同；
- 商务谈判需要团队配合，协同完成，细致到一举一动，一言一行；
- 注意客户的情绪；
- 探询客户的经营现状、高层情况。

1.3　谈判的基本原则

1. 明确自己不可突破的底线

- 你愿意接受的最低价格或合约条款；
- 设想客户要求让步时你的处境及应对策略。

2. 有舍有得，礼尚往来

- 客户要求让步，你需要得到怎样的条件；
- 得到你想要的条件后，你愿意做出什么让步。

1.4　谈判准备表

具体见表 9-7。

表 9-7　谈判准备表

我方优先权	GET 得	量化价值		GIVE 给	客户优先权
1	客户负责支付差旅费	2 万元	2 万元	赠送 10 人/天培训	2
2	介绍给我方四位同行业客户	四个商机	3 万元	赠送第一年服务费	3
3	举办三次现场经验交流会	10 万元	****	……	4
4	首付款比例提高到 60%	多收 20%	10 万元	预计 5%的优惠	1
5					
6					
……					

不可谈的内容(底线)：

- 软件及二次开发部分的许可权不可谈；
- 实施人天标准不可谈；
- 最低总价格、最低首付不可谈。

1.5 谈判工作表

谈判工作表见图 9-1。

姿态1		姿态2		姿态3
“我三周前就提出了价格，如果价格是问题的话，是什么原因当时没有提出来呢？”	沉默	“你的成本效益分析显示，投资将在1个月内收回，我们是不是马上启动项目？”	沉默	“有什么功能（模块）是你不想要的吗？” “可以减少什么吗？”

“我们是被选中的供应商吗？”
“假设我们达成共识，你今天就能完成谈判吗？”
“（价格/条款/支持等）是现在项目推进的唯一障碍吗？”

（如果以上回答都是“是”）“在我可以做出让步之前，必须首先需要你为我们做……”
（绝大多数客户都会问“比如说？”）降价要求条件，不降价给予优惠。

获取		给予
主要获取 “同意明年向我们推荐四位同行业客户吗？”	沉默	给予 “如果你为我们这样做的话，我可以在第一年免费提供价值2万元的服务。我们是否可以在此基础上继续？”
备用获取 “同意参加一场行业研讨会，并作为典型客户发言吗？”		

图 9-1 谈判工作表

1.6 谈判中容易遇到的问题

1. 谈判冲突

(1) 谈判冲突的类型

- 有关产品功能与客户需求冲突；
- 任务冲突:与工作内容和目标相关；
- 人际关系冲突；
- 过程冲突:指向工作如何完成。

(2) 谈判冲突的表现

- 潜在的对立或不一致；
- 认知和个性化:有情感投入,感到焦虑、紧张、挫折和敌对；
- 行为:意见分歧或误解,公开质疑或怀疑,武断的言语攻击,威胁和最后通牒,摧毁对方的努力。

(3)谈判冲突的处理

- 开放的态度：佯作不存在什么冲突的姿态，积极寻找双方共同的需要，礼尚往来，或者你必须放弃某个目标。
- 有耐心：适当沉默，克制不要陷入争论，设法控制住冲突的影响。
- 寻找冲突的真正原因：有没有实现目标的其他可能性？
- 避免冲突的私人化。

● 精心斟酌使用的词语，不用负面的暗示。
● 倾听，照顾对方情绪，让其宣泄。
● 保持给对方的压力：让对方明白你对新建议的开放态度，你有别的选择。
● 退出谈判。

2. 谈判僵局

(1) 含义

谈判僵局是当双方都不能接受对方的条件，同时也不愿意做出更多的让步时，形成的局面。谈判僵局会导致以下三种结果：

● 你收拾行李，终止谈判；
● 你做出让步，继续推进本部分的谈判；
● 客户做出让步，继续推进本部分的谈判。

(2) 谈判僵局产生的原因

谈判僵局有以下产生的原因：

● 立场观点的争执；
● 面对强迫的反抗；
● 信息沟通的障碍；
● 行为的失误：不当行为导致双方觉得继续让步显得软弱、愚蠢，缺乏决断，不够理性等；
● 偶发因素的干扰。

(3)谈判僵局的处理

● 回避分歧，转移议题，先求同，后谈异；
● 尊重客观，关注利益，关注客户目标和价值；
● 多种方案，选择替代；
● 尊重对方，有效退让，给对方台阶下；
● 冷调处理，暂时休会；
● 以硬碰硬，据理力争，避免后续更被动；
● 孤注一掷，背水一战，最后表态。

前提是预期有保障，或做好了结束谈判的准备。

3. 谈判陷阱

谈判陷阱是双方为诱使对方接受条件、失误或成交的技巧，同时也包括自己言行不当造成的困境：

(1) 过于自信、自以为是

● 对方没有别的选择；
● 言行举止处处显示自己是个专家；
● 先入为主，错误理解对方需要。

(2) 厌恶损失

● 销售方：想赢怕输的得失心太重；

● 客户方:考虑潜在价值损失;

(3) 仓促交易

● 对协议达成过于急切。

(4) 锚定效应

● 以客户方的报价为起点标准。

(5) 数字陷阱

● 某类小费用杂项在后期不可控的倍增及造成的损失巨大。

(6) 短视

● 目标设定过低;

● 不确定何时做出让步。

(7) 盲目坚持

(8) 单赢思维

● 忽略客户的感受。

(9) 想赢怕输

● 业绩指标高压下,轻易松口让步。

(10) 被对方在地位和形式上压倒

● 被威胁和受到第三方攻击。

(11) 被客户的盛情款待击倒

(12) 没有充分利用非正式会谈

(13) 缺乏足够的选择,没有备选方案

(14) 团队成员选择不当

1.7 价格谈判策略

具体见表 9-8。

表 9-8 价格谈判策略

序号	价格谈判策略	策略说明
1	画地为牢	谈判刚开始就向客户传递一个很“强硬”的底线
2	步步为营	每让一步都要“礼尚往来”有所得; 不要平白无故地、没有章法地乱让
3	红白脸	团队配合,一个坚持原则,一个求情
4	自陷绝境	“演戏”给客户看,表达已经向公司官方申请最终底线
5	滴血暗示	若继续僵持使项目延期,可能会给客户带来的潜在损失
6	时间锁	在“礼尚往来”的基础上,加上有效期限,加速谈判进程
7	顺序出场	安排高层出面,为不得已的让步找些“理由”和“面子”
8	海底捞月	共识和意向达成,谈判即将完成时,顺便“不经意地”提出一些小的附加优惠条款

1.8 成交技巧

1. 直接询问法

“您看下一步我们是不是看一下销售合同?”

“您看还有其他需要谈的内容吗?”

“那我们项目准备什么时候启动?”“我们的顾问什么时候进厂合适?”

“您看我把今天谈的内容整理下,发给您再审阅下,然后盖章?”

2. 间接假设法

“若……得到满足,我们是不是就可以签约了?”

3. 时间锁

“若按照您提的这个条款来,必须在……时间打款?”

4. 诚恳法

“与其花时间讨论这些,不如我们一起努力保障项目成功,创造价值?”

5. 提醒法

拖延时间造成的潜在损失。

6. 底牌法

通过亮出底牌,让客户觉得价格在情理之中,亮出“底牌”的关键是要有“底气”,只有这样客户才会信服。

1.9 采购谈判准备表

完成采购谈判准备表(见表9-9)。

表9-9 采购谈判准备表

形势分析	谈判对象	
	对方期望	
	对方优势	
	对方劣势	
	参与人员分析	
	我方期望	
谈判准备	谈判心理	
	谈判底限	
	GIVE	
	GET	
谈判陷阱	可能的陷阱	
	如何应对	

1.10 采购谈判策略表

完成采购谈判策略表(见表 9-10)。

表 9-10 采购谈判策略表

谈判形势		
谈判策略	开局策略	
	价格	
	让步	
	成交	
	可能的谈判僵局	
	如何解决所遇僵局	
	如何避免谈判冲突	

任务二 商务谈判

情境说明

商务谈判,不是利用虚假、欺诈和胁迫手段获得暂时的利益,而是根据现代化谈判理论和原则进行探讨。为实现谈判目标,在谈判过程中熟练运用谈判知识、策略和技能,是综合运用知识和经验的艺术。

在销售实践中的应用

谈判的步骤应该分为申明价值、创造价值和克服障碍三个进程。

学习目标

具体见表 9-11。

表 9-11 学习目标

学习目标				时间(分钟)
应用谈判策略,进行商务谈判。				150
情境编号	情境任务(甲方)	情境编号	情境任务(乙方)	
1	采购商务谈判	2	销售商务谈判	
知识点	1. 谈判准备; 2. 价格谈判; 3. 成交技巧。			

学习过程

1. 采购商务谈判

学习目标:应用价格谈判策略和成交技巧,拟定采购谈判策略。

学习过程具体见表9-12。

表9-12 学习过程

序号	学习步骤	时间(分钟)
1	阅读情境	5
2	小组讨论	15
3	现场谈判	100
4	小组讨论	5
反馈、点评、总结		15
5	在线提交采购谈判反馈表	10
时间合计		150

2. 销售商务谈判

学习目标:应用采购商务谈判策略,进行商务谈判。

学习过程具体见表9-13。

表9-13 学习过程

序号	学习步骤	时间(分钟)
1	阅读情境	5
2	小组讨论	15
3	现场谈判	100
4	小组讨论	5
反馈、点评、总结		15
5	在线提交销售谈判反馈表	10
时间合计		150

2.1 谈判反馈

完成谈判反馈表(见表9-14)。

表9-14 谈判反馈表

乙方名称	比较好的方面	可以更好的方面	甲方反馈

（续表）

乙方名称	比较好的方面	可以更好的方面	甲方反馈

2.2 谈判点评、总结要点

- 开场用四类问题的提问技巧探索客户在谈判中的概念；
- 不要问最贵的问题：你们认为多少钱合适；
- 坚持 GIVE 和 GET 原则；
- 注意使用成交技巧，避免在一些细枝末节的问题上纠缠不清，把握成交机会。

2.3 采购谈判反馈表

完成采购谈判反馈表（见表 9-15）。

表 9-15 采购谈判反馈表

谈判对象						
乙方参与人员						
谈判分类	项目	反馈内容	序号	分值	得分	关键记录与反馈
过程展现	谈判过程的展现	清晰把握我方的谈判目标	1	10		
		准确呈现自己的目标	2	10		
		充分准备多套谈判方案	3	10		
		与我方达成共识的能力	4	10		
技巧与策略使用	谈判技巧的运用	建立良好的谈判气氛	5	5		
		谈判态度的表现	6	5		
		把握自己的谈判底线	7	5		
		解决谈判中双方的矛盾	8	5		
		团队配合默契	9	10		
	谈判策略的运用	报价策略的采用和效果	10	10		
		让步策略的采用和效果	11	10		
		成交策略的采用和效果	12	10		
合计				100		

2.4　销售谈判反馈表

完成销售谈判反馈表(见表9-16)。

表9-16　销售谈判反馈表

甲方参与人员						
谈判分类	项目	反馈内容	序号	分值	得分	关键记录与反馈
过程展现	谈判过程的展现	清晰把握我方的需求、态度	1	10		
		准确呈现自己的目标	2	10		
		充分准备多套谈判方案	3	10		
		是否迅速达成共识	4	10		
技巧与策略使用	谈判技巧的运用	建立良好的谈判气氛	5	5		
		谈判态度的表现	6	5		
		把握自己的谈判底线	7	5		
		解决谈判中双方的矛盾	8	5		
		团队配合默契	9	10		
	谈判策略的运用	价格策略的采用和效果	10	10		
		让步策略的采用和效果	11	10		
		成交策略的采用和效果	12	10		
合计				100		

任务三　完成交易

情境说明

甲方根据采购项目中各部门以及供应商的支持和配合,确定最终的中标供应商。甲方召集供应商,发布成交结果,与中标供应商签订正式采购合同,完成本次采购项目。

在销售实践中的应用

甲方正式公布采购结果,标志采购过程的结束,项目进入实施阶段。公布结果之后,甲方与中标供应商根据之前达成一致的交易内容、条款和交易方式签订最终的采购合同。项目完成采购阶段工作,正式进入实施交付阶段,这也标志着乙方的销售项目结束。

学习目标

具体见表9-17。

表 9-17 学习目标

<table>
<tr><th colspan="4">学习目标</th><th>时间(分钟)</th></tr>
<tr><td colspan="4">1. 根据中标供应商评选结果,召开中标结果发布会,制定合同,完成合同签约。
2. 了解销售总结、客户服务与价值兑现的标准和方法。</td><td rowspan="3">105</td></tr>
<tr><td>情境编号</td><td>情境任务(甲方)</td><td>情境编号</td><td>情境任务(乙方)</td></tr>
<tr><td>1</td><td>公布结果</td><td>2</td><td>完成交易</td></tr>
<tr><td>知识点</td><td colspan="4">1. 销售总结;2. 客户服务与价值兑现。</td></tr>
</table>

学习过程

1. 公布结果

学习目标:

- 根据中标供应商评选结果,召开中标结果发布会,制定合同,完成合同签约。
- 了解销售总结、客户服务与价值兑现的标准和方法。

学习过程具体见表 9-18。

表 9-18 学习过程

序号	学习步骤	时间(分钟)
1	阅读情境	5
2	召开中标评选会	10
3	完成供应商评分表,确定中标供应商	10
教师解读合同签约注意事项		10
4	准备签约合同,在线发送“中标结果发布会通知”	15
5	召开中标结果发布会,完成合同签订	15
6	小组讨论	10
7	课件学习	20
教师解析知识难点		10
时间合计		105

2. 完成交易

学习目标:

- 参加中标结果发布会,完成交易。
- 了解销售总结、客户服务与价值兑现的标准和方法。

学习过程具体见表 9-19。

表 9-19 学习过程

序号	学习步骤	时间(分钟)
1	阅读情境	5
2	等待甲方确定中标供应商	20
教师解读合同签约注意事项		10

（续表）

序号	学习步骤	时间(分钟)
3	准备签约合同，在线收取“中标结果发布会通知”	15
4	参加中标结果发布会，完成合同签订	15
5	小组讨论	10
6	课件学习	20
教师解析知识难点		10
时间合计		105

3.1　合同装订注意事项

- 合同不能有手写涂改，若有，需要在涂改处加盖公章；
- 合同中价格大小写要注意格式规范；
- 乙方合同中写明与甲方谈判确定的最终价格，甲方合同中写明与中标供应商谈定的价格；
- 双方应使用合同专用章，盖骑缝章时，尽量把纸铺开，每张纸上都要盖有公章。

3.2　项目总结的内容结构

有效的项目总结能够做到防微杜渐，使项目过程形成一个闭环的反馈机制，最终避免和减少问题的发生。

总结的意义在于判别结果和我们预想的是否一致，以便调整我们今后项目操作的方法和策略，提高项目的成功率。

1. 项目总结内容

具体见表9-20。

表9-20　项目总结内容

(销售)项目总结		
项目认知	项目背景	描述客户采购的背景
	客户需求	存在哪些问题，为什么存在，我们的产品如何匹配
	客户期望	通过采购，客户需要实现怎样的目标
	销售过程	对项目各阶段工作和里程碑进行总结，分析各阶段问题
结果分析		从结果出发，分析哪些阶段工作成果直接影响最终结果的产生，即项目成败的原因
个人职责		描述个人在项目中的分工和职责
工作成果		总结自己在项目各阶段的工作内容及效果
不足及改进		分析自己各阶段工作是否有所欠缺，以及如何改进
关键问题分析		分析项目中重要里程碑的实现过程和出现的问题
对销售组织建议		考虑如何改进销售组织的工作，为以后的项目提供参考

2. 销售总结中的重点

- 验证什么；
- 发挥什么；
- 避免什么；
- 下一步的行动计划。

3. 客户关系层次分析

随着产品同质化趋于激烈，以及服务标准日益完善，提供个性化的客户服务，尽量满足不同类型客户的不同需求，已经成为提高企业竞争力的必然趋势。

客户关系经营的四个层次：

- 一般厂家；
- 优选供应商；
- 合作伙伴；
- 战略联盟。

客户关系分析表具体见表 9-21。

表 9-21　客户关系分析表

客户名称：				
分析内容	一般厂家	优选供应商	合作伙伴	战略联盟
与客户的接触				
与关键客户的关系				
获得客户专门或机密信息				
销售机会				
提供客户的价值				
客户忠诚度				
分析结论	我公司与客户关系为：________________			

3.3　供应商评分表

完成供应商评分表（见表 9-22）。

表 9-22　供应商评分表

评分项目			分值	供应商1	供应商2	供应商3	供应商4	供应商5	供应商6
综合实力	公司实力	公司规模、行业地位	3						
		项目管理、咨询能力	2						
	行业经验	制造业企业经验	3						
		项目团队资历	5						

（续表）

评分项目			分值	供应商 1	供应商 2	供应商 3	供应商 4	供应商 5	供应商 6
技术部分	解决方案	整体需求覆盖情况	10						
		方案匹配度	6						
		方案设计先进性	4						
		方案难点及风险	4						
	技术能力	技术框架	4						
		系统稳定性	4						
		二次开发的实现	3						
		研发能力	3						
	实施能力	实施团队规模	3						
		项目投入力度	3						
		实施计划可行性	5						
	服务培训	系统操作便利性	3						
		培训体系和计划	5						
		售后服务能力	5						
		服务响应速度	5						
商务部分	软件价格		10						
	实施价格		5						
	年服务费		5						
总分			100						

阅读资料 9-1

宝乐童车制造有限公司 ERP 系统开发及技术服务项目
技术协议书

项目名称：宝乐童车制造有限公司 ERP 系统开发及技术服务

甲　　方：宝乐童车制造有限公司

乙　　方：××××科技有限公司

签订地点：

签订日期：　　　年　　月　　日

经由宝乐童车制造有限公司（以下简称“甲方”）委托××××科技有限公司（以下简称“乙方”）提供 ERP 系统开发及技术服务，乙方接受委托并进行此项研究开发及实施工作。双方在前期经过研讨确定开发实施××模块,为进一步明确和细化该项目的技术要求,特订立本技术协议书,作为双方项目启动的技术大纲。本技术协议一式四份,甲乙双方各执两份,与《ERP 系统开发及技术服务合同》具有同等法律效力。

一、名词定义

除本协议另有解释外,本协议中的相关术语含义如下:

1."实施"是指结合甲方的业务经营发展状况,将许可软件应用于甲方业务系统的专业服务。项目实施过程中,乙方的实施顾问将指导甲方制订合理的业务解决方案、数据准备方案、业务流程,引导甲方进行系统切换并解决切换过程中出现的问题,提供必要的实施文档。

……

二、实施准则

1. 本项目实施过程中需要进行确认的文档或事项必须由甲方或乙方以书面形式进行确认。

……

三、技术目标

……

四、甲方 ERP 系统的验收

甲方 ERP 系统的验收包括阶段验收和项目整体验收两方面的工作。

(一) 阶段验收

1. 阶段划分。根据甲方项目实际情况,将项目暂划分为如下几个阶段(以经过调研后根据双方共同确认的实施方案中的阶段划分为准):

……

2. 阶段验收标准

阶段验收标准分为管理咨询验收标准和软件系统验收标准。

通过在技术协议规定的所有阶段验收,项目满足实施方案中覆盖的范围和需求后,双方方可组织项目整体验收,并产生整体的项目验收报告。

五、乙方 ERP 系统功能清单

5.1 基础数据管理

　5.1.1 工程数据管理

　5.1.2 集成制造接口

　5.1.3 系统管理

5.2 物流管理

　5.2.1 销售管理

　5.2.2 库存管理

5.2.3 采购管理

5.3 生产管理

5.3.1 主需求计划

5.3.2 主生产计划

5.3.3 物料需求计划

5.3.4 能力需求计划

5.3.5 生产任务管理

5.3.6 车间作业管理

5.3.7 车间统计

5.4 财务管理

5.4.1 财务总账管理

5.4.2 应收管理

5.4.3 应付管理

5.4.4 固定资产管理

5.4.5 存货核算

5.4.6 资金计划管理

5.5 成本管理

5.5.1 成本基础数据

5.5.2 标准成本管理

5.5.3 实际成本管理

5.6 辅助管理

5.6.1 质量管理

5.6.2 设备管理

5.6.3 人力资源管理

5.7 企业信息门户

5.7.1 办公自动化

5.7.2 工作流管理

5.7.3 报表中心

5.8 CRM及供应链管理

5.8.1 售后服务管理

5.8.2 供应商管理

5.8.3 市场信息管理

5.9 集团管理

5.9.1 集团财务管理

5.9.2 集团采购管理

5.9.3 集团数据管理

5.10 其他

5.10.1 运营分析

5.10.2 绩效管理

5.10.3 全面预算管理

5.10.4 项目管理系统

《技术开发合同》范本

合同编号:

技术开发(委托)合同

项目名称:宝乐童车制造有限公司 ERP 系统开发及技术服务

委托方(甲方):宝乐童车制造有限公司

受托方(乙方):××××科技有限公司

签订地点:

签订时间:二〇　　年　　月　　日

有效期限:二〇　　年　　月至二〇　　年　　月

中华人民共和国科学技术部印制

填写说明

一、本合同为中华人民共和国科学技术部印制的技术开发(委托)合同示范文本,各技术合同登记机构可推介技术合同当事人参照使用。

二、本合同书适用于一方当事人委托另一方当事人进行新技术、新产品、新工艺、新材料或者新品种及其系统的研究开发所订立的技术开发合同。

三、签约一方为多个当事人的,可按各自在合同关系中的作用等,在“委托方”“受托方”项下(增页)分别排列为共同委托人或共同受托人。

四、本合同书未尽事项,可由当事人附页另行约定,并可作为本合同的组成部分。

五、当事人使用本合同书时约定无须填写的条款,应在该条款处注明“无”等字样。

技术开发(委托)合同

委托方(甲方):____________________

住所地:____________________

法定代表人:____________________

项目联系人:____________________

联系方式:____________________ 邮政编码:____________________

通讯地址：____

电　　话：________________　传　　真：________________

电子信箱：____

受托方（乙方）：________________

住所地：________________

法定代表人：________________

项目联系人：________________

联系方式：________________　邮政编码：________________

通讯地址：____

电　　话：________________　传　　真：________________

电子信箱：____

单位名称：

开 户 行：

账　　号：

单位地址：

邮政编码：

本合同甲方委托乙方研究开发宝乐童车制造有限公司 ERP 系统开发及技术服务项目，乙方接受委托并进行此项研究开发工作。双方经过平等协商，在真实、充分地表达各自意愿的基础上，根据《中华人民共和国合同法》的规定，达成如下协议，并由双方共同遵守。

第一条　本合同研究开发项目的要求如下：

1. 技术目标：在先进管理理念的指导下，乙方为甲方建立一套覆盖宝乐童车制造有限公司的企业资源计划（ERP）管理系统，充分体现宝乐童车制造有限公司的管理特色，遵循"整体规划、重点突破、应用集成、分步实施"和"与产业结构和产品结构调整相结合，与强化企业的基础管理、引进先进的管理理念相结合"的建设原则，充分利用既有资源，用信息技术改造传统产业运营和传统管理方式，提高集团整体效益。建立起内部销售管理、采购管理、库存管理、设备管理、财务管理、质量管理、人力资源管理等管理信息系统。通过 ERP 系统的建立，提高按期交货率，加快市场反应能力和提高顾客满意度；降低采购成本；提高库存准确率，减少库存损耗，提高库存资金周转速度，降低库存资金占用；加强计划管理和生产过程控制，减少因缺料产生的缺货损失；提高产品成本核算准确性，加强成本管理和控制。

2. 技术内容:本合同包括的开发软件功能清单如下:

产品系列	序号	子系统名称	备注
基础数据管理	1	工程数据管理	
	2	系统管理	
	3	集成制造接口	
物流管理	4	销售管理	
	5	库存管理	
	6	采购管理	
财务管理	14	财务总账管理	
	15	应收管理	
	16	应付管理	
	17	固定资产管理	
	18	存货核算	
	19	资金计划管理	
成本管理	20	成本基础数据	
	21	标准成本管理	
	22	实际成本管理	
辅助管理	23	质量管理	
	24	设备管理	
	25	人力资源管理	
企业信息门户	26	办公自动化	
	27	工作流管理	
	28	报表中心(含弹性报表)	
CRM 及供应链管理	29	市场信息管理	
	30	售后服务管理	
	31	供应商管理	
集团管理	32	集团财务管理	
	33	集团采购管理	
	34	集团数据管理	
其他	35	运营分析	
	36	绩效管理	
	37	项目管理	
	38	全面预算管理	

3. 技术方法和路线:乙方通过充分了解甲方的企业需求和管理特点,在保持企业管理先进理念和基本逻辑的前提下,有针对性地研究开发软件,使该软件满足企业提升管

理水平的需要,最终通过此软件系统的应用降低企业经营成本,提高企业运营效率,提升企业竞争力。

4. 实施范围:宝乐童车制造有限公司(具体参见技术协议)

5. 实施总周期:自　　年　　月　　日起到　　年　　月　　日止(项目实施期间,对于单个子系统因甲方上线条件不具备可与乙方协商延期实施,但延期累计时间不得超过　　个月)。

6. 实施人天:　　　人天。

第二条　甲方为项目正常运行需要提前准备的软硬件环境:

为保证乙方软件在甲方软、硬件环境下正常运行,乙方就甲方准备的运行环境做出推荐:

1. 应用服务器软硬件配置

	服务器硬件	操作系统	应用服务器中间件
在线用户 300—600 人 并发操作 60—120 人	优选机型 小型机一台(建议 IBM 或 Sun); 处理器:4 个,主频 1.2 以上; 内存:8G; 硬盘:160G 以上; 网卡:100M 以上。	Unix(小机自带)	Websphere6.1(须升级至 6.1.0.19)
	可选机型 64 位 PC 服务器一台; 处理器:8 个,主频 3.0 以上; 内存:8G; 硬盘:320G 以上; 网卡:100M 以上。	64 位 Windows 2003 Enterprise R2	Websphere 6.1(须升级至 6.1.0.19)

2. 数据库服务器软硬件配置

	运行系统	服务器硬件	操作系统	数据库系统
在线用户 300—600 人 并发操作 60—120 人	运行 EIP 系统	64 位 PC 服务器一台; 处理器:4 个,主频 2.0 以上; 内存:8G; 硬盘:320G 以上; 网卡:100M 以上。	64 位 Windows 2003 Enterprise R2	Oracle10.2.0.4 版本以上
	运行 ERP 系统或 EIP+ERP 系统	64 位 PC 服务器一台 处理器:8 个,主频 3.0 以上; 内存:16G; 硬盘:320G 以上; 网卡:100M 以上。	64 位 Windows 2003 Enterprise R2	Oracle10.2.0.4 版本以上

3. 报表服务器软硬件配置

	服务器硬件	操作系统
报表服务器	32位PC服务器一台; 处理器:4个,主频2.0以上; 内存:4G; 硬盘:160G以上; 网卡:100M以上。	32位 Windows 2003 Enterprise R2

4. 客户端硬件配置

针对的系统	客户端配置要求	客户端浏览器
运营分析 全面预算 绩效管理 存货核算 办公自动化	处理器:Intel奔腾4处理器,2.6GHz以上主频或Intel奔腾D系列、酷睿系列处理器,1.5GHz以上主频或同等计算能力的处理器; 内存:512MB及以上内存。	Microsoft IE6或IE7 (建议升级至IE7)
除上述系统外的其他子系统	处理器:Intel奔腾3处理器,1.0GHz以上主频或同等计算能力的处理器; 内存:128MB及以上内存。	Microsoft IE6或IE7

第三条　乙方应按下列预计进度完成研究开发工作(具体阶段工作内容详见技术协议的验收阶段划分部分描述,进度按照实际完成情况进行修正):

1.　　年　月完成阶段一工作内容并完成验收;

2.　　年　月完成阶段二工作内容并完成验收;

3.　　年　月完成阶段三工作内容并完成验收;

4.　　年　月完成阶段四工作内容并完成验收;

5.　　年　月完成阶段五工作内容并完成验收;

6.　　年　月完成阶段六工作内容并完成验收;

7.　　年　月完成阶段七工作内容并完成验收。

8. 在以上所有阶段验收通过后,双方组织项目整体验收。

第四条　软件使用条件

1. 软件权益:合同软件(含其版本及文档)为乙方专属的财产。其著作权(或称版权)及相关权益统归乙方所有,甲方享有使用权。软件如由乙方自身或经甲方要求做成改进、增修或衍生软件时,其权益归属仍与本项所述规定相同。

2. 软件使用许可:

(1) 甲方享有相关软件的不可转移和非独占性的个别使用许可授权。

(2) 甲方使用本合同软件负有不侵害乙方权益的义务,不得以任何方式将软件转让或提供给第三者使用。

(3) 本合同中的软件使用权用户数为100个,此用户数是并发用户数,即甲方人员同时登录系统的用户数。

3. 软件保证:乙方保证软件安装后,各子系统将按照乙方所提供文档中说明的功能运行。本合同软件乙方按其交付当时的状态提供,未必绝无错误,一经发现乙方应免费修正。另本项保证不包括下列原因引发的问题:

(1) 甲方未得到乙方认可自行对软件做客户化开发;

(2) 甲方对软件使用上的错误。

第五条 甲方应按以下方式支付研究开发经费和报酬:

(一) 研究开发经费和报酬总额为人民币______万元整(¥______万元);

其中:

1. 软件费用人民币　　万元整(¥　　万元);

2. 技术服务费用人民币　　万元整(¥　　万元);

3. 管理咨询费用人民币　　万元整(¥　　万元)。

4. 客户化开发费用人民币　　万元整(¥　　万元)(如果甲方不需要此项的客户化开发,则此费用做相应扣除,或转为实施方案约定的实施范围外或功能外的用户化开发费用)。

(二) 研究开发经费和报酬由甲方分期支付乙方。具体支付方式和时间如下:

1. 付款方式如下:

(1) 合同经双方签订生效后,甲方将合同总金额的25%,即人民币　　万元(大写:　　万元整)于十日内一次付与乙方。

(2) 乙方完成第一阶段工作并验收后,甲方将合同总金额的10%,即人民币　　万元(大写:　　万元整)于十日内一次性付与乙方。

(3) 乙方完成第二阶段工作并验收后,甲方将合同总金额的10%,即人民币　　万元(大写:　　万元整)于十日内一次性付与乙方。

(4) 乙方完成第三阶段工作并验收后,甲方将合同总金额的10%,即人民币　　万元(大写:　　万元整)于十日内一次性付与乙方。

(5) 乙方完成第四阶段工作并验收后,甲方将合同总金额的10%,即人民币　　万元(大写:　　万元整)于十日内一次性付与乙方。

(6) 乙方完成第五阶段工作并验收后,甲方将合同总金额的10%,即人民币　　万元(大写:　　万万元整)于十日内一次性付与乙方。

(7) 乙方完成第六阶段工作并验收后,甲方将合同总金额的10%,即人民币　　万元(大写:　　万元整)于十日内一次性付与乙方。

(8) 乙方完成第七阶段工作并验收后,甲方将合同总金额的10%,即人民币　　万元(大写:　　万元整)于十日内一次性付与乙方。

(9) 双方完成项目整体验收后,甲方将剩余合同总金额的5%,即人民币　　万元

（大写：　　　　万元整）于十五日内一次性付清。

（10）付款可以汇票、支票或其他双方议定之方式执行。甲方如逾期付款，应征得乙方同意，否则乙方可以终止合同。甲方因自身原因造成的软件停用或延期实施，不能影响该阶段合同款按期支付（可暂扣延期实施的子系统的实施费用）。

2. 其他：

（1）在经过现场调研、双方沟通后，双方认为本期不适合实施的子系统，可参照附件一：软件价格清单中所列子系统明细价格扣除相应软件和实施费用。如后期甲方要求重新实施，在合同有效期内，可按照该子系统重新签订补充协议。

（2）在实施过程中甲方存在以下情况导致项目拖期，增加服务人天的，由双方另行协商费用：

① 甲方因组织结构和内部管理办法发生重大变动，例如成立新的分公司、子公司、事业部（法人或非法人），部门由成本中心变成利润中心等，导致业务流程、管理需求和实施范围发生变化。

② 甲方提出超出技术协议及技术协议中的实施方案覆盖范围的新增需求。

③ 由于甲方关键业务人员发生变动或甲方人员参加有效培训（针对企业内部培训师的考核通过率要达到80%以上）不能达到上岗要求，需要乙方重复培训导致服务成本增加（甲方可选择通过培训的项目组成员或者业务骨干成为企业内部培训师，进行二次培训，乙方给予指导）。

④ 甲方业务部门由于新老系统操作习惯发生变化，拒绝使用新系统，要求系统不断进行方便性和适应性修改（前提是新系统按照实施方案满足实际业务需要），导致服务成本增加。

（3）在实施过程中乙方存在以下情况导致项目拖期，增加服务人天的，由乙方自行承担费用：

① 按照甲乙双方确定的实施方案（技术协议中定义）中覆盖的业务范围进行开发、实施，由于没有按照预估人日完成，导致项目服务成本增加。

② 由于乙方实施人员发生变动，需要重复调研和项目沟通导致项目服务成本增加。

③ 由于解决系统软件错误导致项目服务成本增加。

④ 由于乙方原因导致实施周期延长，则总实施周期可以顺延。

第六条　软件交付及安装

1. 交付：

（1）乙方应于甲方按时付款后交付软件，并进行安装，如甲方需推延，则甲方以书面形式通知乙方延后交付软件。

（2）乙方应交付最新开发的软件版本及其有关文档各一份。软件版本：U8 企业资源计划管理系统 V1.0（简称 U8）。

（3）项目实施周期内，根据项目实施需要，有新的同版本升级，予以免费升级。

2. 安装:

(1) 软件于预定安装之日一周前,甲方应备妥计算机及系统软件并处于正常运行状态,使乙方可以进行安装。甲方如无法及时完成本项需求,则应以书面形式通知乙方延期安装。

(2) 软件提交后,需甲乙双方人员在场。检验包括系统的光盘介质和资料以及文件是否与合同完全一致。如出现数量不全或介质出错等问题,则由乙方负责解决。如果经双方检验合格,双方签署《产品交接单》。

安装地点:______________________________。

第七条　项目验收

1. 项目验收应以技术协议内说明的功能及规定为标准,各系统功能验收标准和项目验收阶段的约定详见技术协议,具体实施范围和内容以甲乙双方签字确认的实施方案为准。

2. 甲乙双方共同完成系统上线后,乙方应以书面(电子邮件或传真)形式通知甲方进行阶段性或整体验收,甲方于收到该通知之日起五个工作日内组织阶段性验收和整体验收(验收周期为十个工作日),双方签署项目验收报告。如未按时进行,则甲方应以书面形式告知乙方原因并约定最终验收时间,否则将视同完成验收,甲方应向乙方支付应付合同款。

第八条　双方的义务和责任

(一) 甲方的义务和责任:

1. 甲方负责现场基础数据的收集、整理、录入与校对,并保证数据的准确性、完整性和时效性,乙方给予指导(包含现场指导和非现场指导)。

2. 乙方的顾问在甲方现场工作期间,甲方应免费为该顾问提供工作场所,并保证其可利用到适当的甲方的计算机资源和办公环境,包括电话、传真以及其他双方一致同意的作为该顾问执行本协议项下的工作所必需的办公设备和材料。

3. 甲方应按照实施方案的约定指派有经验的技术人员和管理人员组成项目组,且在时间安排上给予保证,并保证指定专门的人员负责本合同的执行。在项目实施过程中,甲方应保证其项目组成员,尤其是关键实施人员的相对稳定。

4. 甲方应根据双方商定的先进的管理思想、方法和运作逻辑,负责企业管理制度、管理方法的适当调整与改进,以保证项目的顺利实施。

5. 甲方指定有经验的系统管理人员负责 ERP 系统运行的软硬件环境维护,做好日常系统管理工作,内容涉及:硬件系统维护管理、数据库备份管理、系统性能调优管理等工作,以保证系统平稳顺畅运行。

(二) 乙方的义务和责任:

1. 乙方到企业进行软件安装、实施等技术服务前,应以书面(传真或电子邮件)形式通知甲方此次技术服务的工作内容及日程安排,乙方应做好软件发货资源和相关工作准备。

2. 乙方应按照实施方案的约定指派有经验的项目负责人和实施顾问组成项目组,且在时间安排上给予保证。在项目实施过程中,乙方应保证其项目组成员,尤其是关键实施人员的相对稳定。

3. 除不可抗力或乙方无法控制的事由导致延期外,乙方应按期完成实施任务,并保证质量,软件功能应达到技术协议规定的要求。

4. 除非双方另行书面约定,乙方将仅对乙方为甲方开发的软件提供实施服务。乙方将不负责对其他第三方软件(乙方 ERP 软件提供的接口除外)提供实施服务。如果甲方需要乙方提供该项服务,应与乙方另行协商并签署相应的服务合同。

5. 乙方在不同阶段培训前,应提供相应的培训讲义、实施方案、上线方案以及实际提交产品的用户手册等文档资料,以便于甲方受训人员熟悉理解培训内容,并根据实际情况及时修订。乙方提供操作规程和岗位操作手册模板,甲方组织人员按照乙方提供的模板编制操作规程和岗位操作手册,乙方负责指导。

(三)甲乙双方的义务和责任:

1. 甲乙双方负责共同编制与贯彻项目实施计划,甲方制定和执行企业内部管理规程及组织企业内部的系统实施,乙方给予实施指导和培训。

2. 软件的客户化开发(包含实施方案涵盖范围之外的软件功能修改以及新需求的开发)不在本合同服务范围内,乙方提供相应的客户化开发技术培训和开发指导,其相应的客户化开发工作由甲方人员完成;如果甲方人员经过培训、指导仍然不能完成,乙方可提供客户化开发服务,由甲乙双方另行协商客户化开发方案和商务合同,客户化开发方案经双方签字确认后,作为最终验收标准。

(四)项目维护内容及费用:

1. 项目维护提供的服务内容:

(1)主动电话回访服务;

(2)接受电话咨询服务;

(3)电子邮件咨询等服务;

(4)远程在线登录服务;

(5)邀请用户参加交流研讨会或用户大会;

(6)客户现场 5 人天的技术服务(包含培训或现场技术问题解决);

(7)对交付软件自身存在的漏洞,免费修正(不包括甲方对软件做客户化开发和甲方对软件使用上的错误而产生的漏洞),其涉及的现场技术服务人日由乙方承担;乙方负责因功能升级所带来的系统漏洞免费修正(包含乙方的客户化修改)。

(8)提供客户已购软件系统的功能升级(仅限不需要乙方实施的功能)。

(9)乙方指定专业的实施顾问为甲方提供服务,实施顾问对甲方提出的 ERP 系统运行中的一般问题 3 天内予以解决或提供解决方案,影响甲方正常生产经营的重大问题(例如无法出报表,生产计划无法生成等),乙方 24 小时内响应或提供解决方案。

2. 项目自整体验收完成之日起,即进入售后服务阶段,甲方如需乙方提供上述项目维护服务,须支付年维护费取得相应服务,前3年内维护费为合同软件费的10%,以后费用由双方协商确定。

(五)合同变更和终止:

本合同的变更必须由双方协商一致,并以书面形式确定。但有下列情形之一的,一方可以向另一方提出变更合同权利与义务的请求,另一方应当在60日内予以答复;逾期未予答复的,视为同意。

1. 任意一方违反本合同规定,经他方以书面提出后未在30天内改正时,提出方可以立即终止本合同。

2. 任意一方发生无力偿债,其事业为债权人接管,结束、解散、宣告破产等事件时,他方须立即终止本合同。

3. 甲方延迟付款超过30天时,乙方有权终止本合同。

4. 甲乙双方依本合同应尽的义务(甲方的应付款除外),如遇天灾、地震、火灾、战争、暴乱、罢工等不可抗力事件,可推延其完成期限。要求推延的一方应于事件发生后尽快以书面形式将事件状况及预估推延时间通知他方。推延期如超过60天,则双方均须终止本合同。

(六)双方确定因履行本合同应遵守的保密责任如下:

甲方:

1. 保密内容(包括技术信息和经营信息):本合同软件的程序、文档、相关资料及其他乙方专属性或机密性的资料(以上统称"机密资料"),甲方非经乙方同意不得以任何方式对外透露,并应以保护自身机密资料的相同谨慎程度加以保密。

2. 本合同的内容及双方基于合同规定提供的资料均视为机密资料,甲方负有上项规定的保密责任。

3. 涉密人员范围:参与该项目的员工。

4. 保密期限:永久。

5. 泄密责任:甲方应备有保密规则,并要求有权对接触机密资料的员工签订保密合同,严格遵守本规定,员工违反保密规则时,甲方及其员工均应负法律责任。

乙方:

1. 保密内容(包括技术信息和经营信息):运行软件系统所用到的有关企业经营的数据。

2. 本合同的内容及双方基于合同规定提供的资料均视为机密资料,乙方负有上项规定的保密责任。

3. 涉密人员范围:参与该项目的员工。

4. 保密期限:永久。

5. 泄密责任:乙方应备有保密规则,并要求有权对接触机密资料的员工签订保密合同,严格遵守本规定,员工违反保密规则时,乙方及其员工均应负法律责任。

（七）乙方应当保证其交付给甲方的研究开发成果不侵犯任何第三人的合法权益。如发生第三人指控甲方实施的技术侵权的，乙方应当承担相应的法律责任。

（八）双方确定，在本合同有效期内，甲方指定________为甲方项目联系人，乙方指定________为乙方项目联系人。

（九）双方因履行本合同而发生的争议，应协商、调解解决，协商、调解不成的，可向合同签订地人民法院起诉。

（十）未尽事宜，双方友好协商解决。

（十一）本合同一式八份，甲方四份，乙方四份，具有同等法律效力。

（十二）本合同经双方签字盖章后生效。

甲方（盖章）：____________________

法定代表人/委托代理人（签名）：____________________

年　　月　　日

乙方（盖章）：____________________

法定代表人/委托代理人（签名）：____________________

年　　月　　日

附件一：

软件价格清单

单位：元

产品系列	序号	子系统名称	100 个用户（优惠后价格）	备注（实施费用）
基础数据管理	1	工程数据管理	¥50 000.00	¥50 000.00
	2	系统管理	赠送	¥1 500.00
	3	集成制造接口	¥40 000.00	¥30 000.00
物流管理	4	销售管理	¥40 000.00	¥80 000.00
	5	库存管理	¥50 000.00	¥80 000.00
	6	采购管理	¥40 000.00	¥40 000.00
财务管理	14	财务总账管理	¥45 000.00	¥60 000.00
	15	应收管理	¥25 000.00	¥20 000.00
	16	应付管理	¥25 000.00	¥20 000.00
	17	固定资产管理	¥15 000.00	¥10 000.00
	18	存货核算	¥30 000.00	¥30 000.00
	19	资金计划管理	¥45 000.00	¥30 000.00
成本管理	20	成本基础数据	赠送	¥1 500.00
	21	标准成本管理	¥40 000.00	¥40 000.00
	22	实际成本管理	¥100 000.00	¥100 000.00

（续表）

产品系列	序号	子系统名称	100 个用户（优惠后价格）	备注（实施费用）
辅助管理	23	质量管理	¥65 000.00	¥60 000.00
	24	设备管理	¥40 000.00	¥20 000.00
	25	人力资源管理	¥45 000.00	¥20 000.00
企业信息门户	26	办公自动化	¥65 000.00	¥60 000.00
	27	工作流管理	¥75 000.00	¥80 000.00
	28	报表中心（弹性报表）	赠送	¥4 000.00
CRM 及供应链管理	29	市场信息管理	¥20 000.00	¥10 000.00
	30	售后服务管理	¥65 000.00	¥20 000.00
	31	供应商管理	¥65 000.00	¥30 000.00
集团管理	32	集团财务管理	¥95 000.00	¥100 000.00
	33	集团采购管理	¥100 000.00	¥100 000.00
	34	集团数据管理	¥50 000.00	¥50 000.00
其他	35	运营分析	¥120 000.00	¥60 000.00
	36	绩效管理	¥100 000.00	¥50 000.00
	37	项目管理	¥80 000.00	¥40 000.00
	38	全面预算管理	¥120 000.00	¥60 000.00
小计			**¥1 870 000.00**	**¥1 680 000.00**
	39	实施费用	¥1 680 000.00	
	40	管理咨询费用	¥400 000.00	
小计			**¥2 080 000.00**	
总计			**¥3 950 000.00**	

服务费用标准：

服务项目	收费标准	备注
管理咨询与业务流程优化	单价 4 000—6 000 元（人·天）	按不同顾问级别收取
实施规划（含实施方案编写）、实施建议和指导	单价 4 000 元（人·天）	含经双方确认的非客户现场的服务人天
中高层管理理念类培训、ERP 概念原理类培训、软件功能与操作培训、客户化开发培训或现场指导	单价 3 000 元（人·天）	
客户化开发（甲方现场）	单价 3 000 元（人·天）	
客户化开发（乙方公司内）	单价 2 000 元（人·天）	双方确认天数